中华人民共和国

新法规汇编

2017

第3辑

国务院法制办公室　编

中国法制出版社

编辑说明

一、《中华人民共和国新法规汇编》是国家出版的法律、行政法规汇编正式版本，是刊登报国务院备案并予以登记的部门规章的指定出版物。

二、本汇编收集的内容包括：上一个月内由全国人民代表大会及其常务委员会通过的法律和有关法律问题的决定，国务院公布的行政法规和法规性文件，报国务院备案并予以登记的部门规章，最高人民法院和最高人民检察院公布的司法解释。另外，还收入了上一个月内报国务院备案并予以登记的地方性法规和地方政府规章目录。

三、本汇编所收的内容，按下列分类顺序编排：法律，行政法规，法规性文件，国务院部门规章，司法解释。每类中按公布的时间顺序排列。报国务院备案并予以登记的地方性法规和地方政府规章目录按 1987 年国务院批准的行政区划顺序排列；同一行政区域报备两件以上者，按公布时间顺序排列。

四、本汇编每年出版 12 辑，每月出版 1 辑。本辑为 2017 年度第 3 辑，收入 2017 年 2 月份内公布的法律 2 件，行政法规 2 件，法规性文件 5 件，报国务院备案并经审查予以登记编号的部门规章 10 件，司法解释 5 件，补收 2017 年 1 月份内公布的法规性文件 3 件，共计 27 件。

五、本汇编在编辑出版过程中，得到了国务院有关部门和有关方面以及广大读者的大力支持和协助，在此谨致谢意。

国务院法制办公室

2017 年 3 月

目　　录

法　　律

行政法规

法规性文件

国务院部门规章

司法解释

附：

法　　律

中华人民共和国红十字会法

（1993 年 10 月 31 日第八届全国人民代表大会常务委员会第四次会议通过　根据 2009 年 8 月 27 日第十一届全国人民代表大会常务委员会第十次会议《关于修改部分法律的决定》修正　2017 年 2 月 24 日第十二届全国人民代表大会常务委员会第二十六次会议修订　2017 年 2 月 24 日中华人民共和国主席令第 63 号公布　自 2017 年 5 月 8 日起施行）

目　　录

第一章　总　　则

第一条　为了保护人的生命和健康，维护人的尊严，发扬人道主义精神，促进和平进步事业，保障和规范红十字会依法履行职责，制定本法。

第二条　中国红十字会是中华人民共和国统一的红十字组织，是从事人道主义工作的社会救助团体。

第三条　中华人民共和国公民，不分民族、种族、性别、职业、宗教信仰、教育程度，承认中国红十字会章程并缴纳会费的，可以自愿参加中国红十字会。

企业、事业单位及有关团体通过申请可以成为红十字会的团体会员。

国家鼓励自然人、法人以及其他组织参与红十字志愿服务。

国家支持在学校开展红十字青少年工作。

第四条 中国红十字会应当遵守宪法和法律，遵循国际红十字和红新月运动确立的基本原则，依照中国批准或者加入的日内瓦公约及其附加议定书和中国红十字会章程，独立自主地开展工作。

中国红十字会全国会员代表大会依法制定或者修改中国红十字会章程，章程不得与宪法和法律相抵触。

第五条 各级人民政府对红十字会给予支持和资助，保障红十字会依法履行职责，并对其活动进行监督。

第六条 中国红十字会根据独立、平等、互相尊重的原则，发展同各国红十字会和红新月会的友好合作关系。

第二章 组 织

第七条 全国建立中国红十字会总会。中国红十字会总会对外代表中国红十字会。

县级以上地方按行政区域建立地方各级红十字会，根据实际工作需要配备专职工作人员。

全国性行业根据需要可以建立行业红十字会。

上级红十字会指导下级红十字会工作。

第八条 各级红十字会设立理事会、监事会。理事会、监事会由会员代表大会选举产生，向会员代表大会负责并报告工作，接受其监督。

理事会民主选举产生会长和副会长。理事会执行会员代表大会的决议。

执行委员会是理事会的常设执行机构，其人员组成由理事会决定，向理事会负责并报告工作。

监事会民主推选产生监事长和副监事长。理事会、执行委员会工作受监事会监督。

第九条 中国红十字会总会可以设名誉会长和名誉副会长。名誉会长和名誉副会长由中国红十字会总会理事会聘请。

第十条 中国红十字会总会具有社会团体法人资格；地方各级红十字会、行业红十字会依法取得社会团体法人资格。

第三章 职 责

第十一条 红十字会履行下列职责：

（一）开展救援、救灾的相关工作，建立红十字应急救援体系。在战争、武装冲突和自然灾害、事故灾难、公共卫生事件等突发事件中，对伤病人员和其他受害者提供紧急救援和人道救助；

（二）开展应急救护培训，普及应急救护、防灾避险和卫生健康知识，组织志愿者参与现场救护；

（三）参与、推动无偿献血、遗体和人体器官捐献工作，参与开展造血干细胞捐献的相关工作；

（四）组织开展红十字志愿服务、红十字青少年工作；

（五）参加国际人道主义救援工作；

（六）宣传国际红十字和红新月运动的基本原则和日内瓦公约及其附加议定书；

（七）依照国际红十字和红新月运动的基本原则，完成人民政府委托事宜；

（八）依照日内瓦公约及其附加议定书的有关规定开展工作；

（九）协助人民政府开展与其职责相关的其他人道主义服务活动。

第十二条 在战争、武装冲突和自然灾害、事故灾难、公共卫生事件等突发事件中，执行救援、救助任务并标有红十字标志的人员、物资和交通工具有优先通行的权利。

第十三条 任何组织和个人不得阻碍红十字会工作人员依法履行救援、救助、救护职责。

第四章 标志与名称

第十四条 中国红十字会使用白底红十字标志。

红十字标志具有保护作用和标明作用。

红十字标志的保护使用，是标示在战争、武装冲突中必须受到尊重和保护的人员和设备、设施。其使用办法，依照日内瓦公约及其附加议定书的有关规定执行。

红十字标志的标明使用，是标示与红十字活动有关的人或者物。其使用办法，由国务院和中央军事委员会依据本法规定。

第十五条 国家武装力量的医疗卫生机构使用红十字标志，应当符合日内瓦公约及其附加议定书的有关规定。

第十六条 红十字标志和名称受法律保护。禁止利用红十字标志和名称牟利，禁止以任何形式冒用、滥用、篡改红十字标志和名称。

第五章　财产与监管

第十七条　红十字会财产的主要来源:

(一)红十字会会员缴纳的会费;

(二)境内外组织和个人捐赠的款物;

(三)动产和不动产的收入;

(四)人民政府的拨款;

(五)其他合法收入。

第十八条　国家对红十字会兴办的与其宗旨相符的公益事业给予扶持。

第十九条　红十字会可以依法进行募捐活动。募捐活动应当符合《中华人民共和国慈善法》的有关规定。

第二十条　红十字会依法接受自然人、法人以及其他组织捐赠的款物,应当向捐赠人开具由财政部门统一监(印)制的公益事业捐赠票据。捐赠人匿名或者放弃接受捐赠票据的,红十字会应当做好相关记录。

捐赠人依法享受税收优惠。

第二十一条　红十字会应当按照募捐方案、捐赠人意愿或者捐赠协议处分其接受的捐赠款物。

捐赠人有权查询、复制其捐赠财产管理使用的有关资料,红十字会应当及时主动向捐赠人反馈有关情况。

红十字会违反募捐方案、捐赠人意愿或者捐赠协议约定的用途,滥用捐赠财产的,捐赠人有权要求其改正;拒不改正的,捐赠人可以向人民政府民政部门投诉、举报或者向人民法院提起诉讼。

第二十二条　红十字会应当建立财务管理、内部控制、审计公开和监督检查制度。

红十字会的财产使用应当与其宗旨相一致。

红十字会对接受的境外捐赠款物,应当建立专项审查监督制度。

红十字会应当及时聘请依法设立的独立第三方机构,对捐赠款物的收入和使用情况进行审计,将审计结果向红十字会理事会和监事会报告,并向社会公布。

第二十三条　红十字会应当建立健全信息公开制度,规范信息发布,在统一的信息平台及时向社会公布捐赠款物的收入和使用情况,接受社会监督。

第二十四条　红十字会财产的收入和使用情况依法接受人民政府审计等部门的监督。

红十字会接受社会捐赠及其使用情况，依法接受人民政府民政部门的监督。

第二十五条 任何组织和个人不得私分、挪用、截留或者侵占红十字会的财产。

第六章 法律责任

第二十六条 红十字会及其工作人员有下列情形之一的，由同级人民政府审计、民政等部门责令改正；情节严重的，对直接负责的主管人员和其他直接责任人员依法给予处分；造成损害的，依法承担民事责任；构成犯罪的，依法追究刑事责任：

（一）违背募捐方案、捐赠人意愿或者捐赠协议，擅自处分其接受的捐赠款物的；

（二）私分、挪用、截留或者侵占财产的；

（三）未依法向捐赠人反馈情况或者开具捐赠票据的；

（四）未依法对捐赠款物的收入和使用情况进行审计的；

（五）未依法公开信息的；

（六）法律、法规规定的其他情形。

第二十七条 自然人、法人或者其他组织有下列情形之一，造成损害的，依法承担民事责任；构成违反治安管理行为的，依法给予治安管理处罚；构成犯罪的，依法追究刑事责任：

（一）冒用、滥用、篡改红十字标志和名称的；

（二）利用红十字标志和名称牟利的；

（三）制造、发布、传播虚假信息，损害红十字会名誉的；

（四）盗窃、损毁或者以其他方式侵害红十字会财产的；

（五）阻碍红十字会工作人员依法履行救援、救助、救护职责的；

（六）法律、法规规定的其他情形。

红十字会及其工作人员有前款第一项、第二项所列行为的，按照前款规定处罚。

第二十八条 各级人民政府有关部门及其工作人员在实施监督管理中滥用职权、玩忽职守、徇私舞弊的，对直接负责的主管人员和其他直接责任人员依法给予处分；构成犯罪的，依法追究刑事责任。

第七章　附　　则

第二十九条　本法所称“国际红十字和红新月运动确立的基本原则”，是指一九八六年十月日内瓦国际红十字大会第二十五次会议通过的“国际红十字和红新月运动章程”中确立的人道、公正、中立、独立、志愿服务、统一和普遍七项基本原则。

本法所称“日内瓦公约”，是指中国批准的于一九四九年八月十二日订立的日内瓦四公约，即：《改善战地武装部队伤者病者境遇之日内瓦公约》、《改善海上武装部队伤者病者及遇船难者境遇之日内瓦公约》、《关于战俘待遇之日内瓦公约》和《关于战时保护平民之日内瓦公约》。

本法所称日内瓦公约“附加议定书”，是指中国加入的于一九七七年六月八日订立的《一九四九年八月十二日日内瓦四公约关于保护国际性武装冲突受难者的附加议定书》和《一九四九年八月十二日日内瓦四公约关于保护非国际性武装冲突受难者的附加议定书》。

第三十条　本法自2017年5月8日起施行。

全国人民代表大会常务委员会关于修改《中华人民共和国企业所得税法》的决定

（2017年2月24日第十二届全国人民代表大会常务委员会第二十六次会议通过　2017年2月24日中华人民共和国主席令第64号公布　自公布之日起施行）

第十二届全国人民代表大会常务委员会第二十六次会议决定对《中华人民共和国企业所得税法》作如下修改：

将第九条修改为：“企业发生的公益性捐赠支出，在年度利润总额12%以内的部分，准予在计算应纳税所得额时扣除；超过年度利润总额12%的部分，准予结转以后三年内在计算应纳税所得额时扣除。”

本决定自公布之日起施行。

《中华人民共和国企业所得税法》根据本决定作相应修改，重新公布。

行政法规

残疾人教育条例

（1994年8月23日中华人民共和国国务院令第161号发布　根据2011年1月8日《国务院关于废止和修改部分行政法规的决定》修订　2017年1月11日国务院第161次常务会议修订通过　2017年2月1日中华人民共和国国务院令第674号公布　自2017年5月1日起施行）

第一章　总　　则

第一条　为了保障残疾人受教育的权利，发展残疾人教育事业，根据《中华人民共和国教育法》和《中华人民共和国残疾人保障法》，制定本条例。

第二条　国家保障残疾人享有平等接受教育的权利，禁止任何基于残疾的教育歧视。

残疾人教育应当贯彻国家的教育方针，并根据残疾人的身心特性和需要，全面提高其素质，为残疾人平等地参与社会生活创造条件。

第三条　残疾人教育是国家教育事业的组成部分。

发展残疾人教育事业，实行普及与提高相结合、以普及为重点的方针，保障义务教育，着重发展职业教育，积极开展学前教育，逐步发展高级中等以上教育。

残疾人教育应当提高教育质量，积极推进融合教育，根据残疾人的残疾类别和接受能力，采取普通教育方式或者特殊教育方式，优先采取普通教育方式。

第四条　县级以上人民政府应当加强对残疾人教育事业的领导，将残疾人教育纳入教育事业发展规划，统筹安排实施，合理配置资源，保障残疾人教育经费投入，改善办学条件。

第五条　国务院教育行政部门主管全国的残疾人教育工作，统筹规划、协调管理全国的残疾人教育事业；国务院其他有关部门在国务院规定的职责范围内负责有关的残疾人教育工作。

县级以上地方人民政府教育行政部门主管本行政区域内的残疾人教育工作；县级以上地方人民政府其他有关部门在各自的职责范围内负责有关的残疾人教育工作。

第六条 中国残疾人联合会及其地方组织应当积极促进和开展残疾人教育工作，协助相关部门实施残疾人教育，为残疾人接受教育提供支持和帮助。

第七条 学前教育机构、各级各类学校及其他教育机构应当依照本条例以及国家有关法律、法规的规定，实施残疾人教育；对符合法律、法规规定条件的残疾人申请入学，不得拒绝招收。

第八条 残疾人家庭应当帮助残疾人接受教育。

残疾儿童、少年的父母或者其他监护人应当尊重和保障残疾儿童、少年接受教育的权利，积极开展家庭教育，使残疾儿童、少年及时接受康复训练和教育，并协助、参与有关教育机构的教育教学活动，为残疾儿童、少年接受教育提供支持。

第九条 社会各界应当关心和支持残疾人教育事业。残疾人所在社区、相关社会组织和企事业单位，应当支持和帮助残疾人平等接受教育、融入社会。

第十条 国家对为残疾人教育事业作出突出贡献的组织和个人，按照有关规定给予表彰、奖励。

第十一条 县级以上人民政府负责教育督导的机构应当将残疾人教育实施情况纳入督导范围，并可以就执行残疾人教育法律法规情况、残疾人教育教学质量以及经费管理和使用情况等实施专项督导。

第二章 义务教育

第十二条 各级人民政府应当依法履行职责，保障适龄残疾儿童、少年接受义务教育的权利。

县级以上人民政府对实施义务教育的工作进行监督、指导、检查，应当包括对残疾儿童、少年实施义务教育工作的监督、指导、检查。

第十三条 适龄残疾儿童、少年的父母或者其他监护人，应当依法保证其残疾子女或者被监护人入学接受并完成义务教育。

第十四条 残疾儿童、少年接受义务教育的入学年龄和年限，应当与当地儿童、少年接受义务教育的入学年龄和年限相同；必要时，其入学年龄和在校年龄可以适当提高。

第十五条　县级人民政府教育行政部门应当会同卫生行政部门、民政部门、残疾人联合会，根据新生儿疾病筛查和学龄前儿童残疾筛查、残疾人统计等信息，对义务教育适龄残疾儿童、少年进行入学前登记，全面掌握本行政区域内义务教育适龄残疾儿童、少年的数量和残疾情况。

第十六条　县级人民政府应当根据本行政区域内残疾儿童、少年的数量、类别和分布情况，统筹规划，优先在部分普通学校中建立特殊教育资源教室，配备必要的设备和专门从事残疾人教育的教师及专业人员，指定其招收残疾儿童、少年接受义务教育；并支持其他普通学校根据需要建立特殊教育资源教室，或者安排具备相应资源、条件的学校为招收残疾学生的其他普通学校提供必要的支持。

县级人民政府应当为实施义务教育的特殊教育学校配备必要的残疾人教育教学、康复评估和康复训练等仪器设备，并加强九年一贯制义务教育特殊教育学校建设。

第十七条　适龄残疾儿童、少年能够适应普通学校学习生活、接受普通教育的，依照《中华人民共和国义务教育法》的规定就近到普通学校入学接受义务教育。

适龄残疾儿童、少年能够接受普通教育，但是学习生活需要特别支持的，根据身体状况就近到县级人民政府教育行政部门在一定区域内指定的具备相应资源、条件的普通学校入学接受义务教育。

适龄残疾儿童、少年不能接受普通教育的，由县级人民政府教育行政部门统筹安排进入特殊教育学校接受义务教育。

适龄残疾儿童、少年需要专人护理，不能到学校就读的，由县级人民政府教育行政部门统筹安排，通过提供送教上门或者远程教育等方式实施义务教育，并纳入学籍管理。

第十八条　在特殊教育学校学习的残疾儿童、少年，经教育、康复训练，能够接受普通教育的，学校可以建议残疾儿童、少年的父母或者其他监护人将其转入或者升入普通学校接受义务教育。

在普通学校学习的残疾儿童、少年，难以适应普通学校学习生活的，学校可以建议残疾儿童、少年的父母或者其他监护人将其转入指定的普通学校或者特殊教育学校接受义务教育。

第十九条　适龄残疾儿童、少年接受教育的能力和适应学校学习生活的能力应当根据其残疾类别、残疾程度、补偿程度以及学校办学条件等因素判断。

第二十条　县级人民政府教育行政部门应当会同卫生行政部门、民政部门、残疾人联合会，建立由教育、心理、康复、社会工作等方面专家组成的残疾人教育专家委员会。

残疾人教育专家委员会可以接受教育行政部门的委托，对适龄残疾儿童、少年的身体状况、接受教育的能力和适应学校学习生活的能力进行评估，提出入学、转学建议；对残疾人义务教育问题提供咨询，提出建议。

依照前款规定作出的评估结果属于残疾儿童、少年的隐私，仅可被用于对残疾儿童、少年实施教育、康复。教育行政部门、残疾人教育专家委员会、学校及其工作人员对在工作中了解的残疾儿童、少年评估结果及其他个人信息负有保密义务。

第二十一条　残疾儿童、少年的父母或者其他监护人与学校就入学、转学安排发生争议的，可以申请县级人民政府教育行政部门处理。

接到申请的县级人民政府教育行政部门应当委托残疾人教育专家委员会对残疾儿童、少年的身体状况、接受教育的能力和适应学校学习生活的能力进行评估并提出入学、转学建议，并根据残疾人教育专家委员会的评估结果和提出的入学、转学建议，综合考虑学校的办学条件和残疾儿童、少年及其父母或者其他监护人的意愿，对残疾儿童、少年的入学、转学安排作出决定。

第二十二条　招收残疾学生的普通学校应当将残疾学生合理编入班级；残疾学生较多的，可以设置专门的特殊教育班级。

招收残疾学生的普通学校应当安排专门从事残疾人教育的教师或者经验丰富的教师承担随班就读或者特殊教育班级的教育教学工作，并适当缩减班级学生数额，为残疾学生入学后的学习、生活提供便利和条件，保障残疾学生平等参与教育教学和学校组织的各项活动。

第二十三条　在普通学校随班就读残疾学生的义务教育，可以适用普通义务教育的课程设置方案、课程标准和教材，但是对其学习要求可以有适度弹性。

第二十四条　残疾儿童、少年特殊教育学校（班）应当坚持思想教育、文化教育、劳动技能教育与身心补偿相结合，并根据学生残疾状况和补偿程度，实施分类教学；必要时，应当听取残疾学生父母或者其他监护人的意见，制定符合残疾学生身心特性和需要的个别化教育计划，实施个别教学。

第二十五条　残疾儿童、少年特殊教育学校（班）的课程设置方案、课程标准和教材，应当适合残疾儿童、少年的身心特性和需要。

残疾儿童、少年特殊教育学校（班）的课程设置方案、课程标准由国务院教育行政部门制订；教材由省级以上人民政府教育行政部门按照国家有关规定审定。

第二十六条　县级人民政府教育行政部门应当加强对本行政区域内的残疾儿童、少年实施义务教育工作的指导。

县级以上地方人民政府教育行政部门应当统筹安排支持特殊教育学校建立特殊教育资源中心，在一定区域内提供特殊教育指导和支持服务。特殊教育资源中心可以受教育行政部门的委托承担以下工作：

（一）指导、评价区域内的随班就读工作；

（二）为区域内承担随班就读教育教学任务的教师提供培训；

（三）派出教师和相关专业服务人员支持随班就读，为接受送教上门和远程教育的残疾儿童、少年提供辅导和支持；

（四）为残疾学生父母或者其他监护人提供咨询；

（五）其他特殊教育相关工作。

第三章　职业教育

第二十七条　残疾人职业教育应当大力发展中等职业教育，加快发展高等职业教育，积极开展以实用技术为主的中期、短期培训，以提高就业能力为主，培养技术技能人才，并加强对残疾学生的就业指导。

第二十八条　残疾人职业教育由普通职业教育机构和特殊职业教育机构实施，以普通职业教育机构为主。

县级以上地方人民政府应当根据需要，合理设置特殊职业教育机构，改善办学条件，扩大残疾人中等职业学校招生规模。

第二十九条　普通职业学校不得拒绝招收符合国家规定的录取标准的残疾人入学，普通职业培训机构应当积极招收残疾人入学。

县级以上地方人民政府应当采取措施，鼓励和支持普通职业教育机构积极招收残疾学生。

第三十条　实施残疾人职业教育的学校和培训机构，应当根据社会需要和残疾人的身心特性合理设置专业，并与企业合作设立实习实训基地，或者根据教学需要和条件办好实习基地。

第四章　学前教育

第三十一条　各级人民政府应当积极采取措施，逐步提高残疾幼儿接受学前教育的比例。

县级人民政府及其教育行政部门、民政部门等有关部门应当支持普通幼儿园创造条件招收残疾幼儿；支持特殊教育学校和具备办学条件的残疾儿童福利机构、残疾儿童康复机构等实施学前教育。

第三十二条 残疾幼儿的教育应当与保育、康复结合实施。

招收残疾幼儿的学前教育机构应当根据自身条件配备必要的康复设施、设备和专业康复人员，或者与其他具有康复设施、设备和专业康复人员的特殊教育机构、康复机构合作对残疾幼儿实施康复训练。

第三十三条 卫生保健机构、残疾幼儿的学前教育机构、儿童福利机构和家庭，应当注重对残疾幼儿的早期发现、早期康复和早期教育。

卫生保健机构、残疾幼儿的学前教育机构、残疾儿童康复机构应当就残疾幼儿的早期发现、早期康复和早期教育为残疾幼儿家庭提供咨询、指导。

第五章　普通高级中等以上教育及继续教育

第三十四条 普通高级中等学校、高等学校、继续教育机构应当招收符合国家规定的录取标准的残疾考生入学，不得因其残疾而拒绝招收。

第三十五条 设区的市级以上地方人民政府可以根据实际情况举办实施高级中等以上教育的特殊教育学校，支持高等学校设置特殊教育学院或者相关专业，提高残疾人的受教育水平。

第三十六条 县级以上人民政府教育行政部门以及其他有关部门、学校应当充分利用现代信息技术，以远程教育等方式为残疾人接受成人高等教育、高等教育自学考试等提供便利和帮助，根据实际情况开设适合残疾人学习的专业、课程，采取灵活开放的教学和管理模式，支持残疾人顺利完成学业。

第三十七条 残疾人所在单位应当对本单位的残疾人开展文化知识教育和技术培训。

第三十八条 扫除文盲教育应当包括对年满15周岁以上的未丧失学习能力的文盲、半文盲残疾人实施的扫盲教育。

第三十九条 国家、社会鼓励和帮助残疾人自学成才。

第六章　教　　师

第四十条 县级以上人民政府应当重视从事残疾人教育的教师培养、培训工作，并采取措施逐步提高他们的地位和待遇，改善他们的工作环境和条件，鼓励教师终身从事残疾人教育事业。

县级以上人民政府可以采取免费教育、学费减免、助学贷款代偿等措施，鼓励具备条件的高等学校毕业生到特殊教育学校或者其他特殊教育机构任教。

第四十一条 从事残疾人教育的教师,应当热爱残疾人教育事业,具有社会主义的人道主义精神,尊重和关爱残疾学生,并掌握残疾人教育的专业知识和技能。

第四十二条 专门从事残疾人教育工作的教师(以下称特殊教育教师)应当符合下列条件:

(一)依照《中华人民共和国教师法》的规定取得教师资格;

(二)特殊教育专业毕业或者经省、自治区、直辖市人民政府教育行政部门组织的特殊教育专业培训并考核合格。

从事听力残疾人教育的特殊教育教师应当达到国家规定的手语等级标准,从事视力残疾人教育的特殊教育教师应当达到国家规定的盲文等级标准。

第四十三条 省、自治区、直辖市人民政府可以根据残疾人教育发展的需求,结合当地实际为特殊教育学校和指定招收残疾学生的普通学校制定教职工编制标准。

县级以上地方人民政府教育行政部门应当会同其他有关部门,在核定的编制总额内,为特殊教育学校配备承担教学、康复等工作的特殊教育教师和相关专业人员;在指定招收残疾学生的普通学校设置特殊教育教师等专职岗位。

第四十四条 国务院教育行政部门和省、自治区、直辖市人民政府应当根据残疾人教育发展的需要有计划地举办特殊教育师范院校,支持普通师范院校和综合性院校设置相关院系或者专业,培养特殊教育教师。

普通师范院校和综合性院校的师范专业应当设置特殊教育课程,使学生掌握必要的特殊教育的基本知识和技能,以适应对随班就读的残疾学生的教育教学需要。

第四十五条 县级以上地方人民政府教育行政部门应当将特殊教育教师的培训纳入教师培训计划,以多种形式组织在职特殊教育教师进修提高专业水平;在普通教师培训中增加一定比例的特殊教育内容和相关知识,提高普通教师的特殊教育能力。

第四十六条 特殊教育教师和其他从事特殊教育的相关专业人员根据国家有关规定享受特殊岗位补助津贴及其他待遇;普通学校的教师承担残疾学生随班就读教学、管理工作的,应当将其承担的残疾学生教学、管理工作纳入其绩效考核内容,并作为核定工资待遇和职务评聘的重要依据。

县级以上人民政府教育行政部门、人力资源社会保障部门在职务评聘、培训进修、表彰奖励等方面,应当为特殊教育教师制定优惠政策、提供专门机会。

第七章 条件保障

第四十七条 省、自治区、直辖市人民政府应当根据残疾人教育的特殊情况,依据国务院有关行政主管部门的指导性标准,制定本行政区域内特殊教育学校的建设标准、经费开支标准、教学仪器设备配备标准等。

义务教育阶段普通学校招收残疾学生,县级人民政府财政部门及教育行政部门应当按照特殊教育学校生均预算内公用经费标准足额拨付费用。

第四十八条 各级人民政府应当按照有关规定安排残疾人教育经费,并将所需经费纳入本级政府预算。

县级以上人民政府根据需要可以设立专项补助款,用于发展残疾人教育。

地方各级人民政府用于义务教育的财政拨款和征收的教育费附加,应当有一定比例用于发展残疾儿童、少年义务教育。

地方各级人民政府可以按照有关规定将依法征收的残疾人就业保障金用于特殊教育学校开展各种残疾人职业教育。

第四十九条 县级以上地方人民政府应当根据残疾人教育发展的需要统筹规划、合理布局,设置特殊教育学校,并按照国家有关规定配备必要的残疾人教育教学、康复评估和康复训练等仪器设备。

特殊教育学校的设置,由教育行政部门按照国家有关规定审批。

第五十条 新建、改建、扩建各级各类学校应当符合《无障碍环境建设条例》的要求。

县级以上地方人民政府及其教育行政部门应当逐步推进各级各类学校无障碍校园环境建设。

第五十一条 招收残疾学生的学校对经济困难的残疾学生,应当按照国家有关规定减免学费和其他费用,并按照国家资助政策优先给予补助。

国家鼓励有条件的地方优先为经济困难的残疾学生提供免费的学前教育和高中教育,逐步实施残疾学生高中阶段免费教育。

第五十二条 残疾人参加国家教育考试,需要提供必要支持条件和合理便利的,可以提出申请。教育考试机构、学校应当按照国家有关规定予以提供。

第五十三条 国家鼓励社会力量举办特殊教育机构或者捐资助学;鼓励和支持民办学校或者其他教育机构招收残疾学生。

县级以上地方人民政府及其有关部门对民办特殊教育机构、招收残疾学生的民办学校,应当按照国家有关规定予以支持。

第五十四条　国家鼓励开展残疾人教育的科学研究，组织和扶持盲文、手语的研究和应用，支持特殊教育教材的编写和出版。

第五十五条　县级以上人民政府及其有关部门应当采取优惠政策和措施，支持研究、生产残疾人教育教学专用仪器设备、教具、学具、软件及其他辅助用品，扶持特殊教育机构兴办和发展福利企业和辅助性就业机构。

第八章　法律责任

第五十六条　地方各级人民政府及其有关部门违反本条例规定，未履行残疾人教育相关职责的，由上一级人民政府或者其有关部门责令限期改正；情节严重的，予以通报批评，并对直接负责的主管人员和其他直接责任人员依法给予处分。

第五十七条　学前教育机构、学校、其他教育机构及其工作人员违反本条例规定，有下列情形之一的，由其主管行政部门责令改正，对直接负责的主管人员和其他直接责任人员依法给予处分；构成违反治安管理行为的，由公安机关依法给予治安管理处罚；构成犯罪的，依法追究刑事责任：

（一）拒绝招收符合法律、法规规定条件的残疾学生入学的；

（二）歧视、侮辱、体罚残疾学生，或者放任对残疾学生的歧视言行，对残疾学生造成身心伤害的；

（三）未按照国家有关规定对经济困难的残疾学生减免学费或者其他费用的。

第九章　附　　则

第五十八条　本条例下列用语的含义：

融合教育是指将对残疾学生的教育最大程度地融入普通教育。

特殊教育资源教室是指在普通学校设置的装备有特殊教育和康复训练设施设备的专用教室。

第五十九条　本条例自 2017 年 5 月 1 日起施行。

残疾预防和残疾人康复条例

（2017年1月11日国务院第161次常务会议通过　2017年2月7日中华人民共和国国务院令第675号公布　自2017年7月1日起施行）

第一章　总　　则

第一条　为了预防残疾的发生、减轻残疾程度，帮助残疾人恢复或者补偿功能，促进残疾人平等、充分地参与社会生活，发展残疾预防和残疾人康复事业，根据《中华人民共和国残疾人保障法》，制定本条例。

第二条　本条例所称残疾预防，是指针对各种致残因素，采取有效措施，避免个人心理、生理、人体结构上某种组织、功能的丧失或者异常，防止全部或者部分丧失正常参与社会活动的能力。

本条例所称残疾人康复，是指在残疾发生后综合运用医学、教育、职业、社会、心理和辅助器具等措施，帮助残疾人恢复或者补偿功能，减轻功能障碍，增强生活自理和社会参与能力。

第三条　残疾预防和残疾人康复工作应当坚持以人为本，从实际出发，实行预防为主、预防与康复相结合的方针。

国家采取措施为残疾人提供基本康复服务，支持和帮助其融入社会。禁止基于残疾的歧视。

第四条　县级以上人民政府领导残疾预防和残疾人康复工作，将残疾预防和残疾人康复工作纳入国民经济和社会发展规划，完善残疾预防和残疾人康复服务和保障体系，建立政府主导、部门协作、社会参与的工作机制，实行工作责任制，对有关部门承担的残疾预防和残疾人康复工作进行考核和监督。乡镇人民政府和街道办事处根据本地区的实际情况，组织开展残疾预防和残疾人康复工作。

县级以上人民政府负责残疾人工作的机构，负责残疾预防和残疾人康复工作的组织实施与监督。县级以上人民政府有关部门在各自的职责范围内做好残疾预防和残疾人康复有关工作。

第五条　中国残疾人联合会及其地方组织依照法律、法规、章程或者接受政府委托，开展残疾预防和残疾人康复工作。

工会、共产主义青年团、妇女联合会、红十字会等依法做好残疾预防和残疾人康复工作。

第六条 国家机关、社会组织、企业事业单位和城乡基层群众性自治组织应当做好所属范围内的残疾预防和残疾人康复工作。从事残疾预防和残疾人康复工作的人员应当依法履行职责。

第七条 社会各界应当关心、支持和参与残疾预防和残疾人康复事业。

新闻媒体应当积极开展残疾预防和残疾人康复的公益宣传。

国家鼓励和支持组织、个人提供残疾预防和残疾人康复服务，捐助残疾预防和残疾人康复事业，兴建相关公益设施。

第八条 国家鼓励开展残疾预防和残疾人康复的科学研究和应用，提高残疾预防和残疾人康复的科学技术水平。

国家鼓励开展残疾预防和残疾人康复领域的国际交流与合作。

第九条 对在残疾预防和残疾人康复工作中作出显著成绩的组织和个人，按照国家有关规定给予表彰、奖励。

第二章　残疾预防

第十条 残疾预防工作应当覆盖全人群和全生命周期，以社区和家庭为基础，坚持普遍预防和重点防控相结合。

第十一条 县级以上人民政府组织有关部门、残疾人联合会等开展下列残疾预防工作：

（一）实施残疾监测，定期调查残疾状况，分析致残原因，对遗传、疾病、药物、事故等主要致残因素实施动态监测；

（二）制定并实施残疾预防工作计划，针对主要致残因素实施重点预防，对致残风险较高的地区、人群、行业、单位实施优先干预；

（三）做好残疾预防宣传教育工作，普及残疾预防知识。

第十二条 卫生和计划生育主管部门在开展孕前和孕产期保健、产前筛查、产前诊断以及新生儿疾病筛查，传染病、地方病、慢性病、精神疾病等防控，心理保健指导等工作时，应当做好残疾预防工作，针对遗传、疾病、药物等致残因素，采取相应措施消除或者降低致残风险，加强临床早期康复介入，减少残疾的发生。

公安、安全生产监督管理、食品药品监督管理、环境保护、防灾减灾救灾等部门在开展交通安全、生产安全、食品药品安全、环境保护、防灾减灾救灾等工作时，应当针对事故、环境污染、灾害等致残因素，采取相应措施，减少残疾的发生。

第十三条 国务院卫生和计划生育、教育、民政等有关部门和中国残疾人联合会在履行职责时应当收集、汇总残疾人信息，实现信息共享。

第十四条 承担新生儿疾病和未成年人残疾筛查、诊断的医疗卫生机构应当按照规定将残疾和患有致残性疾病的未成年人信息，向所在地县级人民政府卫生和计划生育主管部门报告。接到报告的卫生和计划生育主管部门应当按照规定及时将相关信息与残疾人联合会共享，并共同组织开展早期干预。

第十五条 具有高度致残风险的用人单位应当对职工进行残疾预防相关知识培训，告知作业场所和工作岗位存在的致残风险，并采取防护措施，提供防护设施和防护用品。

第十六条 国家鼓励公民学习残疾预防知识和技能，提高自我防护意识和能力。

未成年人的监护人应当保证未成年人及时接受政府免费提供的疾病和残疾筛查，努力使有出生缺陷或者致残性疾病的未成年人及时接受治疗和康复服务。未成年人、老年人的监护人或者家庭成员应当增强残疾预防意识，采取有针对性的残疾预防措施。

第三章　康复服务

第十七条 县级以上人民政府应当组织卫生和计划生育、教育、民政等部门和残疾人联合会整合从事残疾人康复服务的机构（以下称康复机构）、设施和人员等资源，合理布局，建立和完善以社区康复为基础、康复机构为骨干、残疾人家庭为依托的残疾人康复服务体系，以实用、易行、受益广的康复内容为重点，为残疾人提供综合性的康复服务。

县级以上人民政府应当优先开展残疾儿童康复工作，实行康复与教育相结合。

第十八条 县级以上人民政府根据本行政区域残疾人数量、分布状况、康复需求等情况，制定康复机构设置规划，举办公益性康复机构，将康复机构设置纳入基本公共服务体系规划。

县级以上人民政府支持社会力量投资康复机构建设，鼓励多种形式举办康复机构。

社会力量举办的康复机构和政府举办的康复机构在准入、执业、专业技术人员职称评定、非营利组织的财税扶持、政府购买服务等方面执行相同的政策。

第十九条 康复机构应当具有符合无障碍环境建设要求的服务场所以及与所提供康复服务相适应的专业技术人员、设施设备等条件，建立完善的康复服务管理制度。

康复机构应当依照有关法律、法规和标准、规范的规定，为残疾人提供安全、有效的康复服务。鼓励康复机构为所在区域的社区、学校、家庭提供康复业务指导和技术支持。

康复机构的建设标准、服务规范、管理办法由国务院有关部门商中国残疾人联合会制定。

县级以上人民政府有关部门应当依据各自职责，加强对康复机构的监督管理。残疾人联合会应当及时汇总、发布康复机构信息，为残疾人接受康复服务提供便利，各有关部门应当予以支持。残疾人联合会接受政府委托对康复机构及其服务质量进行监督。

第二十条 各级人民政府应当将残疾人社区康复纳入社区公共服务体系。

县级以上人民政府有关部门、残疾人联合会应当利用社区资源，根据社区残疾人数量、类型和康复需求等设立康复场所，或者通过政府购买服务方式委托社会组织，组织开展康复指导、日常生活能力训练、康复护理、辅助器具配置、信息咨询、知识普及和转介等社区康复工作。

城乡基层群众性自治组织应当鼓励和支持残疾人及其家庭成员参加社区康复活动，融入社区生活。

第二十一条 提供残疾人康复服务，应当针对残疾人的健康、日常活动、社会参与等需求进行评估，依据评估结果制定个性化康复方案，并根据实施情况对康复方案进行调整优化。制定、实施康复方案，应当充分听取、尊重残疾人及其家属的意见，告知康复措施的详细信息。

提供残疾人康复服务，应当保护残疾人隐私，不得歧视、侮辱残疾人。

第二十二条 从事残疾人康复服务的人员应当具有人道主义精神，遵守职业道德，学习掌握必要的专业知识和技能并能够熟练运用；有关法律、行政法规规定需要取得相应资格的，还应当依法取得相应的资格。

第二十三条 康复机构应当对其工作人员开展在岗培训，组织学习康复专业知识和技能，提高业务水平和服务能力。

第二十四条 各级人民政府和县级以上人民政府有关部门、残疾人联合会以及康复机构等应当为残疾人及其家庭成员学习掌握康复知识和技能提供便利条件，引导残疾人主动参与康复活动，残疾人的家庭成员应当予以支持和帮助。

第四章　保障措施

第二十五条　各级人民政府应当按照社会保险的有关规定将残疾人纳入基本医疗保险范围，对纳入基本医疗保险支付范围的医疗康复费用予以支付；按照医疗救助的有关规定，对家庭经济困难的残疾人参加基本医疗保险给予补贴，并对经基本医疗保险、大病保险和其他补充医疗保险支付医疗费用后仍有困难的给予医疗救助。

第二十六条　国家建立残疾儿童康复救助制度，逐步实现0－6岁视力、听力、言语、肢体、智力等残疾儿童和孤独症儿童免费得到手术、辅助器具配置和康复训练等服务；完善重度残疾人护理补贴制度；通过实施重点康复项目为城乡贫困残疾人、重度残疾人提供基本康复服务，按照国家有关规定对基本型辅助器具配置给予补贴。具体办法由国务院有关部门商中国残疾人联合会根据经济社会发展水平和残疾人康复需求等情况制定。

国家多渠道筹集残疾人康复资金，鼓励、引导社会力量通过慈善捐赠等方式帮助残疾人接受康复服务。工伤保险基金、残疾人就业保障金等按照国家有关规定用于残疾人康复。

有条件的地区应当根据本地实际情况提高保障标准，扩大保障范围，实施高于国家规定水平的残疾人康复保障措施。

第二十七条　各级人民政府应当根据残疾预防和残疾人康复工作需要，将残疾预防和残疾人康复工作经费列入本级政府预算。

从事残疾预防和残疾人康复服务的机构依法享受有关税收优惠政策。县级以上人民政府有关部门对相关机构给予资金、设施设备、土地使用等方面的支持。

第二十八条　国家加强残疾预防和残疾人康复专业人才的培养；鼓励和支持高等学校、职业学校设置残疾预防和残疾人康复相关专业或者开设相关课程，培养专业技术人员。

县级以上人民政府卫生和计划生育、教育等有关部门应当将残疾预防和残疾人康复知识、技能纳入卫生和计划生育、教育等相关专业技术人员的继续教育。

第二十九条　国务院人力资源社会保障部门应当会同国务院有关部门和中国残疾人联合会，根据残疾预防和残疾人康复工作需要，完善残疾预防和残疾人康复专业技术人员职业能力水平评价体系。

第三十条　省级以上人民政府及其有关部门应当积极支持辅助器具的研

发、推广和应用。

辅助器具研发、生产单位依法享受有关税收优惠政策。

第三十一条 各级人民政府和县级以上人民政府有关部门按照国家有关规定,保障残疾预防和残疾人康复工作人员的待遇。县级以上人民政府人力资源社会保障等部门应当在培训进修、表彰奖励等方面,对残疾预防和残疾人康复工作人员予以倾斜。

第五章 法律责任

第三十二条 地方各级人民政府和县级以上人民政府有关部门未依照本条例规定履行残疾预防和残疾人康复工作职责,或者滥用职权、玩忽职守、徇私舞弊的,依法对负有责任的领导人员和直接责任人员给予处分。

各级残疾人联合会有违反本条例规定的情形的,依法对负有责任的领导人员和直接责任人员给予处分。

第三十三条 医疗卫生机构、康复机构及其工作人员未依照本条例规定开展残疾预防和残疾人康复工作的,由有关主管部门按照各自职责分工责令改正,给予警告;情节严重的,责令暂停相关执业活动,依法对负有责任的领导人员和直接责任人员给予处分。

第三十四条 具有高度致残风险的用人单位未履行本条例第十五条规定的残疾预防义务,违反安全生产、职业病防治等法律、行政法规规定的,依照有关法律、行政法规的规定给予处罚;有关法律、行政法规没有规定的,由有关主管部门按照各自职责分工责令改正,给予警告;拒不改正的,责令停产停业整顿。用人单位还应当依法承担救治、保障等义务。

第三十五条 违反本条例规定,构成犯罪的,依法追究刑事责任;造成人身、财产损失的,依法承担赔偿责任。

第六章 附 则

第三十六条 本条例自 2017 年 7 月 1 日起施行。

法规性文件

国务院办公厅关于印发推行行政执法公示制度执法全过程记录制度重大执法决定法制审核制度试点工作方案的通知

(2017年1月19日　国办发〔2017〕14号)

《推行行政执法公示制度执法全过程记录制度重大执法决定法制审核制度试点工作方案》已经党中央、国务院同意,现印发给你们,请认真贯彻执行。

推行行政执法公示制度执法全过程记录制度重大执法决定法制审核制度试点工作方案

推行行政执法公示制度、执法全过程记录制度、重大执法决定法制审核制度(以下统称三项制度)是党的十八届四中全会部署的重要改革任务,对于促进严格规范公正文明执法,保障和监督行政机关有效履行职责,维护人民群众合法权益,具有重要意义。根据党中央、国务院的部署和要求,现就开展三项制度试点工作,制定以下方案。

一、基本要求

认真贯彻落实《中共中央关于全面推进依法治国若干重大问题的决定》和《法治政府建设实施纲要(2015－2020年)》,按照依法有序、科学规范、便捷高效的原则,紧密联系实际,突出问题导向,积极稳妥实施,探索总结可复制可推广的经验做法,促进行政执法公开透明、合法规范,加快建设法治政府,进一步推进"放管服"改革,优化经济社会发展环境。

二、试点任务

确定在天津市、河北省、安徽省、甘肃省、国土资源部以及呼和浩特市等

32 个地方和部门开展试点(《试点地方、部门及试点任务表》附后)。地方人民政府试点的,其所属的所有行政执法主体均为试点单位;国务院部门试点的,由其自行确定具体试点单位;地方人民政府部门试点的,该政府部门为试点单位。各试点地方和部门根据实际情况,可以在行政许可、行政处罚、行政强制、行政征收、行政收费、行政检查六类行政执法行为中选择全部或者部分开展试点。

(一)行政执法公示制度。试点单位要依法及时主动向社会公开有关行政执法信息,行政执法人员在执法过程中要主动表明身份,接受社会监督。

1. 加强事前公开。要结合政府信息公开、权力和责任清单公布、“双随机、一公开”监管等工作,在门户网站和办事大厅、服务窗口等场所,公开行政执法主体、人员、职责、权限、随机抽查事项清单、依据、程序、监督方式和救济渠道等信息,并健全公开工作机制,实行动态调整。要编制并公开执法流程、服务指南,方便群众办事。

2. 规范事中公示。行政执法人员从事执法活动,要佩带或者出示能够证明执法资格的执法证件,出示有关执法文书,做好告知说明工作。服务窗口要明示工作人员岗位工作信息。

3. 推动事后公开。探索行政执法决定公开的范围、内容、方式、时限和程序,完善公开信息的审核、纠错和监督机制。“双随机”抽查情况及查处结果要及时向社会公布,接受群众监督。

4. 统一公示平台。试点地方的人民政府要确定本级政府和部门行政执法信息公示的统一平台,归集政府所属部门行政执法信息,有关部门要积极配合,实现执法信息互联互通。

(二)执法全过程记录制度。试点单位应当通过文字、音像等记录方式,对行政执法行为进行记录并归档,实现全过程留痕和可回溯管理。

1. 规范文字记录。要把行政执法文书作为全过程记录的基本形式,根据执法行为的种类、性质、流程等规范执法文书的制作,推行执法文书电子化,明确执法案卷标准,确保执法文书和案卷完整准确,便于监督管理。

2. 推行音像记录。对现场检查、随机抽查、调查取证、证据保全、听证、行政强制、送达等容易引发争议的行政执法过程,要进行音像记录。对直接涉及人身自由、生命健康、重大财产权益的现场执法活动和执法场所,要进行全过程音像记录。

3. 提高信息化水平。要积极利用大数据等信息技术,结合办公自动化系统建设,探索成本低、效果好、易保存、不能删改的记录方式。

4. 强化记录实效。建立健全执法全过程记录信息收集、保存、管理、使用等工作制度，加强数据统计分析，充分发挥全过程记录信息在案卷评查、执法监督、评议考核、舆情应对、行政决策和健全社会信用体系等工作中的作用。

（三）重大执法决定法制审核制度。试点单位作出重大执法决定之前，必须进行法制审核，未经法制审核或者审核未通过的，不得作出决定。

1. 落实审核主体。试点单位的法制机构负责本单位的法制审核工作。试点单位要配备和充实政治素质高、业务能力强、具有法律专业背景并与法制审核工作任务相适应的法制审核人员，建立定期培训制度，提高法制审核人员的法律素养和业务能力。要发挥政府法律顾问在法制审核工作中的作用。

2. 确定审核范围。要结合行政执法行为的类别、执法层级、所属领域、涉案金额以及对当事人、社会的影响等因素，确定重大执法决定的范围，探索建立重大执法决定目录清单制度。有条件的试点单位可以对法定简易程序以外的所有执法决定进行法制审核。

3. 明确审核内容。要针对不同行政执法行为，明确具体审核内容，重点审核执法主体、管辖权限、执法程序、事实认定、行政裁量权运用和法律适用等情形。

4. 细化审核程序。要根据重大执法决定的实际情况，编制法制审核工作流程，明确法制审核送审材料，规范法制审核工作方式和处理机制，规定法制审核时限，建立责任追究机制。

三、组织实施

（一）加强组织领导。建立由国务院法制办、中央编办、国家发展改革委、财政部、人力资源社会保障部等组成的试点工作协调机制，研究、协调、指导试点工作。负责组织实施的有关省、自治区、直辖市人民政府和国务院有关部门，要高度重视试点工作，指导研究制定试点实施方案并监督落实，加强对试点工作的指导，开展工作交流，及时解决试点工作中遇到的困难和问题。试点地方的人民政府要成立由负责法制、编制、信息公开、发展改革、财政、人力资源社会保障等工作的部门参加的试点工作协调小组，落实机构、人员及信息系统、装备、经费等保障措施，积极稳妥推进试点工作。

（二）强化统筹衔接。开展试点工作要与行政执法体制改革、编制权力和责任清单、推进"双随机、一公开"监管、规范行政执法程序、推行政府法律顾问制度、实行行政执法人员持证上岗和资格管理等改革任务相结合，统筹协调推进，着力解决执法领域社会反映强烈的突出问题。国务院有关部门要积极推动本系统执法办案、信息公示等平台与地方执法信息公示平台的互联互通。

（三）鼓励探索创新。开展试点工作要与开展建设法治政府示范创建活动相结合，因地制宜，找准突破口和着力点，积极探索多种模式，不断创新行政执法体制机制。相对成熟的方面要规范完善，相对薄弱的环节要健全强化。

（四）做好评估总结。试点工作在2017年底前完成。负责组织实施的省、自治区、直辖市人民政府和国务院有关部门要在2017年底前组织试点单位总结试点工作经验，并将总结报告报送国务院法制办。国务院法制办要会同有关方面对试点情况进行跟踪评估，及时研究试点工作中发现的新情况新问题，定期交流、通报试点进展情况；试点工作结束后，研究提出全面推行的意见。

附件：试点地方、部门及试点任务表

附件

试点地方、部门及试点任务表

序号	试点地方、部门	试点任务	组织实施单位
1	天津市	三项制度	天津市人民政府
2	河北省	三项制度	河北省人民政府
3	安徽省	重大执法决定法制审核制度	安徽省人民政府
4	甘肃省	重大执法决定法制审核制度	甘肃省人民政府
5	国土资源部	行政执法公示制度、重大执法决定法制审核制度	国土资源部
6	住房和城乡建设部	执法全过程记录制度	住房和城乡建设部
7	国家税务总局	三项制度	国家税务总局
8	呼和浩特市	三项制度	内蒙古自治区人民政府
9	沈阳市	重大执法决定法制审核制度	辽宁省人民政府
10	调兵山市	三项制度	
11	白山市	重大执法决定法制审核制度	吉林省人民政府
12	海门市	三项制度	江苏省人民政府
13	宁波市	重大执法决定法制审核制度	浙江省人民政府
14	南昌市	三项制度	江西省人民政府
15	赣州市		

续表

16	淄博市	三项制度	山东省人民政府
17	胶州市	三项制度	山东省人民政府
18	衡阳市	三项制度	湖南省人民政府
19	广州市	三项制度	广东省人民政府
20	中山市	三项制度	广东省人民政府
21	泸州市	三项制度	四川省人民政府
22	成都市金牛区	三项制度	四川省人民政府
23	贵安新区管委会	三项制度	贵州省人民政府
24	毕节市	三项制度	贵州省人民政府
25	中卫市	三项制度	宁夏回族自治区人民政府
26	荆州海事局	行政执法公示制度	交通运输部
27	徐州市商务局	执法全过程记录制度	商务部
28	常州市文化广电新闻出版局	三项制度	文化部
29	江苏省卫生监督所	执法全过程记录制度	国家卫生和计划生育委员会
30	沈阳市工商行政管理局	执法全过程记录制度	国家工商行政管理总局
31	辽宁出入境检验检疫局	执法全过程记录制度	国家质量监督检验检疫总局
32	北京市食品药品监督管理局	行政执法公示制度	国家食品药品监督管理总局

国务院办公厅关于印发中国防治慢性病中长期规划(2017－2025年)的通知

(2017年1月22日　国办发〔2017〕12号)

《中国防治慢性病中长期规划(2017－2025年)》已经国务院同意,现印发给你们,请认真贯彻执行。

中国防治慢性病中长期规划(2017－2025年)

为加强慢性病防治工作,降低疾病负担,提高居民健康期望寿命,努力全方位、全周期保障人民健康,依据《"健康中国2030"规划纲要》,制定本规划。

一、规划背景

本规划所称慢性病主要包括心脑血管疾病、癌症、慢性呼吸系统疾病、糖尿病和口腔疾病,以及内分泌、肾脏、骨骼、神经等疾病。慢性病是严重威胁我国居民健康的一类疾病,已成为影响国家经济社会发展的重大公共卫生问题。慢性病的发生和流行与经济、社会、人口、行为、环境等因素密切相关。随着我国工业化、城镇化、人口老龄化进程不断加快,居民生活方式、生态环境、食品安全状况等对健康的影响逐步显现,慢性病发病、患病和死亡人数不断增多,群众慢性病疾病负担日益沉重。慢性病影响因素的综合性、复杂性决定了防治任务的长期性和艰巨性。

近年来,各地区、各有关部门认真贯彻落实党中央、国务院决策部署,深化医药卫生体制改革,着力推进环境整治、烟草控制、体育健身、营养改善等工作,初步形成了慢性病综合防治工作机制和防治服务网络。慢性病防治工作已引起社会各界高度关注,健康支持性环境持续改善,群众健康素养逐步提升,为制定实施慢性病防治中长期规划奠定了重要基础。

二、总体要求

(一)指导思想。

全面贯彻党的十八大和十八届三中、四中、五中、六中全会精神,深入贯彻习近平总书记系列重要讲话精神和治国理政新理念新思想新战略,认真落实党中央、国务院决策部署,统筹推进“五位一体”总体布局和协调推进“四个全面”战略布局,牢固树立和贯彻落实创新、协调、绿色、开放、共享的发展理念,坚持正确的卫生与健康工作方针,以提高人民健康水平为核心,以深化医药卫生体制改革为动力,以控制慢性病危险因素、建设健康支持性环境为重点,以健康促进和健康管理为手段,提升全民健康素质,降低高危人群发病风险,提高患者生存质量,减少可预防的慢性病发病、死亡和残疾,实现由以治病为中心向以健康为中心转变,促进全生命周期健康,提高居民健康期望寿命,为推进健康中国建设奠定坚实基础。

(二)基本原则。

坚持统筹协调。统筹各方资源,健全政府主导、部门协作、动员社会、全民参与的慢性病综合防治机制,将健康融入所有政策,调动社会和个人参与防治的积极性,营造有利于慢性病防治的社会环境。

坚持共建共享。倡导“每个人是自己健康第一责任人”的理念,促进群众形成健康的行为和生活方式。构建自我为主、人际互助、社会支持、政府指导的健康管理模式,将健康教育与健康促进贯穿于全生命周期,推动人人参与、人人尽力、人人享有。

坚持预防为主。加强行为和环境危险因素控制,强化慢性病早期筛查和早期发现,推动由疾病治疗向健康管理转变。加强医防协同,坚持中西医并重,为居民提供公平可及、系统连续的预防、治疗、康复、健康促进等一体化的慢性病防治服务。

坚持分类指导。根据不同地区、不同人群慢性病流行特征和防治需求,确定针对性的防治目标和策略,实施有效防控措施。充分发挥国家慢性病综合防控示范区的典型引领作用,提升各地区慢性病防治水平。

(三)规划目标。

到2020年,慢性病防控环境显著改善,降低因慢性病导致的过早死亡率,力争30－70岁人群因心脑血管疾病、癌症、慢性呼吸系统疾病和糖尿病导致的过早死亡率较2015年降低10%。到2025年,慢性病危险因素得到有效控制,实现全人群全生命周期健康管理,力争30－70岁人群因心脑血管疾病、癌症、慢性呼吸系统疾病和糖尿病导致的过早死亡率较2015年降低20%。逐步提高居民健康期望寿命,有效控制慢性病疾病负担。

中国慢性病防治中长期规划(2017－2025年)主要指标

主要指标	基线	2020年	2025年	属性
心脑血管疾病死亡率(1/10万)	241.3/10万	下降10%	下降15%	预期性
总体癌症5年生存率(%)	30.9%	提高5%	提高10%	预期性
高发地区重点癌种早诊率(%)	48%	55%	60%	预期性
70岁以下人群慢性呼吸系统疾病死亡率(1/10万)	11.96/10万	下降10%	下降15%	预期性
40岁以上居民肺功能检测率(%)	7.1%	15%	25%	预期性
高血压患者管理人数(万人)	8835	10000	11000	预期性
糖尿病患者管理人数(万人)	2614	3500	4000	预期性
高血压、糖尿病患者规范管理率(%)	50%	60%	70%	预期性
35岁以上居民年度血脂检测率(%)	19.4%	25%	30%	预期性
65岁以上老年人中医药健康管理率(%)	45%	65%	80%	预期性
居民健康素养水平(%)	10%	大于20%	25%	预期性
全民健康生活方式行动县(区)覆盖率(%)	80.9%	90%	95%	预期性
经常参加体育锻炼的人数(亿人)	3.6	4.35	5	预期性
15岁以上人群吸烟率(%)	27.7%	控制在25%以内	控制在20%以内	预期性
人均每日食盐摄入量(克)	10.5	下降10%	下降15%	预期性
国家慢性病综合防控示范区覆盖率(%)	9.3%	15%	20%	预期性

三、策略与措施

(一)加强健康教育,提升全民健康素质。

1. 开展慢性病防治全民教育。建立健全健康教育体系,普及健康科学知识,教育引导群众树立正确健康观。卫生计生部门组织专家编制科学实用的慢性病防治知识和信息指南，由专业机构向社会发布，广泛宣传合理膳食、适量运动、戒烟限酒、心理平衡等健康科普知识，规范慢性病防治健康科普管理。充分利用主流媒体和新媒体开展形式多样的慢性病防治宣传教育，根据不同人群特点开展有针对性的健康宣传教育。深入推进全民健康素养促进行动、健康中国行等活动，提升健康教育效果。到2020年和2025年，居民重点慢性病核心知识知晓率分别达到60%和70%。

2. 倡导健康文明的生活方式。创新和丰富预防方式，贯彻零级预防理念，全面加强幼儿园、中小学营养均衡、口腔保健、视力保护等健康知识和行为方式教育，实现预防工作的关口前移。鼓励机关、企事业单位开展工间健身和职工运动会、健步走、健康知识竞赛等活动，依托村（居）委会组织志愿者、社会体育指导员、健康生活方式指导员等，科学指导大众开展自我健康管理。发挥中医治未病优势，大力推广传统养生健身法。推进全民健康生活方式行动，开展“三减三健”（减盐、减油、减糖、健康口腔、健康体重、健康骨骼）等专项行动，开发推广健康适宜技术和支持工具，增强群众维护和促进自身健康的能力。

专栏1　健康教育与健康促进项目

全民健康生活方式行动：“三减三健”（减盐、减油、减糖、健康口腔、健康体重、健康骨骼）等专项行动。

健康教育：全民健康素养促进行动、健康中国行活动、健康家庭行动。

（二）实施早诊早治，降低高危人群发病风险。

1. 促进慢性病早期发现。全面实施35岁以上人群首诊测血压，发现高血压患者和高危人群，及时提供干预指导。社区卫生服务中心和乡镇卫生院逐步提供血糖血脂检测、口腔预防保健、简易肺功能测定和大便隐血检测等服务。逐步将临床可诊断、治疗有手段、群众可接受、国家能负担的疾病筛检技术列为公共卫生措施。在高发地区和高危人群中逐步开展上消化道癌、宫颈癌等有成熟筛查技术的癌症早诊早治工作。加强健康体检规范化管理，健全学生健康体检制度，推广老年人健康体检，推动癌症、脑卒中、冠心病等慢性病的机会性筛查。将口腔健康检查纳入常规体检内容，将肺功能检查和骨密度检测项目纳入40岁以上人群常规体检内容。

2. 开展个性化健康干预。依托专业公共卫生机构和医疗机构，开设戒烟咨询热线，提供戒烟门诊等服务，提高戒烟干预能力。促进体医融合，在有条件的机构开设运动指导门诊，提供运动健康服务。社区卫生服务中心和乡镇卫生院逐步开展超重肥胖、血压血糖升高、血脂异常等慢性病高危人群的患病风险评估和干预指导，提供平衡膳食、身体活动、养生保健、体质辨识等咨询服务。鼓励慢性病患者和高危人群接种成本效益较好的肺炎、流感等疫苗。加大牙周病、龋病等口腔常见病干预力度，实施儿童局部用氟、窝沟封闭等口腔保健措施，12 岁儿童患龋率控制在 30% 以内。重视老年人常见慢性病、口腔疾病、心理健康的指导与干预。探索开展集慢性病预防、风险评估、跟踪随访、干预指导于一体的职工健康管理服务。

专栏 2　慢性病筛查干预与健康管理项目
早期发现和干预：癌症早诊早治，脑卒中、心血管病、慢性呼吸系统疾病筛查干预，高血压、糖尿病高危人群健康干预，重点人群口腔疾病综合干预。 健康管理：居民健康档案、健康教育、慢性病（高血压、糖尿病等）患者健康管理、老年人健康管理、中医药健康管理。

（三）强化规范诊疗，提高治疗效果。

1. 落实分级诊疗制度。优先将慢性病患者纳入家庭医生签约服务范围，积极推进高血压、糖尿病、心脑血管疾病、肿瘤、慢性呼吸系统疾病等患者的分级诊疗，形成基层首诊、双向转诊、上下联动、急慢分治的合理就医秩序，健全治疗－康复－长期护理服务链。鼓励并逐步规范常见病、多发病患者首先到基层医疗卫生机构就诊，对超出基层医疗卫生机构功能定位和服务能力的慢性病，由基层医疗卫生机构为患者提供转诊服务。完善双向转诊程序，重点畅通慢性期、恢复期患者向下转诊渠道，逐步实现不同级别、不同类别医疗机构之间的有序转诊。

2. 提高诊疗服务质量。建设医疗质量管理与控制信息化平台，加强慢性病诊疗服务实时管理与控制，持续改进医疗质量和医疗安全。全面实施临床路径管理，规范诊疗行为，优化诊疗流程，努力缩短急性心脑血管疾病发病到就诊有效处理的时间，推广应用癌症个体化规范治疗方案，降低患者死亡率。基本实现医疗机构检查、检验结果互认。

（四）促进医防协同，实现全流程健康管理。

1. 加强慢性病防治机构和队伍能力建设。发挥中国疾病预防控制中心、国家心血管病中心、国家癌症中心在政策咨询、标准规范制定、监测评价、人才培养、技术指导等方面作用，在条件成熟地区依托现有资源建设心血管病、癌症等慢性病区域中心，建立由国家、区域和基层中医专科专病诊疗中心构成的中医专科专病防治体系。各地区要明确具体的医疗机构承担对辖区内心脑血管疾病、癌症、慢性呼吸系统疾病、糖尿病等慢性病防治的技术指导。二级以上医院要配备专业人员,履行公共卫生职责,做好慢性病防控工作。基层医疗卫生机构要根据工作实际,提高公共卫生服务能力,满足慢性病防治需求。

2. 构建慢性病防治结合工作机制。疾病预防控制机构、医院和基层医疗卫生机构要建立健全分工协作、优势互补的合作机制。疾病预防控制机构负责开展慢性病及其危险因素监测和流行病学调查、综合防控干预策略与措施实施指导和防控效果考核评价;医院承担慢性病病例登记报告、危重急症病人诊疗工作并为基层医疗卫生机构提供技术支持;基层医疗卫生机构具体实施人群健康促进、高危人群发现和指导、患者干预和随访管理等基本医疗卫生服务。加强医防合作,推进慢性病防、治、管整体融合发展。

3. 建立健康管理长效工作机制。明确政府、医疗卫生机构和家庭、个人等各方在健康管理方面的责任,完善健康管理服务内容和服务流程。逐步将符合条件的癌症、脑卒中等重大慢性病早诊早治适宜技术按规定纳入诊疗常规。探索通过政府购买服务等方式,鼓励企业、公益慈善组织、商业保险机构等参与慢性病高危人群风险评估、健康咨询和健康管理,培育以个性化服务、会员制经营、整体式推进为特色的健康管理服务产业。

(五)完善保障政策,切实减轻群众就医负担。

1. 完善医保和救助政策。完善城乡居民医保门诊统筹等相关政策,探索基层医疗卫生机构对慢性病患者按人头打包付费。完善不同级别医疗机构的医保差异化支付政策,推动慢性病防治工作重心下移、资源下沉。发展多样化健康保险服务,鼓励有资质的商业保险机构开发与基本医疗保险相衔接的商业健康保险产品,开展各类慢性病相关保险经办服务。按规定对符合条件的患慢性病的城乡低保对象、特困人员实施医疗救助。鼓励基金会等公益慈善组织将优质资源向贫困地区和农村延伸,开展对特殊人群的医疗扶助。

2. 保障药品生产供应。做好专利到期药物的仿制和生产,提升仿制药质量,优先选用通过一致性评价的慢性病防治仿制药,对于国内尚不能仿制的,积极通过药品价格谈判等方法,合理降低采购价格。进一步完善基本药物目录,加强二级以上医院与基层医疗卫生机构用药衔接。发挥社会药店在基层的药品供应保障作用,提高药物的可及性。老年慢性病患者可以由家庭签约医生开具慢性病长期药品处方,探索以多种方式满足患者用药需求。发挥中医药在慢性病防治中的优势和作用。

(六)控制危险因素,营造健康支持性环境。

1. 建设健康的生产生活环境。推动绿色清洁生产,改善作业环境,严格控制尘毒危害,强化职业病防治,整洁城乡卫生,优化人居环境,加强文化、科教、休闲、健身等公共服务设施建设。建设健康步道、健康主题公园等运动健身环境，提高各类公共体育设施开放程度和利用率，推动有条件的学校体育场馆设施在课后和节假日对本校师生和公众有序开放，形成覆盖城乡、比较健全的全民健身服务体系，推动全民健身和全民健康深度融合。坚持绿色发展理念，强化环境保护和监管，落实大气、水、土壤污染防治行动计划，实施污染物综合控制，持续改善环境空气质量、饮用水水源水质和土壤环境质量。建立健全环境与健康监测、调查、风险评估制度，降低环境污染对健康的影响。

2. 完善政策环境。履行《烟草控制框架公约》，推动国家层面公共场所控制吸烟条例出台，加快各地区控烟立法进程，加大控烟执法力度。研究完善烟草与酒类税收政策，严格执行不得向未成年人出售烟酒的有关法律规定，减少居民有害饮酒。加强食品安全和饮用水安全保障工作，推动营养立法，调整和优化食物结构，倡导膳食多样化，推行营养标签，引导企业生产销售、消费者科学选择营养健康食品。

3. 推动慢性病综合防控示范区创新发展。以国家慢性病综合防控示范区建设为抓手，培育适合不同地区特点的慢性病综合防控模式。示范区建设要紧密结合卫生城镇创建和健康城镇建设要求，与分级诊疗、家庭医生签约服务相融合，全面提升示范区建设质量，在强化政府主体责任、落实各部门工作职责、提供全人群全生命周期慢性病防治管理服务等方面发挥示范引领作用，带动区域慢性病防治管理水平整体提升。

专栏3　健康支持性环境建设项目

健康环境建设：大气污染防治、污水处理、重点流域水污染防治等环保项目，卫生城镇创建、健康城镇建设，慢性病综合防控示范区建设。

危险因素控制：减少烟草危害行动、贫困地区儿童营养改善项目、农村义务教育学生营养改善计划。

（七）统筹社会资源，创新驱动健康服务业发展。

1. 动员社会力量开展防治服务。鼓励、引导、支持社会力量举办的医疗、体检、养老和养生保健机构以及基金会等公益慈善组织、商业保险机构、行业协会学会、互联网企业等通过竞争择优的方式，参与所在区域医疗服务、健康管理与促进、健康保险以及相关慢性病防治服务，创新服务模式，促进覆盖全生命周期、内涵丰富、结构合理的健康服务业体系发展。建立多元化资金筹措机制，拓宽慢性病防治公益事业投融资渠道，鼓励社会资本投向慢性病防治服务和社区康复等领域。

2. 促进医养融合发展。促进慢性病全程防治管理服务与居家、社区、机构养老紧密结合。深入养老机构、社区和居民家庭开展老年保健、老年慢性病防治和康复护理，维护和促进老年人功能健康。支持有条件的养老机构设置医疗机构，有条件的二级以上综合医院和中医医院设置老年病科，增加老年病床数量，为老年人就医提供优先便利服务。加快推进面向养老机构的远程医疗服务试点。鼓励基层医疗卫生机构与老年人家庭建立签约服务关系，开展上门诊视、健康查体、健康管理、养生保健等服务。

3. 推动互联网创新成果应用。促进互联网与健康产业融合，发展智慧健康产业，探索慢性病健康管理服务新模式。完善移动医疗、健康管理法规和标准规范，推动移动互联网、云计算、大数据、物联网与健康相关产业的深度融合，充分利用信息技术丰富慢性病防治手段和工作内容，推进预约诊疗、在线随访、疾病管理、健康管理等网络服务应用，提供优质、便捷的医疗卫生服务。

（八）增强科技支撑，促进监测评价和研发创新。

1. 完善监测评估体系。整合单病种、单因素慢性病及其危险因素监测信息，实现相关系统互联互通。健全死因监测和肿瘤登记报告制度，建立国家、省级和区域慢性病与营养监测信息网络报告机制，逐步实现重点慢性病发病、患病、死亡和危险因素信息实时更新，定期发布慢性病相关监测信息。以地市为单位，基本摸清辖区内主要慢性病状况、影响因素和疾病负担。开展营养和慢性病危险因素健康干预与疾病管理队列研究。运用大数据等技术，加强信息分析与利用，掌握慢性病流行规律及特点，确定主要健康问题，为制定慢性病防治政策与策略提供循证依据。加强水、土壤、空气等环境介质和工作场所等环境质量、农产品质量安全监测，逐步实现跨行业跨部门跨层级的纵向报告和横向交换，动态实施环境、食物等因素与健康的风险评估与预警。

2. 推动科技成果转化和适宜技术应用。系统加强慢性病防治科研布局，推进相关科研项目。进一步加强国家临床医学研究中心和协同创新网络建设，完善重大慢性病研究体系。以信息、生物和医学科技融合发展为引领，加强慢性病防治基础研究、应用研究和转化医学研究。统筹优势力量，推进慢性病致病因素、发病机制、预防干预、诊疗康复、医疗器械、新型疫苗和创新药物等研究，重点突破精准医疗、"互联网+"健康医疗、大数据等应用的关键技术，支持基因检测等新技术、新产品在慢性病防治领域推广应用。针对中医药具有优势的慢性病病种，总结形成慢性病中医健康干预方案并推广应用。结合慢性病防治需求，遴选成熟有效的慢性病预防、诊疗、康复保健适宜技术，加快成果转化和应用推广。开展慢性病社会决定因素与疾病负担研究，探索有效的慢性病防控路径。在专业人才培养培训、信息沟通及共享、防治技术交流与合作、能力建设等方面积极参与国际慢性病防治交流与合作。

专栏4　慢性病科技支撑项目
慢性病监测:疾病监测(慢性病与营养监测、死因监测、肿瘤随访登记);环境健康危害因素监测(城乡饮用水卫生监测、农村环境卫生监测、公共场所健康危害因素监测、空气污染等对人群健康影响监测、人体生物监测);重点人群健康监测(学生健康危害因素和常见病监测)。 慢性病科技重大项目和工程:健康保障重大工程,国家科技重大专项"重大新药创制"专项,国家重点研发计划"精准医学研究"、"重大慢性非传染性疾病防控研究"等重点专项有关内容。 科技成果转化和适宜技术应用:健康科技成果转移转化行动、基层医疗卫生服务适宜技术推广。

四、保障措施

(一)强化组织领导。各地区要将慢性病防治作为健康中国建设和深化医药卫生体制改革的重点内容,纳入地方重要民生工程,确定工作目标和考核指标,制定本地区慢性病防治规划及实施方案,强化组织实施,建立健全慢性病防治工作协调机制,定期研究解决慢性病防治工作中的重大问题。

(二)落实部门责任。卫生计生部门要会同有关部门共同组织实施本规划并开展监督评估。发展改革部门要将慢性病防治列入经济社会发展规划,加强慢性病防治能力建设。财政部门要按照政府卫生投入政策要求落实相关经费。人力资源社会保障部门和卫生计生部门要进一步完善门诊相关保障政策和支付机制,发挥医保控费作用。国务院防治重大疾病工作部际联席会议办公室要发挥统筹协调作用,推动教育、科技、工业和信息化、民政、环境保护、住房城乡建设、农业、商务、新闻出版广电、体育、安全监管、食品药品监管、中医药等部门履行职责,形成慢性病防治工作合力。

(三)加强人才培养。完善有利于人才培养使用的政策措施,加强健康教育、健康管理、医疗、公共卫生、护理、康复及中医药等领域人才培养。加强医教协同,深化院校教育改革,加强对医学生慢性病防治相关知识和能力的教育培养,支持高校设立健康促进、健康管理等相关专业,加强有针对性的继续医学教育,着力培养慢性病防治复合型、实用型人才。完善专业技术职称评定制度,促进人才成长发展和合理流动。

(四)营造良好氛围。各地区、各部门要广泛宣传党和国家关于维护促进人民健康的重大战略思想和方针政策,宣传实施慢性病综合防控战略的重大意义、目标任务和策略措施。要加强正面宣传、舆论监督、科学引导和典型报道,增强社会对慢性病防治的普遍认知,形成全社会关心支持慢性病防治的良好氛围。

五、督导与评估

国家卫生计生委要会同有关部门制定本规划实施分工方案,各相关部门要各负其责,及时掌握工作进展,定期交流信息,联合开展督查和效果评价,2020 年对规划实施情况进行中期评估,2025 年组织规划实施的终期评估。各地区要建立监督评价机制,组织开展规划实施进度和效果评价,将规划实施情况作为政府督查督办的重要事项,推动各项规划目标任务落实。

国务院办公厅关于进一步改革完善药品生产流通使用政策的若干意见

(2017 年 1 月 24 日　国办发〔2017〕13 号)

为深化医药卫生体制改革,提高药品质量疗效,规范药品流通和使用行为,更好地满足人民群众看病就医需求,推进健康中国建设,经国务院同意,现就进一步改革完善药品生产流通使用有关政策提出如下意见:

一、提高药品质量疗效,促进医药产业结构调整

(一)严格药品上市审评审批。新药审评突出临床价值。仿制药审评严格按照与原研药质量和疗效一致的原则进行。充实审评力量,加强对企业研发的指导,建立有效的与申请者事前沟通交流机制,加快解决药品注册申请积压问题。优化药品审评审批程序,对临床急需的新药和短缺药品加快审评审批。借鉴国际先进经验,探索按罕见病、儿童、老年人、急(抢)救用药及中医药(经典方)等分类审评审批,保障儿童、老年人等人群和重大疾病防治用药需求。对防治重大疾病所需专利药品,必要时可依法实施强制许可。加强临床试验数据核查,严惩数据造假行为。全面公开药品审评审批信息,强化社会监督。

(二)加快推进已上市仿制药质量和疗效一致性评价。鼓励药品生产企业按相关指导原则主动选购参比制剂,合理选用评价方法,开展研究和评价。对需进口的参比制剂,加快进口审批,提高通关效率。对生物等效性试验实行备案制管理,允许具备条件的医疗机构、高等院校、科研机构和其他社会办检验检测机构等依法开展一致性评价生物等效性试验,实施办法另行制定。食品药品监管等部门要加强对企业的指导,推动一致性评价工作任务按期完成。对通过一致性评价的药品,及时向社会公布相关信息,并将其纳入与原研药可相互替代药品目录。同品种药品通过一致性评价的生产企业达到3家以上的，在药品集中采购等方面不再选用未通过一致性评价的品种；未超过3家的，优先采购和使用已通过一致性评价的品种。加快按通用名制订医保药品支付标准，尽快形成有利于通过一致性评价仿制药使用的激励机制。

（三）有序推进药品上市许可持有人制度试点。优先对批准上市的新药和通过一致性评价的药品试行上市许可持有人制度，鼓励新药研发，促进新产品、新技术和已有产能对接。及时总结试点经验，完善相关政策措施，力争早日在全国推开。

（四）加强药品生产质量安全监管。督促企业严格执行药品生产质量管理规范（GMP），如实记录生产过程各项信息，确保数据真实、完整、准确、可追溯。加强对企业药品生产质量管理规范执行情况的监督检查，检查结果向社会公布，并及时采取措施控制风险。企业对药品原辅料变更、生产工艺调整等，应进行充分验证。严厉打击制售假劣药品的违法犯罪行为。

（五）加大医药产业结构调整力度。加强技术创新，实施重大新药创制科技重大专项等国家科技计划（专项、基金等），支持符合条件的企业和科研院所研发新药及关键技术，提升药物创新能力和质量疗效。推动落后企业退出，着力化解药品生产企业数量多、规模小、水平低等问题。支持药品生产企业兼并重组，简化集团内跨地区转移产品上市许可的审批手续，培育一批具有国际竞争力的大型企业集团，提高医药产业集中度。引导具有品牌、技术、特色资源和管理优势的中小型企业以产业联盟等多种方式做优做强。提高集约化生产水平，促进形成一批临床价值和质量水平高的品牌药。

（六）保障药品有效供应。卫生计生、工业和信息化、商务、食品药品监管等部门要密切协作，健全短缺药品、低价药品监测预警和分级应对机制，建立完善短缺药品信息采集、报送、分析、会商制度，动态掌握重点企业生产情况，统筹采取定点生产、药品储备、应急生产、协商调剂等措施确保药品市场供应。采取注册承诺、药价谈判、集中采购、医保支付等综合措施，推动实现专利药品和已过专利期药品在我国上市销售价格不高于原产国或我国周边可比价格，并实施动态管理。加强对麻醉药品和精神药品的管理。支持质量可靠、疗效确切的医疗机构中药制剂规范使用。

二、整顿药品流通秩序，推进药品流通体制改革

（七）推动药品流通企业转型升级。打破医药产品市场分割、地方保护，推动药品流通企业跨地区、跨所有制兼并重组，培育大型现代药品流通骨干企业。整合药品仓储和运输资源，实现多仓协同，支持药品流通企业跨区域配送，加快形成以大型骨干企业为主体、中小型企业为补充的城乡药品流通网络。鼓励中小型药品流通企业专业化经营,推动部分企业向分销配送模式转型。鼓励药品流通企业批发零售一体化经营。推进零售药店分级分类管理,提高零售连锁率。鼓励药品流通企业参与国际药品采购和营销网络建设。

(八)推行药品购销"两票制"。综合医改试点省(区、市)和公立医院改革试点城市要率先推行"两票制",鼓励其他地区实行"两票制",争取到2018年在全国推开。药品流通企业、医疗机构购销药品要建立信息完备的购销记录,做到票据、账目、货物、货款相一致,随货同行单与药品同行。企业销售药品应按规定开具发票和销售凭证。积极推行药品购销票据管理规范化、电子化。

(九)完善药品采购机制。落实药品分类采购政策,按照公开透明、公平竞争的原则,科学设置评审因素,进一步提高医疗机构在药品集中采购中的参与度。鼓励跨区域和专科医院联合采购。在全面推行医保支付方式改革或已制定医保药品支付标准的地区,允许公立医院在省级药品集中采购平台(省级公共资源交易平台)上联合带量、带预算采购。完善国家药品价格谈判机制,逐步扩大谈判品种范围,做好与医保等政策衔接。加强国家药品供应保障综合管理信息平台和省级药品集中采购平台规范化建设,完善药品采购数据共享机制。

(十)加强药品购销合同管理。卫生计生、商务等部门要制定购销合同范本,督促购销双方依法签订合同并严格履行。药品生产、流通企业要履行社会责任,保证药品及时生产、配送,医疗机构等采购方要及时结算货款。对违反合同约定,配送不及时影响临床用药或拒绝提供偏远地区配送服务的企业,省级药品采购机构应督促其限期整改;逾期不改正的,取消中标资格,记入药品采购不良记录并向社会公布,公立医院2年内不得采购其药品。对违反合同约定,无正当理由不按期回款或变相延长货款支付周期的医疗机构,卫生计生部门要及时纠正并予以通报批评,记入企事业单位信用记录。将药品按期回款情况作为公立医院年度考核和院长年终考评的重要内容。

(十一)整治药品流通领域突出问题。食品药品监管、卫生计生、人力资源社会保障、价格、税务、工商管理、公安等部门要定期联合开展专项检查,严厉打击租借证照、虚假交易、伪造记录、非法渠道购销药品、商业贿赂、价格欺诈、价格垄断以及伪造、虚开发票等违法违规行为,依法严肃惩处违法违规企业和医疗机构,严肃追究相关负责人的责任;涉嫌犯罪的,及时移送司法机关处理。健全有关法律法规,对查实的违法违规行为,记入药品采购不良记录、企事业单位信用记录和个人信用记录并按规定公开,公立医院2年内不得购入相关企业药品;对累犯或情节较重的,依法进一步加大处罚力度,提高违法违规成本。实施办法另行制定。食品药品监管部门要加强对医药代表的管理,建立医药代表登记备案制度,备案信息及时公开。医药代表只能从事学术推广、技术咨询等活动,不得承担药品销售任务,其失信行为记入个人信用记录。

（十二）强化价格信息监测。健全药品价格监测体系,促进药品市场价格信息透明。食品药品监管部门牵头启动建立药品出厂价格信息可追溯机制,建立统一的跨部门价格信息平台,做好与药品集中采购平台（公共资源交易平台）、医保支付审核平台的互联互通,加强与有关税务数据的共享。对虚报原材料价格和药品出厂价格的药品生产企业,价格、食品药品监管、税务等部门要依法严肃查处,清缴应收税款,追究相关责任人的责任。强化竞争不充分药品的出厂（口岸）价格、实际购销价格监测,对价格变动异常或与同品种价格差异过大的药品,要及时研究分析,必要时开展成本价格专项调查。

（十三）推进“互联网＋药品流通”。以满足群众安全便捷用药需求为中心,积极发挥“互联网＋药品流通”在减少交易成本、提高流通效率、促进信息公开、打破垄断等方面的优势和作用。引导“互联网＋药品流通”规范发展,支持药品流通企业与互联网企业加强合作,推进线上线下融合发展,培育新兴业态。规范零售药店互联网零售服务,推广“网订店取”、“网订店送”等新型配送方式。鼓励有条件的地区依托现有信息系统,开展药师网上处方审核、合理用药指导等药事服务。食品药品监管、商务等部门要建立完善互联网药品交易管理制度,加强日常监管。

三、规范医疗和用药行为,改革调整利益驱动机制

（十四）促进合理用药。优化调整基本药物目录。公立医院要全面配备、优先使用基本药物。国家卫生计生委要组织开展临床用药综合评价工作,探索将评价结果作为药品集中采购、制定临床用药指南的重要参考。扩大临床路径覆盖面,2020年底前实现二级以上医院全面开展临床路径管理。医疗机构要将药品采购使用情况作为院务公开的重要内容,每季度公开药品价格、用量、药占比等信息;落实处方点评、中医药辨证施治等规定,重点监控抗生素、辅助性药品、营养性药品的使用,对不合理用药的处方医生进行公示,并建立约谈制度。严格对临时采购药品行为的管理。卫生计生部门要对医疗机构药物合理使用情况进行考核排名,考核结果与院长评聘、绩效工资核定等挂钩,具体细则另行制定。

（十五）进一步破除以药补医机制。坚持医疗、医保、医药联动,统筹推进取消药品加成、调整医疗服务价格、鼓励到零售药店购药等改革,落实政府投入责任,加快建立公立医院补偿新机制。推进医药分开。医疗机构应按药品通用名开具处方，并主动向患者提供处方。门诊患者可以自主选择在医疗机构或零售药店购药，医疗机构不得限制门诊患者凭处方到零售药店购药。具备条件的可探索将门诊药房从医疗机构剥离。探索医疗机构处方信息、医保结算信息与药品零售消费信息互联互通、实时共享。各级卫生计生等部门要结合实际，合理确定和量化区域医药费用增长幅度，并落实到医疗机构，严格控制医药费用不合理增长。定期对各地医药费用控制情况进行排名，并向社会公布，主动接受监督。将医药费用控制情况与公立医院财政补助、评先评优、绩效工资核定、院长评聘等挂钩，对达不到控费目标的医院，暂停其等级评审准入、新增床位审批和大型设备配备等资格，视情况核减或取消资金补助、项目安排，并追究医院院长相应的管理责任。

（十六）强化医保规范行为和控制费用的作用。充分发挥各类医疗保险对医疗服务行为、医药费用的控制和监督制约作用，逐步将医保对医疗机构的监管延伸到对医务人员医疗服务行为的监管。探索建立医保定点医疗机构信用等级管理和黑名单管理制度。及时修订医保药品目录。加强医保基金预算管理，大力推进医保支付方式改革，全面推行以按病种付费为主，按人头付费、按床日付费等多种付费方式相结合的复合型付费方式，合理确定医保支付标准，将药品耗材、检查化验等由医疗机构收入变为成本，促使医疗机构主动规范医疗行为、降低运行成本。

（十七）积极发挥药师作用。落实药师权利和责任，充分发挥药师在合理用药方面的作用。各地在推进医疗服务价格改革时，对药师开展的处方审核与调剂、临床用药指导、规范用药等工作，要结合实际统筹考虑，探索合理补偿途径，并做好与医保等政策的衔接。加强零售药店药师培训，提升药事服务能力和水平。加快药师法立法进程。探索药师多点执业。合理规划配置药学人才资源，强化数字身份管理，加强药师队伍建设。

药品生产流通使用改革涉及利益主体多，事关人民群众用药安全，事关医药产业健康发展，事关社会和谐稳定。各地、各部门要充分认识改革的重要性、紧迫性和艰巨性，投入更多精力抓好改革落实。要加强组织领导，结合实际细化工作方案和配套细则，完善抓落实的机制和办法，把责任压实、要求提实、考核抓实，增强改革定力，积极稳妥推进，确保改革措施落地生效。要及时评估总结工作进展，研究解决新情况、新问题，不断健全药品供应保障制度体系。要加强政策解读和舆论引导，及时回应社会关切，积极营造良好的舆论氛围。

国务院办公厅关于印发“十三五”全国结核病防治规划的通知

（2017 年 2 月 1 日　国办发〔2017〕16 号）

《“十三五”全国结核病防治规划》已经国务院同意，现印发给你们，请认真贯彻执行。

“十三五”全国结核病防治规划

为进一步减少结核病危害，加快推进健康中国建设，根据《中华人民共和国传染病防治法》，结合深化医改要求，制定本规划。

一、防治现状

结核病以肺结核为主，是严重危害人民群众身体健康的重大传染病之一。“十二五”期间，各地区、各有关部门认真贯彻党中央、国务院决策部署，依法履行结核病防治职责，落实各项防治措施，进一步健全结核病防治服务体系，取得了明显成效。全国结核病疫情呈逐年下降趋势，共发现并治疗管理活动性肺结核患者 427 万例，成功治疗率保持在 85% 以上，肺结核报告发病率、死亡率明显下降，基本实现了“十二五”规划目标。

同时，我国结核病防治工作还面临着诸多问题与挑战。目前我国仍是全球 30 个结核病高负担国家之一，每年新发结核病患者约 90 万例，位居全球第 3 位。结核病发病人数仍然较多，中西部地区、农村地区结核病防治形势严峻。但我国现行结核病防治服务体系和防治能力还不能满足新形势下防治工作需要，部分结核病定点医疗机构诊治条件较差，防治所需设施设备不足，基层防治力量薄弱，流动人口结核病发现和治疗管理难度大，公众对结核病防治知识认知度不高，防范意识普遍不强。“十三五”时期是我国结核病防治的关键时期，需要各地区、各有关部门采取有效可行措施，坚决防控疫情，保障人民群众身体健康。

二、总体要求

（一）指导思想。全面贯彻党的十八大和十八届三中、四中、五中、六中全会精神，深入贯彻习近平总书记系列重要讲话精神和治国理政新理念新思想新战略，认真落实党中央、国务院决策部署，按照“五位一体”总体布局和“四个全面”战略布局，牢固树立和贯彻落实创新、协调、绿色、开放、共享的发展理念，坚持正确的卫生与健康工作方针，以深化医药卫生体制改革为动力，强化结核病患者发现报告、诊断治疗和随访服务等全环节管理，全面推进结核病防治工作，提升全民健康素质，为推进健康中国建设、全面建成小康社会奠定坚实基础。

（二）工作原则。坚持以人民健康为中心，坚持预防为主、防治结合、依法防治、科学防治，坚持政府组织领导、部门各负其责、全社会协同，坚持突出重点、因地制宜、分类指导，稳步推进结核病防控策略。

（三）规划目标。到2020年，政府领导、部门合作、全社会协同、大众参与的结核病防治机制进一步完善。疾病预防控制机构、结核病定点医疗机构、基层医疗卫生机构分工明确、协调配合的服务体系进一步健全，结核病防治服务能力不断提高，实现及早发现并全程规范治疗，人民群众享有公平可及、系统连续的预防、治疗、康复等防治服务。医疗保障政策逐步完善，患者疾病负担进一步减轻。肺结核发病和死亡人数进一步减少，全国肺结核发病率下降到58/10万以下，疫情偏高地区肺结核发病率较2015年下降20%。

1. 报告肺结核患者和疑似肺结核患者的总体到位率达到95%以上。病原学检查阳性肺结核患者的密切接触者筛查率达到95%。肺结核患者病原学阳性率达到50%以上。耐多药肺结核高危人群耐药筛查率达到95%以上。

2. 肺结核患者成功治疗率达到90%以上。基层医疗卫生机构肺结核患者规范管理率达到90%以上。

3. 学生体检结核病筛查比例明显提高。艾滋病病毒感染者的结核病检查率达到90%以上。公众结核病防治核心知识知晓率达到85%以上。

4. 所有地市级定点医疗机构具备开展药敏试验、菌种鉴定和结核病分子生物学诊断的能力。所有县级定点医疗机构具备痰涂片和痰培养检测能力。东中部地区和西部地区分别有80%和70%的县（市、区）具备开展结核病分子生物学诊断的能力。

5. 实现基本医疗保险、大病保险、医疗救助等制度与公共卫生项目的有效衔接。增加抗结核药品供给，提高患者门诊和住院医疗费用保障水平，减少患者因经济原因终止治疗，减轻患者负担，避免因病致贫、因病返贫。

三、防治措施

（一）完善防治服务体系。

1. 健全服务网络。各地区要明确省、市、县三级结核病定点医疗机构，并予以公布。各县(市、区)要根据当地疫情、地理、交通、人口等因素确定 1 家或多家定点医疗机构,改善诊疗条件,方便患者就医,基本实现普通肺结核患者诊治不出县。每个地市至少确定 1 家定点医疗机构负责诊治耐多药和疑难重症肺结核患者。鼓励三级医院承担定点医疗机构防治任务,重点收治基层转诊特殊病例。所有定点医疗机构要达到呼吸道传染病诊疗和防护条件。

2. 加强队伍建设。各级疾病预防控制机构、定点医疗机构和基层医疗卫生机构要配备专人负责结核病防治工作。加强人员培训,提高承担结核病诊疗和防治管理工作人员的服务能力。各地区要落实传染病防治人员卫生防疫津贴政策,对工作期间患结核病的防治人员按规定给予治疗和相应的工伤或抚恤待遇。建立健全结核病防治工作考核激励机制,调动防治人员的积极性,稳定防治队伍。做好疾病预防控制机构、定点医疗机构和基层医疗卫生机构结核病防治人员和相关实验室检测人员的防护工作,降低防治人员结核病感染率。

3. 推进防治结合。各地区要完善结核病分级诊疗和综合防治服务模式,健全疾病预防控制机构、结核病定点医疗机构、基层医疗卫生机构分工明确、协调配合的服务体系。进一步强化结核病报告和登记管理制度。各级各类医疗卫生机构发现肺结核患者和疑似患者要按照传染病报告要求进行网络直报,并将其转诊至当地定点医疗机构。定点医疗机构负责对肺结核患者进行诊断、治疗、登记、定期复诊检查和健康教育等,要具备结核病痰涂片检测、痰培养检测及结核病分子生物学诊断能力,地市级定点医疗机构还要具备药敏试验、菌种鉴定能力。基层医疗卫生机构负责转诊、追踪肺结核患者或疑似患者及有可疑症状的密切接触者,并根据定点医疗机构制定的治疗方案,对患者居家治疗期间进行督导管理,对患者及其家属进行健康教育等。疾病预防控制机构负责结核病疫情监测与处置,组织开展肺结核患者密切接触者流行病学调查和筛查,开展信息收集与分析,组织落实转诊追踪和患者治疗期间的规范管理,组织开展结核病高发和重点行业人群的防治工作,开展结核病防治宣传教育、技术指导及实验室质量控制等工作。

(二)多途径发现患者。

1. 加大就诊人群中患者发现力度。各级各类医疗卫生机构应当在诊疗和健康体检工作中,加强对有咳嗽、咳痰两周以上或痰中带血等肺结核可疑症状者的排查,发现肺结核疑似患者应转诊到当地定点医疗机构进行规范诊治,并及时报告。

2. 开展重点人群主动筛查。疾病预防控制机构、定点医疗机构和基层医疗卫生机构要相互配合,做好对病原学检查阳性肺结核患者的密切接触者、艾滋病病毒感染者和病人、65岁以上老年人、糖尿病患者等结核病重点人群的主动筛查工作。加强出入境人员结核病主动筛查工作，做好相应的医疗和防控措施。将结核病筛查纳入学校入学、监管场所(监狱、看守所、拘留所、收容教育所、强制隔离戒毒所、强制医疗所等场所)入监(所)和流动人口等人群的健康体检项目，早期发现传染源。疫情高发的县、乡、村要开展肺结核普查。

3. 及时发现耐多药肺结核患者。县级定点医疗机构负责对所有肺结核患者进行痰涂片和痰培养检测，对病原学检查阳性肺结核患者和耐多药肺结核高危人群进行耐药筛查，并将耐多药肺结核疑似患者转至地市级定点医疗机构进行耐药检测和诊断。积极推广耐多药快速检测技术，缩短诊断时间。开展耐药监测工作，掌握结核病流行传播规律和菌株变异情况，优化防治政策。

(三)规范诊疗行为。

1. 实施结核病诊疗规范。各级定点医疗机构要根据肺结核门诊诊疗规范、临床路径和结核病防治工作规范等有关技术指南要求，对肺结核患者进行诊疗，推广使用固定剂量复合制剂。注重发挥中医药在结核病治疗、康复中的作用。定点医疗机构要为基层医疗卫生机构和非定点医疗机构转诊患者建立绿色通道，及时安排就诊。病情稳定的患者要转回基层，由基层医疗卫生机构提供健康管理服务，确保患者接受全程规范治疗。规范医务人员诊疗行为，落实定点医疗机构处方点评、抗结核药品使用、辅助用药等跟踪监控制度。

2. 探索实施传染性肺结核患者住院治疗。有条件的地区要开展传染性肺结核患者住院治疗试点，逐步实现传染期内患者住院治疗。落实结核病感染控制措施，防止医院内交叉感染。

3. 规范耐多药肺结核患者诊疗和管理。定点医疗机构要规范耐多药患者住院治疗，患者出院后纳入门诊登记管理。各地区可因地制宜设立耐多药患者住院治疗点，对病情平稳但仍具有传染性的患者进行规范的住院治疗。疾病预防控制机构要加强对耐多药患者登记管理、诊疗随访和全疗程督导服药等工作的监管和指导。

4. 完善儿童结核病防治措施。提高卡介苗接种覆盖率和接种质量。各省(区、市)应当专门指定儿童结核病定点医疗机构，对儿科医生开展结核病防治技术培训，规范儿童结核病诊断和治疗服务。对传染性肺结核患者的儿童密切接触者中发现的潜伏期感染者进行重点观察。

5. 加强结核病医疗质量控制。各地区要完善结核病医疗质量管理工作机制，根据本地实际制定结核病医疗质量管理相关制度、规范和具体实施方案，将结核病诊疗纳入医疗质量控制工作体系。各省(区、市)要指定1家省级定点医疗机构负责组织有关专家对本省（区、市）结核病诊疗质量进行评估，并将评估结果作为对医院评价的重要依据。

（四）做好患者健康管理服务。要按照国家基本公共卫生服务项目要求做好肺结核患者健康管理服务，并将服务质量纳入对基层医疗卫生机构的考核内容。疾病预防控制机构、定点医疗机构和基层医疗卫生机构要做到患者转诊追踪、治疗管理等工作全程无缝衔接。疾病预防控制机构和定点医疗机构要加强对基层医疗卫生机构的培训、技术指导和督导。推行结核病患者家庭医生签约服务制度。创新方法和手段，充分利用移动互联网等新技术为患者开展随访服务，提高患者治疗依从性。

（五）做好医疗保险和关怀救助工作。要将临床必需、安全有效、价格合理、使用方便的抗结核药品按规定纳入基本医保支付范围。各地区要因地制宜逐步将肺结核（包括耐多药肺结核）纳入基本医疗保险门诊特殊病种支付范围。推进医疗保险支付方式改革，发挥医疗保险对医疗行为和费用的引导制约作用。按照健康扶贫工作要求，对符合条件的贫困结核病患者及时给予相应治疗和救助，患者治疗费用按规定经基本医疗保险、大病保险支付后，发挥医疗救助和其他补助的制度合力，切实降低患者自付比例，避免患者家庭发生灾难性支出而因病致贫返贫。充分发挥社会组织特别是慈善组织等社会力量的作用，开展对贫困结核病患者的关怀和生活救助。

（六）加强重点人群结核病防治。

1. 加强结核菌/艾滋病病毒双重感染防控。对艾滋病病毒感染者和病人进行结核病筛查，在艾滋病流行重点县（市、区），为结核病患者提供艾滋病病毒检测服务。负责结核病和艾滋病诊疗的定点医疗机构要建立健全合作机制，共同做好结核菌/艾滋病病毒双重感染者的筛查、诊治和管理工作。

2. 强化学校结核病防控。加强部门合作，建立卫生计生、教育等部门定期例会和信息通报制度。全面落实新生入学体检、因病缺课登记、病因追踪、健康教育等综合防控措施，对学校中的肺结核患者密切接触者开展筛查，及早发现肺结核患者，加强治疗管理，防止学校出现聚集性疫情。进一步加强学校结核病疫情监测和处置，为学校开展结核病防控工作提供专业培训、技术指导等。

3. 加强流动人口结核病防控。按照属地管理原则，做好流动人口结核病患者诊断、报告、转诊追踪、信息登记和治疗、随访服务等工作。对跨区域治疗的患者，做好信息衔接。做好基本医保异地就医直接结算工作。加强流动人口聚集场所宣传教育，提高流动人口结核病防控意识和能力。

4. 加强监管场所被监管人员结核病防控。开展入监（所）体检结核病筛查和日常监测，落实肺结核患者治疗管理，对即将出监（所）的尚未治愈的肺结核患者，监管场所应当及时做好转介工作，将有关信息报送监管场所所在地和被监管人员户籍地（或居住地）疾病预防控制机构，由地方定点医疗机构继续完成治疗。

（七）保障抗结核药品供应。完善药品采购机制，根据药品特性和市场竞争情况，实行分类采购，确保采购药品质量安全、价格合理、供应充足。鼓励各省（区、市）药品采购机构探索开展抗结核药品联合采购。对临床必需、市场价格低、临床用量小的抗结核药品实行集中挂网，由医院与企业议价采购，保障治疗用药需求。加强抗结核药品质量抽检，重点加强固定剂量复合制剂和二线抗结核药品注射制剂质量控制，确保药品质量。规范抗结核药品临床使用，加强不良反应报告监测和管理。

（八）提高信息化管理水平。进一步加强结核病防治工作信息化建设。依托全民健康保障信息化工程，提高结核病管理信息的及时性、完整性和准确性，规范结核病信息报告。将定点医疗机构纳入国家结核病防治信息管理系统，及时掌握肺结核患者登记、诊断治疗和随访复查等情况。结合区域人口健康信息平台建设，充分利用定点医疗机构和基层医疗卫生机构现有信息系统收集数据，加强信息整合。逐步实现结核病患者筛查、转诊追踪、诊断治疗、随访复查、治疗管理等全流程信息化管理，实现疾病预防控制机构、医疗卫生机构、基本医保经办机构之间纵向、横向的信息共享。利用远程医疗和远程教育网络，开展结核病防治技术指导和培训。

四、组织实施

（一）加强组织领导。地方各级人民政府要进一步加强组织领导，将结核病防治工作作为重要民生建设内容，纳入当地经济社会发展规划和政府目标管理考核内容，结合工作实际制定本辖区结核病防治规划及实施方案，落实各项防治责任，完成规划任务。要支持驻地部队开展结核病防治工作。

（二）落实部门职责。国家卫生计生委要充分发挥国务院防治重大疾病工作部际联席会议办公室的统筹协调作用，会同有关部门共同组织实施本规划并开展监督评估；加大贫困地区结核病防治力度，对农村贫困结核病患者进行分类救治；将结核病防治作为传染病防治监督执法的重要内容；协调完善全国结核病防治服务网络和专业队伍；建立健全结核病防治信息管理和共享机制。中央宣传部、新闻出版广电总局等部门要配合国家卫生计生委开展结核病防治工作公益宣传，大力普及结核病防治知识。国家发展改革委负责加强结核病防治机构等专业公共卫生基础设施建设，改善结核病防治设施条件。教育部负责加强学校结核病防治知识宣传教育，组织落实新生入学体检等学校结核病防控措施，创建良好学校卫生环境，督导学校在疾病预防控制机构指导下做好疫情报告，严防结核病疫情在校园内蔓延。科技部负责加强结核病疫苗、诊断试剂、治疗药物和方案等新技术研究的科技布局，推进科技重大专项等科研项目对结核病防治研究工作的支持；将结核病防治知识宣传纳入科普宣传工作计划。工业和信息化部负责组织协调抗结核药品、试剂的生产供应，完善相关产业政策，支持企业加快技术改造，增强抗结核药品创新和生产能力。公安部、司法部负责会同国家卫生计生委对监狱、看守所、拘留所、收容教育所、强制隔离戒毒所、强制医疗所等场所的被监管人员开展结核病检查和治疗管理；将结核病防治知识纳入监管场所干警和医务人员的岗位培训和教育内容，纳入被监管人员的入监(所)和日常教育内容。民政部负责拟订社会救助政策，对符合条件的贫困结核病患者按规定给予基本生活救助和医疗救助。财政部要根据结核病防治需要、经济发展水平和财力状况，合理安排补助资金并加强资金监管，保障防治工作开展，切实减轻肺结核患者就医负担。人力资源社会保障部和国家卫生计生委负责完善医保政策，推行医保支付方式改革，提高结核病患者医疗保障水平；将结核病防治知识纳入农村劳动力转移培训内容。质检总局负责加强口岸结核病防治知识宣传教育，组织各直属出入境检验检疫机构落实口岸结核病疫情监测和管理工作。食品药品监管总局负责加强对抗结核药品的审批和质量监管，完善药品质量抽验机制。国家中医药局负责指导各地区运用中医药技术方法在结核病诊疗中发挥作用，组织开展中医药防治结核病研究，发挥中医药在防治耐多药肺结核等方面的优势。国务院扶贫办负责加大对建档立卡贫困人口中已治愈、有劳动能力的结核病患者的扶贫开发支持力度，做到精准帮扶、无一遗漏。中国红十字会总会等社会团体负责为贫困结核病患者提供人道主义救助，开展健康教育和关爱活动。

（三）加强宣传教育。关注结核病预防、治疗全过程，不断创新方式方法，充分发挥“12320”公共卫生热线、微博微信、移动客户端等宣传平台作用，全方位、多维度开展宣传工作，推动形成广大群众积极支持、关注和参与结核病防治的良好社会氛围。以世界防治结核病日为契机，集中开展宣传活动。深入开展百千万志愿者结核病防治知识传播行动，把结核病防治知识纳入中小学健康教育内容，将结核病防治宣传教育工作常态化、持续化。对结核病患者及其家属、密切接触者和结核菌/艾滋病病毒双重感染者、学生、流动人口、老年人、糖尿病患者等重点人群，有针对性地开展宣传教育，增强宣传教育实效。

（四）加强科研与国际合作。开展多层次多形式的学术交流和医学教育，培养结核病防治人才，提升防治人员工作能力和研究水平。支持结核病防治研究，在结核病新型诊断试剂、疫苗和药物研发，中医药防治方案以及耐多药肺结核优化治疗方案等方面给予重点支持。加强结核病防治工作国际交流与合作,及时总结推广科研成果和国际合作经验,为我国结核病防治工作提供技术支撑。

五、监督与评估

地方各级人民政府要定期组织对本地区结核病防治工作的监督检查,发现问题及时解决,并通报检查结果和工作改进情况,可引入第三方机构参与考核评价,探索将考核结果作为财政投入、医保支付、职称评聘等重要依据。国家卫生计生委要会同有关部门不定期开展对各地区执行本规划情况的监督检查,于2020年组织开展规划执行情况总结评估,结果报国务院。

国务院关于印发“十三五”现代综合交通运输体系发展规划的通知

(2017年2月3日　国发〔2017〕11号)

现将《“十三五”现代综合交通运输体系发展规划》印发给你们,请认真贯彻执行。

“十三五”现代综合交通运输体系发展规划

交通运输是国民经济中基础性、先导性、战略性产业,是重要的服务性行业。构建现代综合交通运输体系,是适应把握引领经济发展新常态,推进供给侧结构性改革,推动国家重大战略实施,支撑全面建成小康社会的客观要求。根据《中华人民共和国国民经济和社会发展第十三个五年规划纲要》,并与“一带一路”建设、京津冀协同发展、长江经济带发展等规划相衔接,制定本规划。

一、总体要求

(一)发展环境。

“十二五”时期,我国各种交通运输方式快速发展,综合交通运输体系不断完善,较好完成规划目标任务,总体适应经济社会发展要求。交通运输基础设施累计完成投资13.4万亿元,是“十一五”时期的1.6倍,高速铁路营业里程、高速公路通车里程、城市轨道交通运营里程、沿海港口万吨级及以上泊位数量均位居世界第一，天然气管网加快发展，交通运输基础设施网络初步形成。铁路、民航客运量年均增长率超过10%，铁路客运动车组列车运量比重达到46%，全球集装箱吞吐量排名前十位的港口我国占7席，快递业务量年均增长50%以上，城际、城市和农村交通服务能力不断增强，现代化综合交通枢纽场站一体化衔接水平不断提升。高速铁路装备制造科技创新取得重大突破，电动汽车、特种船舶、国产大型客机、中低速磁悬浮轨道交通等领域技术研发和应用取得进展，技术装备水平大幅提高，交通重大工程施工技术世界领先，走出去步伐不断加快。高速公路电子不停车收费系统（ETC）实现全国联网，新能源运输装备加快推广，交通运输安全应急保障能力进一步提高。铁路管理体制改革顺利实施，大部门管理体制初步建立，交通行政审批改革不断深化，运价改革、投融资改革扎实推进。

专栏1 “十二五”末交通基础设施完成情况

指　　标	单位	2010年	2015年	2015年规划目标
铁路营业里程	万公里	9.1	12.1	12
其中：高速铁路	万公里	0.51	1.9	——
铁路复线率	%	41	53	50
铁路电气化率	%	47	61	60
公路通车里程	万公里	400.8	458	450
其中：国家高速公路	万公里	5.8	8.0	8.3
普通国道二级及以上比重	%	60	69.4	70
乡镇通沥青（水泥）路率	%	96.6	98.6	98
建制村通沥青（水泥）路率	%	81.7	94.5	90
内河高等级航道里程	万公里	1.02	1.36	1.3
油气管网里程	万公里	7.9	11.2	15
城市轨道交通运营里程	公里	1400	3300	3000
沿海港口万吨级及以上泊位数	个	1774	2207	2214
民用运输机场数	个	175	207	230

注：国家高速公路里程统计口径为原“7918”国家高速公路网。

“十三五”时期，交通运输发展面临的国内外环境错综复杂。从国际看，全球经济在深度调整中曲折复苏，新的增长动力尚未形成，新一轮科技革命和产业变革正在兴起，区域合作格局深度调整，能源格局深刻变化。从国内看，“十三五”时期是全面建成小康社会决胜阶段，经济发展进入新常态，生产力布局、产业结构、消费及流通格局将加速变化调整。与“十三五”经济社会发展要求相比，综合交通运输发展水平仍然存在一定差距，主要是：网络布局不完善，跨区域通道、国际通道连通不足，中西部地区、贫困地区和城市群交通发展短板明显；综合交通枢纽建设相对滞后，城市内外交通衔接不畅，信息开放共享水平不高，一体化运输服务水平亟待提升，交通运输安全形势依然严峻；适应现代综合交通运输体系发展的体制机制尚不健全，铁路市场化、空域管理、油气管网运营体制、交通投融资等方面改革仍需深化。

综合判断，“十三五”时期，我国交通运输发展正处于支撑全面建成小康社会的攻坚期、优化网络布局的关键期、提质增效升级的转型期，将进入现代化建设新阶段。站在新的发展起点上，交通运输要准确把握经济发展新常态下的新形势、新要求，切实转变发展思路、方式和路径，优化结构、转换动能、补齐短板、提质增效，更好满足多元、舒适、便捷等客运需求和经济、可靠、高效等货运需求；要突出对“一带一路”建设、京津冀协同发展、长江经济带发展三大战略和新型城镇化、脱贫攻坚的支撑保障，着力消除瓶颈制约，提升运输服务的协同性和均等化水平；要更加注重提高交通安全和应急保障能力，提升绿色、低碳、集约发展水平；要适应国际发展新环境，提高国际通道保障能力和互联互通水平，有效支撑全方位对外开放。

（二）指导思想。

全面贯彻党的十八大和十八届二中、三中、四中、五中、六中全会精神，深入贯彻习近平总书记系列重要讲话精神和治国理政新理念新思想新战略，认真落实党中央、国务院决策部署，统筹推进“五位一体”总体布局和协调推进“四个全面”战略布局，牢固树立和贯彻落实新发展理念，以提高发展质量和效益为中心，深化供给侧结构性改革，坚持交通运输服务人民，着力完善基础设施网络、加强运输服务一体衔接、提高运营管理智能水平、推行绿色安全发展模式，加快完善现代综合交通运输体系，更好地发挥交通运输的支撑引领作用，为全面建成小康社会奠定坚实基础。

（三）基本原则。

衔接协调、便捷高效。充分发挥各种运输方式的比较优势和组合效率，提升网络效应和规模效益。加强区域城乡交通运输一体化发展，增强交通公共服务能力，积极引导新生产消费流通方式和新业态新模式发展，扩大交通多样化有效供给，全面提升服务质量效率，实现人畅其行、货畅其流。

适度超前、开放融合。有序推进交通基础设施建设，完善功能布局，强化薄弱环节,确保运输能力适度超前,更好发挥交通先行官作用。坚持建设、运营、维护并重,推进交通与产业融合。积极推进与周边国家互联互通,构建国际大通道,为更高水平、更深层次的开放型经济发展提供支撑。

创新驱动、安全绿色。全面推广应用现代信息技术,以智能化带动交通运输现代化。深化体制机制改革,完善市场监管体系,提高综合治理能力。牢固树立安全第一理念,全面提高交通运输的安全性和可靠性。将生态保护红线意识贯穿到交通发展各环节,建立绿色发展长效机制,建设美丽交通走廊。

(四)主要目标。

到2020年,基本建成安全、便捷、高效、绿色的现代综合交通运输体系,部分地区和领域率先基本实现交通运输现代化。

网络覆盖加密拓展。高速铁路覆盖80%以上的城区常住人口100万以上的城市,铁路、高速公路、民航运输机场基本覆盖城区常住人口20万以上的城市,内河高等级航道网基本建成,沿海港口万吨级及以上泊位数稳步增加,具备条件的建制村通硬化路,城市轨道交通运营里程比2015年增长近一倍,油气主干管网快速发展,综合交通网总里程达到540万公里左右。

综合衔接一体高效。各种运输方式衔接更加紧密,重要城市群核心城市间、核心城市与周边节点城市间实现1－2小时通达。打造一批现代化、立体式综合客运枢纽,旅客换乘更加便捷。交通物流枢纽集疏运系统更加完善,货物换装转运效率显著提高,交邮协同发展水平进一步提升。

运输服务提质升级。全国铁路客运动车服务比重进一步提升,民航航班正常率逐步提高,公路交通保障能力显著增强,公路货运车型标准化水平大幅提高、货车空驶率大幅下降,集装箱铁水联运比重明显提升,全社会运输效率明显提高。公共服务水平显著提升,实现村村直接通邮、具备条件的建制村通客车,城市公共交通出行比例不断提高。

智能技术广泛应用。交通基础设施、运载装备、经营业户和从业人员等基本要素信息全面实现数字化,各种交通方式信息交换取得突破。全国交通枢纽站点无线接入网络广泛覆盖。铁路信息化水平大幅提升,货运业务实现网上办理,客运网上售票比例明显提高。基本实现重点城市群内交通一卡通互通,车辆安装使用ETC比例大幅提升。交通运输行业北斗卫星导航系统前装率和使用率显著提高。

绿色安全水平提升。城市公共交通、出租车和城市配送领域新能源汽车快速发展。资源节约集约利用和节能减排成效显著,交通运输主要污染物排放强度持续下降。交通运输安全监管和应急保障能力显著提高,重特大事故得到有效遏制,安全水平明显提升。

专栏2 "十三五"综合交通运输发展主要指标

指标名称		2015年	2020年	属性
基础设施	铁路营业里程(万公里)	12.1	15	预期性
	高速铁路营业里程(万公里)	1.9	3.0	预期性
	铁路复线率(%)	53	60	预期性
	铁路电气化率(%)	61	70	预期性
	公路通车里程(万公里)	458	500	预期性
	高速公路建成里程(万公里)	12.4	15	预期性
	内河高等级航道里程(万公里)	1.36	1.71	预期性
	沿海港口万吨级及以上泊位数(个)	2207	2527	预期性
	民用运输机场数(个)	207	260	预期性
	通用机场数(个)	300	500	预期性
	建制村通硬化路率(%)	94.5	99	约束性
	城市轨道交通运营里程(公里)	3300	6000	预期性
	油气管网里程(万公里)	11.2	16.5	预期性
运输服务	动车组列车承担铁路客运量比重(%)	46	60	预期性
	民航航班正常率(%)	67	80	预期性
	建制村通客车率(%)	94	99	约束性
	公路货运车型标准化率(%)	50	80	预期性
	集装箱铁水联运量年均增长率(%)	10		预期性
	城区常住人口100万以上城市建成区公交站点500米覆盖率(%)	90	100	约束性
智能交通	交通基本要素信息数字化率(%)	90	100	预期性
	铁路客运网上售票率(%)	60	70	预期性
	公路客车ETC使用率(%)	30	50	预期性
绿色安全	交通运输CO_2排放强度下降率(%)	7*		预期性
	道路运输较大以上等级行车事故死亡人数下降率(%)	20*		约束性

注:①硬化路一般指沥青(水泥)路,对于西部部分建设条件特别困难、高海拔高寒

和交通需求小的地区，可扩展到石质、砼预制块、砖铺、砂石等路面的公路。

②通用机场统计含起降点。

③排放强度指按单位运输周转量计算的 CO_2（二氧化碳）排放。

④ *：与“十二五”末相比。

二、完善基础设施网络化布局

（一）建设多向连通的综合运输通道。

构建横贯东西、纵贯南北、内畅外通的“十纵十横”综合运输大通道，加快实施重点通道连通工程和延伸工程，强化中西部和东北地区通道建设。贯通上海至瑞丽等运输通道，向东向西延伸西北北部等运输通道，将沿江运输通道由成都西延至日喀则。推进北京至昆明、北京至港澳台、烟台至重庆、二连浩特至湛江、额济纳至广州等纵向新通道建设，沟通华北、西北至西南、华南等地区；推进福州至银川、厦门至喀什、汕头至昆明、绥芬河至满洲里等横向新通道建设，沟通西北、西南至华东地区，强化进出疆、出入藏通道建设。做好国内综合运输通道对外衔接。规划建设环绕我国陆域的沿边通道。

专栏3　综合运输通道布局

（一）纵向综合运输通道。

1. 沿海运输通道。起自同江，经哈尔滨、长春、沈阳、大连、秦皇岛、天津、烟台、青岛、连云港、南通、上海、宁波、福州、厦门、汕头、广州、湛江、海口，至防城港、至三亚。

2. 北京至上海运输通道。起自北京，经天津、济南、蚌埠、南京，至上海、至杭州。

3. 北京至港澳台运输通道。起自北京，经衡水、菏泽、商丘、九江、南昌、赣州、深圳，至香港（澳门）；支线经合肥、黄山、福州，至台北。

4. 黑河至港澳运输通道。起自黑河，经齐齐哈尔、通辽、沈阳、北京、石家庄、郑州、武汉、长沙、广州，至香港（澳门）。

5. 二连浩特至湛江运输通道。起自二连浩特，经集宁、大同、太原、洛阳、襄阳、宜昌、怀化，至湛江。

6. 包头至防城港运输通道。起自包头（满都拉），经延安、西安、重庆、贵阳、南宁，至防城港。

7. 临河至磨憨运输通道。起自临河（甘其毛都），经银川、平凉、宝鸡、重庆、昆明，至磨憨、至河口。

8. 北京至昆明运输通道。起自北京，经太原、西安、成都（重庆），至昆明。

9. 额济纳至广州运输通道。起自额济纳（策克），经酒泉（嘉峪关）、西宁（兰州）、成都、泸州（宜宾）、贵阳、桂林，至广州。

10. 烟台至重庆运输通道。起自烟台，经潍坊、济南、郑州、南阳、襄阳，至重庆。

（二）横向综合运输通道。

1. 绥芬河至满洲里运输通道。起自绥芬河，经牡丹江、哈尔滨、齐齐哈尔，至满洲里。

续表

2. 珲春至二连浩特运输通道。起自珲春,经长春、通辽、锡林浩特,至二连浩特。 3. 西北北部运输通道。起自天津(唐山、秦皇岛),经北京、呼和浩特、临河、哈密、吐鲁番、库尔勒、喀什,至吐尔尕特、至伊尔克什坦、至红其拉甫;西端支线自哈密,经将军庙,至阿勒泰(吉木乃)。 4. 青岛至拉萨运输通道。起自青岛,经济南、德州、石家庄、太原、银川、兰州、西宁、格尔木,至拉萨。 5. 陆桥运输通道。起自连云港,经徐州、郑州、西安、兰州、乌鲁木齐、精河,至阿拉山口、至霍尔果斯。 6. 沿江运输通道。起自上海,经南京、芜湖、九江、武汉、岳阳、重庆、成都、林芝、拉萨、日喀则,至亚东、至樟木。 7. 上海至瑞丽运输通道。起自上海(宁波),经杭州、南昌、长沙、贵阳、昆明,至瑞丽。 8. 汕头至昆明运输通道。起自汕头,经广州、梧州、南宁、百色,至昆明。 9. 福州至银川运输通道。起自福州,经南昌、九江、武汉、襄阳、西安、庆阳,至银川。 10. 厦门至喀什运输通道。起自厦门,经赣州、长沙、重庆、成都、格尔木、若羌,至喀什。

(二)构建高品质的快速交通网。

以高速铁路、高速公路、民用航空等为主体,构建服务品质高、运行速度快的综合交通骨干网络。

推进高速铁路建设。加快高速铁路网建设,贯通京哈－京港澳、陆桥、沪昆、广昆等高速铁路通道,建设京港(台)、呼南、京昆、包(银)海、青银、兰(西)广、京兰、厦渝等高速铁路通道,拓展区域连接线,扩大高速铁路覆盖范围。

完善高速公路网络。加快推进由 7 条首都放射线、11 条北南纵线、18 条东西横线,以及地区环线、并行线、联络线等组成的国家高速公路网建设,尽快打通国家高速公路主线待贯通路段,推进建设年代较早、交通繁忙的国家高速公路扩容改造和分流路线建设。有序发展地方高速公路。加强高速公路与口岸的衔接。

完善运输机场功能布局。打造国际枢纽机场,建设京津冀、长三角、珠三角世界级机场群,加快建设哈尔滨、深圳、昆明、成都、重庆、西安、乌鲁木齐等国际航空枢纽,增强区域枢纽机场功能,实施部分繁忙干线机场新建、迁建和扩能改造工程。科学安排支线机场新建和改扩建,增加中西部地区机场数量,扩大航空运输服务覆盖面。推进以货运功能为主的机场建设。优化完善航线网络,推进国内国际、客运货运、干线支线、运输通用协调发展。加快空管基础设施建设，优化空域资源配置，推进军民航空管融合发展，提高空管服务保障水平。

专栏4　快速交通网重点工程

（一）高速铁路。

建成北京至沈阳、北京至张家口至呼和浩特、大同至张家口、哈尔滨至牡丹江、石家庄至济南、济南至青岛、徐州至连云港、宝鸡至兰州、西安至成都、成都至贵阳、商丘至合肥至杭州、武汉至十堰、南昌至赣州等高速铁路。

建设银川至西安、贵阳至南宁、重庆至昆明、北京至商丘、济南至郑州、福州至厦门、西宁至成都、成都至自贡、兰州至中卫、黄冈至黄梅、十堰至西安、西安至延安、银川至包头、盐城至南通、杭州至绍兴至台州、襄阳至宜昌、赣州至深圳、长沙至赣州、南昌至景德镇至黄山、池州至黄山、安庆至九江、上海至湖州、杭州至温州、广州至汕尾、沈阳至敦化、牡丹江至佳木斯、郑州至万州、张家界至怀化、合肥至新沂等高速铁路。

（二）高速公路。

实施京新高速（G7）、呼北高速（G59）、银百高速（G69）、银昆高速（G85）、汕昆高速（G78）、首都地区环线（G95）等6条区际省际通道贯通工程；推进京哈高速（G1）、京沪高速（G2）、京台高速（G3）、京港澳高速（G4）、沈海高速（G15）、沪蓉高速（G42）、连霍高速（G30）、兰海高速（G75）等8条主通道扩容工程。推进深圳至中山跨江通道建设，新建精河至阿拉山口、二连浩特至赛汗塔拉、靖西至龙邦等连接口岸的高速公路。

（三）民用航空。

建成北京新机场、成都新机场以及承德、霍林郭勒、松原、白城、建三江、五大连池、上饶、信阳、武冈、岳阳、巫山、巴中、仁怀、澜沧、陇南、祁连、莎车、若羌、图木舒克、绥芬河、芜湖/宣城、瑞金、商丘、荆州、鄂州/黄冈、郴州、湘西、玉林、武隆、甘孜、黔北、红河等机场。

建设青岛、厦门、呼和浩特新机场，邢台、正蓝旗、丽水、安阳、乐山、元阳等机场。建设郑州等以货运功能为主的机场。研究建设大连新机场、聊城等机场。开展广州、三亚、拉萨新机场前期研究。

扩建上海浦东、广州、深圳、昆明、重庆、西安、乌鲁木齐、哈尔滨、长沙、武汉、郑州、海口、沈阳、贵阳、南宁、福州、兰州、西宁等机场。

推进京沪、京广、中韩、沪哈、沪昆、沪广、沪兰、胶昆等单向循环空中大通道建设，基本形成以单向运行为主的民航干线航路网格局。

（三）强化高效率的普通干线网。

以普速铁路、普通国道、港口、航道、油气管道等为主体，构建运行效率高、服务能力强的综合交通普通干线网络。

完善普速铁路网。加快中西部干线铁路建设，完善东部干线铁路网络，加快推进东北地区铁路提速改造，增强区际铁路运输能力，扩大路网覆盖面。实施既有铁路复线和电气化改造，提升路网质量。拓展对外通道，推进边境铁路建设，加强铁路与口岸的连通，加快实现与境外通道的有效衔接。

推进普通国道提质改造。加快普通国道提质改造，基本消除无铺装路面，全面提升保障能力和服务水平，重点加强西部地区、集中连片特困地区、老少边穷地区低等级普通国道升级改造和未贯通路段建设。推进口岸公路建设。加强普通国道日常养护，科学实施养护工程，强化大中修养护管理。推进普通国道服务区建设，提高服务水平。

完善水路运输网络。优化港口布局，推动资源整合，促进结构调整。强化航运中心功能，稳步推进集装箱码头项目，合理把握煤炭、矿石、原油码头建设节奏，有序推进液化天然气、商品汽车等码头建设。提升沿海和内河水运设施专业化水平，加快内河高等级航道建设，统筹航道整治与河道治理，增强长江干线航运能力，推进西江航运干线和京杭运河高等级航道扩能升级改造。

强化油气管网互联互通。巩固和完善西北、东北、西南和海上四大油气进口通道。新建和改扩建一批原油管道，对接西北、东北、西南原油进口管道和海上原油码头。结合油源供应、炼化基地布局，完善成品油管网，逐步提高成品油管输比例。大力推动天然气主干管网、区域管网和互联互通管网建设，加快石油、成品油储备项目和天然气调峰设施建设。

专栏 5　普通干线网重点工程

（一）普速铁路。

建成蒙西至华中、库尔勒至格尔木、成昆扩能等工程。建设川藏铁路、和田至若羌、黑河至乌伊岭、酒泉至额济纳、沪通铁路太仓至四团、兴国至永安至泉州、建宁至冠豸山、瑞金至梅州、宁波至金华等铁路，实施渝怀、集通、焦柳、中卫至固原等铁路改造工程。

（二）普通国道。

实现 G219、G331 等沿边国道三级及以上公路基本贯通，G228 等沿海国道二级及以上公路基本贯通。建设 G316、G318、G346、G347 等 4 条长江经济带重要线路，实施 G105、G107、G206、G310 等 4 条国道城市群地区拥堵路段扩能改造，提升 G211、G213、G215、G216、G335、G345、G356 等 7 条线路技术等级。推进 G219 线昭苏至都拉塔口岸、G306 线乌里雅斯太至珠恩嘎达布其口岸、G314 线布伦口至红其拉甫口岸等公路升级改造。

（三）沿海港口。

稳步推进天津、青岛、上海、宁波－舟山、厦门、深圳、广州等港口集装箱码头建设。推进唐山、黄骅等北方港口煤炭装船码头以及南方公用煤炭接卸中转码头建设。实施黄骅、日照、宁波－舟山等港口铁矿石码头项目。推进唐山、日照、宁波－舟山、

续表

揭阳、洋浦等港口原油码头建设。有序推进商品汽车、液化天然气等专业化码头建设。 （四）内河高等级航道。 推进长江干线航道系统治理，改善上游航道条件，提升中下游航道水深，加快南京以下12.5米深水航道建设，研究实施武汉至安庆航道整治工程、长江口深水航道减淤治理工程。继续推进西江航运干线扩能，推进贵港以下一级航道建设。加快京杭运河山东段、江苏段、浙江段航道扩能改造以及长三角高等级航道整治工程。加快合裕线、淮河、沙颍河、赣江、信江、汉江、沅水、湘江、嘉陵江、乌江、岷江、右江、北盘江－红水河、柳江－黔江、黑龙江、松花江、闽江等高等级航道建设。 （五）油气管网。 建设中俄原油管道二线、仪长复线、连云港－仪征、日照－洛阳、日照－沾化、董家口－东营原油管道。新建樟树－株洲、湛江－北海、洛阳－临汾、三门峡－西安、永坪－晋中、鄂渝沿江等成品油管道，改扩建青藏成品油管道，适时建设蒙西、蒙东煤制油外输管道。建设中亚D线、中俄东线、西气东输三线（中段）、西气东输四线、西气东输五线、陕京四线、川气东送二线、新疆煤制气外输、鄂尔多斯－安平－沧州、青岛－南京、重庆－贵州－广西、青藏、闽粤、海口－徐闻等天然气管道，加快建设区域管网，适时建设储气库和煤层气、页岩气、煤制气外输管道。

（四）拓展广覆盖的基础服务网。

以普通省道、农村公路、支线铁路、支线航道等为主体，通用航空为补充，构建覆盖空间大、通达程度深、惠及面广的综合交通基础服务网络。

合理引导普通省道发展。积极推进普通省道提级、城镇过境段改造和城市群城际路段等扩容工程，加强与城市干道衔接，提高拥挤路段通行能力。强化普通省道与口岸、支线机场以及重要资源地、农牧林区和兵团团场等有效衔接。

全面加快农村公路建设。除少数不具备条件的乡镇、建制村外，全面完成通硬化路任务，有序推进较大人口规模的撤并建制村和自然村通硬化路建设，加强县乡村公路改造，进一步完善农村公路网络。加强农村公路养护，完善安全防护设施，保障农村地区基本出行条件。积极支持国有林场林区道路建设，将国有林场林区道路按属性纳入各级政府相关公路网规划。

积极推进支线铁路建设。推进地方开发性铁路、支线铁路和沿边铁路建设。强化与矿区、产业园区、物流园区、口岸等有效衔接，增强对干线铁路网的支撑作用。

加强内河支线航道建设。推进澜沧江等国际国境河流航道建设。加强长江、西江、京杭运河、淮河重要支流航道建设。推进金沙江、黄河中上游等中西部地区库湖区航运设施建设。

加快推进通用机场建设。以偏远地区、地面交通不便地区、自然灾害多发地区、农产品主产区、主要林区和旅游景区等为重点，推进200个以上通用机场建设，鼓励有条件的运输机场兼顾通用航空服务。

完善港口集疏运网络。加强沿海、长江干线主要港口集疏运铁路、公路建设。

专栏6　基础服务网重点工程

(一)农村公路。

除少数不具备条件的乡镇、建制村外，全部实现通硬化路，新增3.3万个建制村通硬化路。改造约25万公里窄路基或窄路面路段。对约65万公里存在安全隐患的路段增设安全防护设施，改造约3.6万座农村公路危桥。有序推进较大人口规模的撤并建制村通硬化路13.5万公里。

(二)港口集疏运体系建设。

优先推进上海、大连、天津、宁波－舟山、厦门、南京、武汉、重庆等港口的铁路、公路连接线建设。加快推进营口、青岛、连云港、福州等其他主要港口的集疏运铁路、公路建设。支持唐山、黄骅、湄洲湾等地区性重要港口及其他港口的集疏运铁路、公路建设。新开工一批港口集疏运铁路，建设集疏运公路1500公里以上。

三、强化战略支撑作用

(一)打造"一带一路"互联互通开放通道。

着力打造丝绸之路经济带国际运输走廊。以新疆为核心区，以乌鲁木齐、喀什为支点，发挥陕西、甘肃、宁夏、青海的区位优势，连接陆桥和西北北部运输通道，逐步构建经中亚、西亚分别至欧洲、北非的西北国际运输走廊。发挥广西、云南开发开放优势，建设云南面向南亚东南亚辐射中心，构建广西面向东盟国际大通道，以昆明、南宁为支点，连接上海至瑞丽、临河至磨憨、济南至昆明等运输通道，推进西藏与尼泊尔等国交通合作，逐步构建衔接东南亚、南亚的西南国际运输走廊。发挥内蒙古联通蒙俄的区位优势，加强黑龙江、吉林、辽宁与俄远东地区陆海联运合作，连接绥芬河至满洲里、珲春至二连浩特、黑河至港澳、沿海等运输通道，构建至俄罗斯远东、蒙古、朝鲜半岛的东北国际运输走廊。积极推进与周边国家和地区铁路、公路、水运、管道连通项目建设，发挥民航网络灵活性优势，率先实现与周边国家和地区互联互通。

加快推进21世纪海上丝绸之路国际通道建设。以福建为核心区，利用沿海地区开放程度高、经济实力强、辐射带动作用大的优势，提升沿海港口服务能力，加强港口与综合运输大通道衔接，拓展航空国际支撑功能，完善海外战略支点布局，构建连通内陆、辐射全球的21世纪海上丝绸之路国际运输通道。

加强“一带一路”通道与港澳台地区的交通衔接。强化内地与港澳台的交通联系，开展全方位的交通合作，提升互联互通水平。支持港澳积极参与和助力“一带一路”建设，并为台湾地区参与“一带一路”建设作出妥善安排。

（二）构建区域协调发展交通新格局。

强化区域发展总体战略交通支撑。按照区域发展总体战略要求，西部地区着力补足交通短板，强化内外联通通道建设，改善落后偏远地区通行条件；东北地区提高进出关通道运输能力，提升综合交通网质量；中部地区提高贯通南北、连接东西的通道能力，提升综合交通枢纽功能；东部地区着力优化运输结构，率先建成现代综合交通运输体系。

构建京津冀协同发展的一体化网络。建设以首都为核心的世界级城市群交通体系，形成以“四纵四横一环”运输通道为主骨架、多节点、网格状的区域交通新格局。重点加强城际铁路建设，强化干线铁路与城际铁路、城市轨道交通的高效衔接，加快构建内外疏密有别、高效便捷的轨道交通网络，打造“轨道上的京津冀”。加快推进国家高速公路待贯通路段建设，提升普通国省干线技术等级，强化省际衔接路段建设。加快推进天津北方国际航运核心区建设，加强港口规划与建设的协调，构建现代化的津冀港口群。加快构建以枢纽机场为龙头、分工合作、优势互补、协调发展的世界级航空机场群。完善区域油气储运基础设施。

建设长江经济带高质量综合立体交通走廊。坚持生态优先、绿色发展，提升长江黄金水道功能。统筹推进干线航道系统化治理和支线航道建设，研究建设三峡枢纽水运新通道。优化长江岸线利用与港口布局，积极推进专业化、规模化、现代化港区建设，强化集疏运配套，促进区域港口一体化发展。发展现代航运服务，建设武汉、重庆长江中上游航运中心及南京区域性航运物流中心和舟山江海联运服务中心，实施长江船型标准化。加快铁路建设步伐，建设沿江高速铁路。统筹推进高速公路建设，加快高等级公路建设。完善航空枢纽布局与功能，拓展航空运输网络。建设沿江油气主干管道，推动管网互联互通。

（三）发挥交通扶贫脱贫攻坚基础支撑作用。

强化贫困地区骨干通道建设。以革命老区、民族地区、边疆地区、集中连片特殊困难地区为重点，加强贫困地区对外运输通道建设。加强贫困地区市（地、州、盟）之间、县（市、区、旗）与市（地、州、盟）之间高等级公路建设，实施具有对外连接功能的重要干线公路提质升级工程。加快资源丰富和人口相对密集贫困地区开发性铁路建设。在具备水资源开发条件的农村地区，统筹内河航电枢纽建设和航运发展。

夯实贫困地区交通基础。实施交通扶贫脱贫"双百"工程,加快推动既有县乡公路提级改造,增强县乡城镇中心的辐射带动能力。加快通乡连村公路建设,鼓励有需求的相邻县、相邻乡镇、相邻建制村之间建设公路。改善特色小镇、农村旅游景点景区、产业园区和特色农业基地等交通运输条件。

(四)发展引领新型城镇化的城际城市交通。

推进城际交通发展。加快建设京津冀、长三角、珠三角三大城市群城际铁路网,推进山东半岛、海峡西岸、中原、长江中游、成渝、关中平原、北部湾、哈长、辽中南、山西中部、呼包鄂榆、黔中、滇中、兰州－西宁、宁夏沿黄、天山北坡等城市群城际铁路建设,形成以轨道交通、高速公路为骨干,普通公路为基础,水路为补充,民航有效衔接的多层次、便捷化城际交通网络。

加强城市交通建设。完善优化超大、特大城市轨道交通网络,推进城区常住人口300万以上的城市轨道交通成网。加快建设大城市市域(郊)铁路,有效衔接大中小城市、新城新区和城镇。优化城市内外交通,完善城市交通路网结构,提高路网密度,形成城市快速路、主次干路和支路相互配合的道路网络,打通微循环。推进城市慢行交通设施和公共停车场建设。

四、加快运输服务一体化进程

(一)优化综合交通枢纽布局。

完善综合交通枢纽空间布局。结合全国城镇体系布局,着力打造北京、上海、广州等国际性综合交通枢纽,加快建设全国性综合交通枢纽,积极建设区域性综合交通枢纽,优化完善综合交通枢纽布局,完善集疏运条件,提升枢纽一体化服务功能。

专栏7　综合交通枢纽布局

(一)国际性综合交通枢纽。

重点打造北京－天津、上海、广州－深圳、成都－重庆国际性综合交通枢纽,建设昆明、乌鲁木齐、哈尔滨、西安、郑州、武汉、大连、厦门等国际性综合交通枢纽,强化国际人员往来、物流集散、中转服务等综合服务功能,打造通达全球、衔接高效、功能完善的交通中枢。

(二)全国性综合交通枢纽。

全面提升长春、沈阳、石家庄、青岛、济南、南京、合肥、杭州、宁波、福州、海口、太原、长沙、南昌－九江、贵阳、南宁、兰州、呼和浩特、银川、西宁、拉萨、秦皇岛－唐山、连云港、徐州、湛江、大同等综合交通枢纽功能,提升部分重要枢纽的国际服务功能。推进烟台、潍坊、齐齐哈尔、吉林、营口、邯郸、包头、通辽、榆林、宝鸡、泉州、喀什、库尔勒、赣州、上饶、蚌埠、芜湖、洛阳、商丘、无锡、温州、金华－义乌、宜昌、襄阳、岳阳、怀

化、泸州－宜宾、攀枝花、酒泉－嘉峪关、格尔木、大理、曲靖、遵义、桂林、柳州、汕头、三亚等综合交通枢纽建设，优化中转设施和集疏运网络，促进各种运输方式协调高效，扩大辐射范围。 （三）区域性综合交通枢纽及口岸枢纽。 推进一批区域性综合交通枢纽建设，提升对周边的辐射带动能力，加强对综合运输大通道和全国性综合交通枢纽的支撑。 推进丹东、珲春、绥芬河、黑河、满洲里、二连浩特、甘其毛都、策克、巴克图、吉木乃、阿拉山口、霍尔果斯、吐尔尕特、红其拉甫、樟木、亚东、瑞丽、磨憨、河口、龙邦、凭祥、东兴等沿边重要口岸枢纽建设。

提升综合客运枢纽站场一体化服务水平。按照零距离换乘要求，在全国重点打造150个开放式、立体化综合客运枢纽。科学规划设计城市综合客运枢纽，推进多种运输方式统一设计、同步建设、协同管理，推动中转换乘信息互联共享和交通导向标识连续、一致、明晰，积极引导立体换乘、同台换乘。

促进货运枢纽站场集约化发展。按照无缝衔接要求，优化货运枢纽布局，推进多式联运型和干支衔接型货运枢纽（物流园区）建设，加快推进一批铁路物流基地、港口物流枢纽、航空转运中心、快递物流园区等规划建设和设施改造，提升口岸枢纽货运服务功能，鼓励发展内陆港。

促进枢纽站场之间有效衔接。强化城市内外交通衔接，推进城市主要站场枢纽之间直接连接，有序推进重要港区、物流园区等直通铁路，实施重要客运枢纽的轨道交通引入工程，基本实现利用城市轨道交通等骨干公交方式连接大中型高铁车站以及年吞吐量超过1000万人次的机场。

（二）提升客运服务安全便捷水平。

推进旅客联程运输发展。促进不同运输方式运力、班次和信息对接，鼓励开展空铁、公铁等联程运输服务。推广普及电子客票、联网售票，健全身份查验制度，加快完善旅客联程、往返、异地等出行票务服务系统，完善铁路客运线上服务功能。推行跨运输方式异地候机候车、行李联程托运等配套服务。鼓励第三方服务平台发展"一票制"客运服务。

完善区际城际客运服务。优化航班运行链条，着力提升航班正常率，提高航空服务能力和品质。拓展铁路服务网络，扩大高铁服务范围，提升动车服务品质，改善普通旅客列车服务水平。发展大站快车、站站停等多样化城际铁路服务，提升中心城区与郊区之间的通勤化客运水平。按照定线、定时、定点要求，推进城际客运班车公交化运行。探索创新长途客运班线运输服务模式。

发展多层次城市客运服务。大力发展公共交通，推进公交都市建设，进一步提高公交出行分担率。强化城际铁路、城市轨道交通、地面公交等运输服务有机衔接,支持发展个性化、定制化运输服务,因地制宜建设多样化城市客运服务体系。

推进城乡客运服务一体化。推动城市公共交通线路向城市周边延伸,推进有条件的地区实施农村客运班线公交化改造。鼓励发展镇村公交,推广农村客运片区经营模式,实现具备条件的建制村全部通客车,提高运营安全水平。

(三)促进货运服务集约高效发展。

推进货物多式联运发展。以提高货物运输集装化和运载单元标准化为重点,积极发展大宗货物和特种货物多式联运。完善铁路货运线上服务功能,推动公路甩挂运输联网。制定完善统一的多式联运规则和多式联运经营人管理制度,探索实施"一单制"联运服务模式,引导企业加强信息互联和联盟合作。

统筹城乡配送协调发展。加快建设城市货运配送体系,在城市周边布局建设公共货运场站,完善城市主要商业区、社区等末端配送节点设施,推动城市中心铁路货场转型升级为城市配送中心,优化车辆便利化通行管控措施。加快完善县、乡、村三级物流服务网络,统筹交通、邮政、商务、供销等农村物流资源,推广"多站合一"的物流节点建设,积极推广农村"货运班线"等服务模式。

促进邮政快递业健康发展。以邮区中心局为核心、邮政网点为支撑、村邮站为延伸,加快完善邮政普遍服务网络。推动重要枢纽的邮政和快递功能区建设,实施快递"上车、上船、上飞机"工程,鼓励利用铁路快捷运力运送快件。推进快递"向下、向西、向外"工程,推动快递网络下沉至乡村,扩大服务网络覆盖范围,基本实现乡乡设网点、村村通快递。

推进专业物流发展。加强大件运输管理,健全跨区域、跨部门联合审批机制,推进网上审批、综合协调和互联互认。加快发展冷链运输,完善全程温控相关技术标准和服务规范。加强危险货物全程监管,健全覆盖多种运输方式的法律体系和标准规范,创新跨区域联网联控技术手段和协调机制。

(四)增强国际化运输服务能力。

完善国际运输服务网络。完善跨境运输走廊,增加便利货物和人员运输协定过境站点和运输线路。有效整合中欧班列资源,统一品牌,构建"点对点"整列直达、枢纽节点零散中转的高效运输组织体系。加强港航国际联动,鼓励企业建设海外物流中心,推进国际陆海联运、国际甩挂运输等发展。拓展国际航空运输市场,建立海外运营基地和企业,提升境外落地服务水平。完善国际邮件处理中心布局,支持建设一批国际快件转运中心和海外仓,推进快递业跨境发展。

提高国际运输便利化水平。进一步完善双多边运输国际合作机制，加快形成“一站式”口岸通关模式。推动国际运输管理与服务信息系统建设，促进陆路口岸信息资源交互共享。依托区域性国际网络平台，加强与“一带一路”沿线国家和地区在技术标准、数据交换、信息安全等方面的交流合作。积极参与国际和区域运输规则制修订，全面提升话语权与影响力。

鼓励交通运输走出去。推动企业全方位开展对外合作，通过投资、租赁、技术合作等方式参与海外交通基础设施的规划、设计、建设和运营。积极开展轨道交通一揽子合作，提升高铁、城市轨道交通等重大装备综合竞争力，加快自主品牌汽车走向国际，推动各类型国产航空装备出口，开拓港口机械、液化天然气船等船舶和海洋工程装备国际市场。

（五）发展先进适用的技术装备。

推进先进技术装备自主化。提升高铁、大功率电力机车、重载货车、中低速磁悬浮轨道交通等装备技术水平，着力研制和应用中国标准动车组谱系产品，研发市域（郊）铁路列车，创新发展下一代高速列车，加快城市轨道交通装备关键技术产业化。积极发展公路专用运输车辆、大型厢式货车和城市配送车辆，鼓励发展大中型高档客车，大力发展安全、实用、经济型乡村客车。发展多式联运成套技术装备，提高集装箱、特种运输等货运装备使用比重。继续发展大型专业化运输船舶。实施适航攻关工程，积极发展国产大飞机和通用航空器。

促进技术装备标准化发展。加快推进铁路多式联运专用装备和机具技术标准体系建设。积极推动载货汽车标准化，加强车辆公告、生产、检测、注册登记、营运使用等环节的标准衔接。加快推进内河运输船舶标准化，大力发展江海直达船舶。推广应用集装化和单元化装载技术。建立共享服务平台标准化网络接口和单证自动转换标准格式。

专栏8　提升综合运输服务行动计划

（一）旅客联程运输专项行动。

建设公众出行公共信息服务平台，为旅客提供一站式综合信息服务。推进跨运输方式的客运联程系统建设，实现不同运输方式间有效衔接。鼓励企业完善票务服务系统，提高联程、往返和异地票务服务便捷性。

（二）多式联运专项行动。

加快完善货运枢纽多式联运服务功能，支持运载单元、快速转运设备、运输工具、停靠与卸货站点的标准化建设改造，加快多式联运信息资源共享，鼓励组织模式、管理模式和重大技术创新，培育一批具有跨运输方式货运组织能力并承担全程责任的

续表

多式联运经营企业。 （三）货车标准化专项行动。 按照“政策引导消化存量、强化标准严把增量”的原则，引导发展符合国家标准要求、技术性能先进的车辆运输车、液体危险货物罐车、模块化汽车列车等货运车辆，强化对非法改装、超限超载货运车辆的治理，推动建立门类齐备、技术合理的货运车型标准体系，推进标准化货运车型广泛应用。 （四）城乡交通一体化专项行动。 选取100个左右县级行政区组织开展城乡交通一体化推进行动，完善农村客货运服务网络，支持农村客货运场站网络建设和改造，鼓励创新农村客运和物流配送组织模式，推广应用农村客运标准化车型，推进城乡客运、城乡配送协调发展。 （五）公交都市建设专项行动。 在地市级及以上城市全面推进公交都市建设，新能源公交车比例不低于35%，城区常住人口300万以上城市基本建成公交专用道网络，整合城市公交运输资源，发展新型服务模式，全面提升城市公共交通服务效率和品质。

五、提升交通发展智能化水平

（一）促进交通产业智能化变革。

实施“互联网+”便捷交通、高效物流行动计划。将信息化智能化发展贯穿于交通建设、运行、服务、监管等全链条各环节，推动云计算、大数据、物联网、移动互联网、智能控制等技术与交通运输深度融合，实现基础设施和载运工具数字化、网络化，运营运行智能化。利用信息平台集聚要素，驱动生产组织和管理方式转变，全面提升运输效率和服务品质。

培育壮大智能交通产业。以创新驱动发展为导向，针对发展短板，着眼市场需求，大力推动智能交通等新兴前沿领域创新和产业化。鼓励交通运输科技创新和新技术应用，加快建立技术、市场和资本共同推动的智能交通产业发展模式。

（二）推动智能化运输服务升级。

推行信息服务“畅行中国”。推进交通空间移动互联网化，建设形成旅客出行与公务商务、购物消费、休闲娱乐相互渗透的“交通移动空间”。支持互联网企业与交通运输企业、行业协会等整合完善各类交通信息平台，提供综合出行信息服务。完善危险路段与事故区域的实时状态感知和信息告警推送服务。推进交通一卡通跨区（市）域、跨运输方式互通。

发展“一站式”、“一单制”运输组织。推动运营管理系统信息化改造，推进智能协同调度。研究铁路客票系统开放接入条件，与其他运输方式形成面向全国的"一站式"票务系统,加快移动支付在交通运输领域应用。推动使用货运电子运单,建立包含基本信息的电子标签,形成唯一赋码与电子身份,推动全流程互认和可追溯,加快发展多式联运"一单制"。

(三)优化交通运行和管理控制。

建立高效运转的管理控制系统。建设综合交通运输运行协调与应急调度指挥中心,推进部门间、运输方式间的交通管理联网联控在线协同和应急联动。全面提升铁路全路网列车调度指挥和运输管理智能化水平。开展新一代国家交通控制网、智慧公路建设试点,推动路网管理、车路协同和出行信息服务的智能化。建设智慧港航和智慧海事,提高港口管理水平和服务效率,提升内河高等级航道运行状态在线监测能力。发展新一代空管系统,加强航空公司运行控制体系建设。推广应用城市轨道交通自主化全自动运行系统、基于无线通信的列车控制系统等,促进不同线路和设备之间相互联通。优化城市交通需求管理,提升城市交通智能化管理水平。

提升装备和载运工具智能化自动化水平。拓展铁路计算机联锁、编组站系统自动化应用,推进全自动集装箱码头系统建设,有序发展无人机自动物流配送。示范推广车路协同技术,推广应用智能车载设备,推进全自动驾驶车辆研发,研究使用汽车电子标识。建设智能路侧设施,提供网络接入、行驶引导和安全告警等服务。

(四)健全智能决策支持与监管。

完善交通决策支持系统。增强交通规划、投资、建设、价格等领域信息化综合支撑能力,建设综合交通运输统计信息资源共享平台。充分利用政府和企业的数据信息资源,挖掘分析人口迁徙、公众出行、枢纽客货流、车辆船舶行驶等特征和规律,加强对交通发展的决策支撑。

提高交通行政管理信息化水平。推动在线行政许可"一站式"服务,推进交通运输许可证件(书)数字化,促进跨区域、跨部门行政许可信息和服务监督信息互通共享。加强全国治超联网管理信息系统建设,加快推动交通运输行政执法电子化,推进非现场执法系统试点建设,实现异地交换共享和联防联控。加强交通运输信用信息、安全生产等信息系统与国家相关平台的对接。

(五)加强交通发展智能化建设。

打造泛在的交通运输物联网。推动运行监测设备与交通基础设施同步建设。强化全面覆盖交通网络基础设施风险状况、运行状态、移动装置走行情况、运行组织调度信息的数据采集系统,形成动态感知、全面覆盖、泛在互联的交通运输运行监控体系。

构建新一代交通信息基础网络。加快车联网、船联网等建设。在民航、高铁等载运工具及重要交通线路、客运枢纽站点提供高速无线接入互联网公共服务。建设铁路下一代移动通信系统，布局基于下一代互联网和专用短程通信的道路无线通信网。研究规划分配智能交通专用频谱。

推进云计算与大数据应用。增强国家交通运输物流公共信息平台服务功能。强化交通运输信息采集、挖掘和应用，促进交通各领域数据资源综合开发利用和跨部门共享共用。推动交通旅游服务等大数据应用示范。鼓励开展交通大数据产业化应用，推进交通运输电子政务云平台建设。

保障交通网络信息安全。构建行业网络安全信任体系，基本实现重要信息系统和关键基础设施的安全可控，提升抗毁性和容灾恢复能力。加强大数据环境下防攻击、防泄露、防窃取的网络安全监测预警和应急处置能力建设。加强交通运输数据保护，防止侵犯个人隐私和滥用用户信息等行为。

专栏9　交通运输智能化发展重点工程

（一）高速铁路、民用航空器接入互联网工程。

选取示范高速铁路线路，提供基于车厢内公众移动通信和无线网的高速宽带互联网接入服务。选取示范国内民用航空器，提供空中接入互联网服务。

（二）交通运输数据资源共享开放工程。

建设综合交通运输大数据中心，形成数据开放共享平台。增强国家交通运输物流公共信息平台服务功能，着力推动跨运输方式、跨部门、跨区域、跨国界交通物流信息开放与共享。

（三）综合交通枢纽协同运行与服务示范工程。

在京津冀、长江经济带开展综合交通枢纽协同运行与服务示范，建设信息共享与服务平台、应急联动和协调指挥调度决策支持平台，实现城市公交与对外交通之间动态组织、灵活调度。

（四）新一代国家交通控制网示范工程。

选取公路路段和中心城市，在公交智能控制、营运车辆智能协同、安全辅助驾驶等领域开展示范工程，应用高精度定位、先进传感、移动互联、智能控制等技术，提升交通调度指挥、运输组织、运营管理、安全应急、车路协同等领域智能化水平。

（五）高速公路电子不停车收费系统（ETC）应用拓展工程。

提高全国高速公路ETC车道覆盖率。提高ETC系统安装、缴费等便利性，着重提升在道路客运车辆、出租汽车等各类营运车辆上的使用率。研究推进标准厢式货车不停车收费。提升客服网点和省级联网结算中心服务水平，建设高效结算体系。实现ETC系统在公路沿线、城市公交、出租汽车、停车、道路客运等领域广泛应用。

（六）北斗卫星导航系统推广工程。

加快推动北斗系统在通用航空、飞行运行监视、海上应急救援和机载导航等方面的应用。加强全天候、全天时、高精度的定位、导航、授时等服务对车联网、船联网以

续表

及自动驾驶等的基础支撑作用。鼓励汽车厂商前装北斗用户端产品,推动北斗模块成为车载导航设备和智能手机的标准配置,拓宽在列车运行控制、港口运营、车辆监管、船舶监管等方面的应用。

六、促进交通运输绿色发展

(一)推动节能低碳发展。

优化交通运输结构,鼓励发展铁路、水运和城市公共交通等运输方式,优化发展航空、公路等运输方式。科学划设公交专用道,完善城市步行和自行车等慢行服务系统,积极探索合乘、拼车等共享交通发展。鼓励淘汰老旧高能耗车船,提高运输工具和港站等节能环保技术水平。加快新能源汽车充电设施建设,推进新能源运输工具规模化应用。制定发布交通运输行业重点节能低碳技术和产品推广目录,健全监督考核机制。

(二)强化生态保护和污染防治。

将生态环保理念贯穿交通基础设施规划、建设、运营和养护全过程。积极倡导生态选线、环保设计,利用生态工程技术减少交通对自然保护区、风景名胜区、珍稀濒危野生动植物天然集中分布区等生态敏感区域的影响。严格落实生态保护和水土保持措施,鼓励开展生态修复。严格大城市机动车尾气排放限值标准,实施汽车检测与维护制度,探索建立重点区域交通运输温室气体与大气污染物排放协同联控机制。落实重点水域船舶排放控制区管理政策,加强近海以及长江、西江等水域船舶溢油风险防范和污染排放控制。有效防治公路、铁路沿线噪声、振动,减缓大型机场噪声影响。

(三)推进资源集约节约利用。

统筹规划布局线路和枢纽设施,集约利用土地、线位、桥位、岸线等资源,采取有效措施减少耕地和基本农田占用,提高资源利用效率。在工程建设中,鼓励标准化设计及工厂预制,综合利用废旧路面、疏浚土、钢轨、轮胎和沥青等材料以及无害化处理后的工业废料、建筑垃圾,循环利用交通生产生活污水,鼓励企业加入区域资源再生综合交易系统。

专栏 10　交通运输绿色化发展重点工程
(一)交通节能减排工程。 支持高速公路服务区充电桩、加气站,以及长江干线、西江干线、京杭运河沿岸加气站等配套设施规划与建设。推进原油、成品油码头油气回收治理,推进靠港船舶使用岸电。在京津冀、长三角、珠三角三大区域,开展船舶污染物排放治理,到 2020 年硫

续表

氧化物、氮氧化物、颗粒物年排放总量在2015年基础上分别下降65%、20%、30%。

(二)交通装备绿色化工程。

加快推进天然气等清洁运输装备、装卸设施以及纯电动、混合动力汽车应用,鼓励铁路推广使用交－直－交电力机车,逐步淘汰柴油发电车。加速淘汰一批长江等内河老旧客运、危险品运输船舶。

(三)交通资源节约工程。

提高土地和岸线利用效率,提升单位长度码头岸线设计通过能力。积极推广公路服务区和港口水资源综合循环利用。建设一批资源循环利用试点工程。

(四)交通生态环保工程。

建设一批港口、装卸站、船舶修造厂和船舶含油污水、生活污水、化学品洗舱水和垃圾等污染物的接收设施,并与城市公共转运处置设施衔接。在枢纽、高速公路服务区建设一批污水治理和循环利用设施。

七、加强安全应急保障体系建设

(一)加强安全生产管理。

强化交通运输企业安全管理主体责任,推动企业依法依规设置安全生产管理机构,健全安全生产管理制度,加强安全生产标准化建设和风险管理。实施从业人员安全素质提升工程,加强安全生产培训教育。重点围绕基础设施、装备设施、运输工具、生产作业等方面安全操作与管理,打造全寿命周期品质工程。强化对安全生产法律法规和安全常识的公益宣传引导,广泛传播交通安全价值观与理念。

(二)加快监管体系建设。

构建安全生产隐患排查治理和风险分级管控体系,加强重大风险源动态全过程控制,健全交通安全事故调查协调机制。完善集监测、监控和管理于一体的铁路网络智能安全监管平台和信息传输系统。完善国家公路网运行监测体系,实时监测东中部全部路段和西部重点路段的高速公路运行情况,全面实现重点营运车辆联网联控。完善近海和内河水上交通安全监管系统布局,加强远海动态巡航执法能力建设,加强“四类重点船舶”运行监测。提升民航飞机在线定位跟踪能力,建立通用航空联合监管机制,实现全过程、可追溯监管。加快城市公交安全管理体系建设,加强城市轨道交通运营安全监管和物流运行监测。实施邮政寄递渠道安全监管“绿盾”工程,实现货物来源可追溯、运输可追踪、责任可倒查。加快实现危险货物运输全链条协同监管,强化应对危险化学品运输中泄漏的应急处理能力,防范次生突发环境事件。

（三）推进应急体系建设。

加强交通运输部门与公安、安全监管、气象、海洋、国土资源、水利等部门的信息共享和协调联动，完善突发事件应急救援指挥系统。完善全国交通运输运行监测与应急指挥系统，加快建设省级和中心城市运行监测与应急指挥系统。加快建设铁路、公路和民航应急救援体系。完善沿海、长江干线救助打捞飞行基地和船舶基地布局，加强我国管辖海域应急搜救能力和航海保障建设。提升深海远洋搜寻和打捞能力，加强海外撤侨等国际应急救援合作。

专栏 11　交通运输安全应急保障重点工程

（一）深海远海监管搜救工程。

研究启动星基船舶自动识别系统，配置中远程监管救助载人机和无人机，提升大型监管救助船舶远海搜救适航性能，推动深海远海分布式探测作业装备研发与应用。提升南海、东海等重点海域监管搜救能力。

（二）长江干线交通安全工程。

完善长江干线船舶交通管理系统、船舶自动识别系统和视频监控系统，强化长江海事巡航救助一体化船舶、公安巡逻船和消防船舶配置，建设大型起重船及辅助装备、库区深潜器等成套打捞系统。加强长江干线船舶溢油应急设备库建设。

（三）铁路安保工程。

加快建设国家铁路应急救援基地，加强高铁运行、监控、防灾预警等安全保障系统建设；加大道口平交改立交及栅栏封闭等安全防护设施建设力度。

（四）公路安全应急工程。

继续实施公路安全生命防护工程。持续开展农村公路隐患治理，加强农村公路隧道隐患整治，继续开展农村公路危桥改造。不断完善道路交通应急体系，提高应急保障能力。

（五）航空安全工程。

建设民航安保体系，提高民航空防安全保障和反恐怖防范能力。加强适航审定能力建设，建设全国民航安全保卫信息综合应用平台。依托航空运输等企业加快构建民航应急运输和搜救力量。

（六）邮政寄递渠道安全监管"绿盾"工程。

建设行政执法、运行监测、安全预警、应急指挥、决策支持、公共服务等六类信息系统，完善国家邮政安全监控中心，建设省级和重点城市邮政安全监控中心。

八、拓展交通运输新领域新业态

（一）积极引导交通运输新消费。

促进通用航空与旅游、文娱等相关产业联动发展，扩大通用航空消费群体，强化与互联网、创意经济融合，拓展通用航空新业态。有序推进邮轮码头建设，拓展国际国内邮轮航线，发展近海内河游艇业务，促进邮轮游艇产业发展。大力发展自驾车、房车营地，配套建设生活服务功能区。鼓励企业发展城市定制公交、农村定制班车、网络预约出租汽车、汽车租赁等新型服务，稳妥推进众包服务，鼓励单位、个人停车位等资源错时共享使用。

（二）培育壮大交通运输新动能。

以高速铁路通道为依托，以高铁站区综合开发为载体，培育壮大高铁经济，引领支撑沿线城镇、产业、人口等合理布局，密切区域合作，优化资源配置，加速产业梯度转移和经济转型升级。基本建成上海国际航运中心，加快建设天津北方、大连东北亚、厦门东南国际航运中心，提升临港产业发展水平，延伸和拓展产业链。建设北京新机场、郑州航空港等临空经济区，聚集航空物流、快件快递、跨境电商、商务会展、科技创新、综合保障等产业，形成临空经济新兴增长极。

（三）打造交通物流融合新模式。

打通衔接一体的全链条交通物流体系，以互联网为纽带，构筑资源共享的交通物流平台，创新发展模式，实现资源高效利用，推动交通与物流一体化、集装化、网络化、社会化、智能化发展。推进"平台+"物流交易、供应链、跨境电商等合作模式，鼓励"互联网+城乡配送"、"物联网+供应链管理"等业态模式的创新发展。推进公路港等枢纽新业态发展，积极发展无车承运人等互联网平台型企业，整合公路货运资源，鼓励企业开发"卡车航班"等运输服务产品。

（四）推进交通空间综合开发利用。

依据城市总体规划和交通专项规划，鼓励交通基础设施与地上、地下、周边空间综合利用，融合交通与商业、商务、会展、休闲等功能。打造依托综合交通枢纽的城市综合体和产业综合区，推动高铁、地铁等轨道交通站场、停车设施与周边空间的联动开发。重点推进地下空间分层开发，拓展地下纵深空间，统筹城市轨道交通、地下道路等交通设施与城市地下综合管廊的规划布局，研究大城市地下快速路建设。

专栏12　交通运输新领域建设重点工程

（一）通用航空工程。

积极发展通用航空短途运输，鼓励有条件的地区发展公务航空。在适宜地区开展空中游览活动，发展飞行培训，提高飞行驾驶执照持有比例。利用会展、飞行赛事、航空文化交流等活动，支持通用航空俱乐部、通用航空爱好者协会等社团发展。规划建设一批航空飞行营地，完善航空运动配套服务，开展航空体育与体验飞行。

（二）国家公路港网络建设工程。

以国际性、全国性综合交通枢纽为重点，建设与铁路货运站、港口、机场等有机衔

续表

接的综合型公路港;以区域性综合交通枢纽为重点,建设与主干运输通道快速连通的基地型公路港;以国家高速公路沿线城市为重点,形成一批与综合型和基地型公路港有效衔接、分布广泛的驿站型公路港。 (三)邮轮游艇服务工程。 有序推进天津、大连、秦皇岛、青岛、上海、厦门、广州、深圳、北海、三亚、重庆、武汉等邮轮码头建设,在沿海沿江沿湖等地区发展公共旅游和私人游艇业务,完善运动船艇配套服务。 (四)汽车营地建设工程。 依托重点生态旅游目的地、精品生态旅游线路和国家旅游风景道,规划建设一批服务自驾车、房车等停靠式和综合型汽车营地,利用环保节能材料和技术配套建设生活服务等功能区。 (五)城市交通空间开发利用工程。 重点在国际性、全国性综合交通枢纽,以高速铁路客运站、城际铁路客运站、机场为主体,建设一批集交通、商业、商务、会展、文化、休闲于一体的开放式城市功能区。鼓励建设停车楼、地下停车场、机械式立体停车库等集约化停车设施,并按照一定比例配建充电设施。 (六)步道自行车路网建设工程。 规划建设城市步行和自行车交通体系,逐步打造国家步道系统和自行车路网,重点建设一批山地户外营地、徒步骑行服务站。

九、全面深化交通运输改革

(一)深化交通管理体制改革。

深入推进简政放权、放管结合、优化服务改革,最大程度取消和下放审批事项,加强规划引导,推动交通项目多评合一、统一评审,简化审批流程,缩短审批时间;研究探索交通运输监管政策和管理方式,加强诚信体系建设,完善信用考核标准,强化考核评价监督。完善"大交通"管理体制,推进交通运输综合行政执法改革,建设正规化、专业化、规范化、标准化的执法队伍。完善收费公路政策,逐步建立高速公路与普通公路统筹发展机制。全面推进空域管理体制改革,扎实推进空域规划、精细化改革试点和"低慢小"飞行管理改革、航线审批改革等重点工作,加快开放低空空域。加快油气管网运营体制改革,推动油气企业管网业务独立,组建国有资本控股、投资主体多元的油气管道公司和全国油气运输调度中心,实现网运分离。

(二)推进交通市场化改革。

加快建立统一开放、竞争有序的交通运输市场,营造良好营商环境。加快开放民航、铁路等行业的竞争性业务,健全准入与退出机制,促进运输资源跨方式、跨区域优化配置。健全交通运输价格机制，适时放开竞争性领域价格，逐步扩大由市场定价的范围。深化铁路企业和客货运输改革，建立健全法人治理结构，加快铁路市场化运行机制建设。有序推进公路养护市场化进程。加快民航运输市场化进程，有序发展专业化货运公司。积极稳妥深化出租汽车行业改革，完善经营权管理制度。

（三）加快交通投融资改革。

建立健全中央与地方投资联动机制，优化政府投资安排方式。在试点示范的基础上，加快推动政府和社会资本合作（PPP）模式在交通运输领域的推广应用，鼓励通过特许经营、政府购买服务等方式参与交通项目建设、运营和维护。在风险可控的前提下，加大政策性、开发性等金融机构信贷资金支持力度，扩大直接融资规模，支持保险资金通过债权、股权等多种方式参与重大交通基础设施建设。积极利用亚洲基础设施投资银行、丝路基金等平台，推动互联互通交通项目建设。

十、强化政策支持保障

（一）加强规划组织实施。

各有关部门要按照职能分工，完善相关配套政策措施，做好交通军民融合工作，为本规划实施创造有利条件；做好本规划与国土空间开发、重大产业布局、生态环境建设、信息通信发展等规划的衔接，以及铁路、公路、水运、民航、油气管网、邮政等专项规划对本规划的衔接落实；加强部际合作和沟通配合，协调推进重大项目、重大工程，加强国防交通规划建设；加强规划实施事中事后监管和动态监测分析，适时开展中期评估、环境影响跟踪评估和建设项目后评估，根据规划落实情况及时动态调整。地方各级人民政府要紧密结合发展实际，细化落实本规划确定的主要目标和重点任务，各地综合交通运输体系规划要做好对本规划的衔接落实。

（二）加大政策支持力度。

健全公益性交通设施与运输服务政策支持体系，加强土地、投资、补贴等组合政策支撑保障。切实保障交通建设用地，在用地计划、供地方式等方面给予一定政策倾斜。加大中央投资对铁路、水运等绿色集约运输方式的支持力度。充分发挥各方积极性，用好用足铁路土地综合开发、铁路发展基金等既有支持政策，尽快形成铁路公益性运输财政补贴的制度性安排，积极改善铁路企业债务结构。统筹各类交通建设资金，重点支持交通扶贫脱贫攻坚。充分落实地方政府主体责任，采用中央与地方共建等方式推动综合交通枢纽一体化建设。

（三）完善法规标准体系。

研究修订铁路法、公路法、港口法、民用航空法、收费公路管理条例、道路运输条例等，推动制定快递条例，研究制定铁路运输条例等法规。加快制定完善先进适用的高速铁路、城际铁路、市域（郊）铁路、城市轨道交通、联程联运、综合性交通枢纽、交通信息化智能化等技术标准，强化各类标准衔接，加强标准、计量、质量监督，构建综合交通运输标准体系和统计体系。完善城市轨道交通装备标准规范体系，开展城市轨道交通装备认证。依托境外交通投资项目，带动装备、技术和服务等标准走出去。

（四）强化交通科技创新。

发挥重点科研平台、产学研联合创新平台作用，加大基础性、战略性、前沿性技术攻关力度，力争在特殊重大工程建设、交通通道能力和工程品质提升、安全风险防控与应急技术装备、综合运输智能管控和协同运行、交通大气污染防控等重大关键技术上取得突破。发挥企业的创新主体作用，鼓励企业以满足市场需求为导向开展技术、服务、组织和模式等各类创新，提高科技含量和技术水平，不断向产业链和价值链高端延伸。

（五）培育多元人才队伍。

加快综合交通运输人才队伍建设，培养急需的高层次、高技能人才，加强重点领域科技领军人才和优秀青年人才培养。加强人才使用与激励机制建设，提升行业教育培训的基础条件和软硬件环境。做好国外智力引进和国际组织人才培养推送工作，促进人才国际交流与合作。

附件1

重点任务分工方案

序号	任　　务	责 任 单 位
1	建设多向连通的综合运输通道。	国家发展改革委、交通运输部牵头，国家铁路局、中国民航局、中国铁路总公司等按职责分工负责
2	构建高品质的快速交通网。推进高速铁路建设，完善高速公路网络，完善运输机场功能布局。	国家发展改革委、交通运输部、国家铁路局、中国民航局、中国铁路总公司等按职责分工负责
3	强化高效率的普通干线网。完善普速铁路网，推进普通国道提质改造，完善水路运输网络，强化油气管网互联互通。	交通运输部、国家发展改革委牵头，国家能源局、国家铁路局、中国民航局、中国铁路总公司等按职责分工负责
4	拓展广覆盖的基础服务网。合理引导普通省道发展，全面加快农村公路建设，积极推进支线铁路建设，加强内河支线航道建设，加快推进通用机场建设，完善港口集疏运网络。	交通运输部、国家发展改革委牵头，国家铁路局、中国民航局、中国铁路总公司等按职责分工负责
5	打造"一带一路"互联互通开放通道。着力打造丝绸之路经济带国际运输走廊，加快推进21世纪海上丝绸之路国际通道建设，加强"一带一路"通道与港澳台地区的交通衔接。	国家发展改革委牵头，交通运输部、外交部、商务部、国家铁路局、中国民航局、中国铁路总公司等按职责分工负责
6	构建京津冀协同发展的一体化网络。打造"轨道上的京津冀"，完善综合交通网络。	国家发展改革委牵头，交通运输部、住房城乡建设部、国家铁路局、中国民航局、中国铁路总公司等按职责分工负责
7	建设长江经济带高质量综合立体交通走廊。打造长江黄金水道，构建立体交通走廊。	国家发展改革委牵头，交通运输部、水利部、环境保护部、国家铁路局、中国民航局、中国铁路总公司等按职责分工负责
8	发挥交通扶贫脱贫攻坚基础支撑作用。强化贫困地区骨干通道建设，夯实贫困地区交通基础。	交通运输部、国家发展改革委牵头，国务院扶贫办、国家铁路局、中国民航局、中国铁路总公司等按职责分工负责

续表

9	发展引领新型城镇化的城际城市交通。推进城际交通发展，加强城市交通建设。	国家发展改革委、交通运输部、住房城乡建设部牵头，国家铁路局、中国民航局、中国铁路总公司等按职责分工负责
10	优化综合交通枢纽布局。完善综合交通枢纽空间布局，提升综合客运枢纽站场一体化服务水平，促进货运枢纽站场集约化发展，促进枢纽站场之间有效衔接。	交通运输部、国家发展改革委牵头，住房城乡建设部、国家铁路局、中国民航局、国家邮政局、中国铁路总公司等按职责分工负责
11	提升客运服务安全便捷水平。推进旅客联程运输发展，完善区际城际客运服务，发展多层次城市客运服务，推进城乡客运服务一体化。	交通运输部牵头，国家发展改革委、国家铁路局、中国民航局、中国铁路总公司等按职责分工负责
12	促进货运服务集约高效发展。推进货物多式联运发展，统筹城乡配送协调发展，促进邮政快递业健康发展，推进专业物流发展。	交通运输部牵头，国家发展改革委、商务部、质检总局、国家铁路局、中国民航局、国家邮政局、中国铁路总公司等按职责分工负责
13	增强国际化运输服务能力。完善国际运输服务网络，提高国际运输便利化水平，鼓励交通运输走出去。	交通运输部牵头，国家发展改革委、商务部、海关总署、质检总局、国家铁路局、中国民航局、国家邮政局、中国铁路总公司等按职责分工负责
14	发展先进适用的技术装备。推进先进技术装备自主化，促进技术装备标准化发展。	国家发展改革委、交通运输部、工业和信息化部牵头，科技部、公安部、质检总局、国家铁路局、中国民航局、国家邮政局、中国铁路总公司等按职责分工负责
15	促进交通产业智能化变革。实施“互联网+”行动计划，培育壮大智能交通产业。	国家发展改革委、交通运输部牵头，工业和信息化部、科技部、国家铁路局、中国民航局、中国铁路总公司等按职责分工负责
16	推动智能化运输服务升级。推行信息服务“畅行中国”，发展“一站式”、“一单制”运输组织。	交通运输部、国家发展改革委牵头，工业和信息化部、国家铁路局、中国民航局、中国铁路总公司等按职责分工负责

续表

17	优化交通运行和管理控制。建立高效运转的管理控制系统，提升装备和载运工具智能化自动化水平。	交通运输部牵头，国家发展改革委、工业和信息化部、公安部、国家铁路局、中国民航局、中国铁路总公司等按职责分工负责
18	健全智能决策支持与监管。完善交通决策支持系统，提高交通行政管理信息化水平。	交通运输部牵头，工业和信息化部、国家铁路局、中国民航局、中国铁路总公司等按职责分工负责
19	加强交通发展智能化建设。打造泛在的交通运输物联网，构建新一代交通信息基础网络，推进云计算与大数据应用，保障交通网络信息安全。	国家发展改革委、交通运输部牵头，工业和信息化部、国家国防科工局、国家铁路局、中国民航局、中国铁路总公司等按职责分工负责
20	推动节能低碳发展。优化运输结构，推广应用节能低碳技术和产品。	交通运输部、住房城乡建设部牵头，国家发展改革委、环境保护部、国家能源局、国家铁路局、中国民航局、中国铁路总公司等按职责分工负责
21	强化生态保护和污染防治。加强全过程全周期生态保护，强化大气、水、噪声污染防治。	交通运输部牵头，国家发展改革委、环境保护部、国家铁路局、中国民航局、中国铁路总公司等按职责分工负责
22	推进资源集约节约利用。提高交通资源利用效率，加强资源综合循环利用。	交通运输部牵头，工业和信息化部、环境保护部、国家铁路局、中国民航局、中国铁路总公司等按职责分工负责
23	加强交通运输安全生产管理。	交通运输部牵头，公安部、安全监管总局、国家铁路局、中国民航局、中国铁路总公司等按职责分工负责
24	加快交通安全监管体系建设。	交通运输部牵头，公安部、安全监管总局、国家铁路局、中国民航局、国家邮政局、中国铁路总公司等按职责分工负责
25	推进交通运输应急体系建设。	交通运输部牵头，公安部、安全监管总局、国家铁路局、中国民航局、中国铁路总公司等按职责分工负责

续表

26	积极引导交通运输新消费。	国家发展改革委、交通运输部牵头,工业和信息化部、住房城乡建设部、国家旅游局、中国民航局、国家邮政局、中国铁路总公司等按职责分工负责
27	培育壮大交通运输新动能。	国家发展改革委、交通运输部牵头,商务部、海关总署、国家旅游局、体育总局、中国铁路总公司等按职责分工负责
28	打造交通物流融合新模式。	国家发展改革委、交通运输部牵头,商务部、工业和信息化部、海关总署、中国铁路总公司等按职责分工负责
29	推进交通空间综合开发利用。	国家发展改革委、交通运输部、住房城乡建设部牵头,国土资源部等按职责分工负责
30	深化交通管理体制改革。	国家发展改革委、交通运输部牵头,工商总局、国家铁路局、中国民航局、中国铁路总公司等按职责分工负责
31	推进交通市场化改革。	国家发展改革委、交通运输部牵头,工商总局、国家铁路局、中国民航局、中国铁路总公司等按职责分工负责
32	加快交通投融资改革。	国家发展改革委、财政部、交通运输部牵头,国土资源部、人民银行、银监会、证监会、保监会、国家铁路局、中国民航局、中国铁路总公司等按职责分工负责
33	完善法规体系。	交通运输部牵头,国务院法制办、国家铁路局、中国民航局、国家邮政局、国家交通战备办公室、中国铁路总公司等按职责分工负责
34	强化标准支撑。	质检总局、交通运输部牵头,工业和信息化部、科技部、住房城乡建设部、国家铁路局、中国民航局、国家邮政局、中国铁路总公司等按职责分工负责

附件2:综合运输大通道和综合交通枢纽示意图(略)

附件3:“十三五”铁路规划建设示意图(略)

附件4:“十三五”国家调整公路规划建设示意图(略)

附件5:“十三五”民用运输机场规划建设示意图(略)

附件6:“十三五”内河高等级航道规划建设示意图(略)

附件7-1:“十三五”原油管道规划建设示意图(略)

附件7-2:“十三五”成品油管道规划建设示意图(略)

附件7-3:“十三五”天然气管道规划建设示意图(略)

国务院办公厅关于创新农村基础设施投融资体制机制的指导意见

(2017年2月6日　国办发〔2017〕17号)

农村基础设施是社会主义新农村建设的重要内容,是农村经济社会发展的重要支撑。近年来,我国农村道路、供水、污水垃圾处理、供电、电信等基础设施建设步伐不断加快,生产生活条件逐步改善,但由于历史欠账较多、资金投入不足、融资渠道不畅等原因,农村基础设施总体上仍比较薄弱,与全面建成小康社会的要求还有较大差距。为创新农村基础设施投融资体制机制,加快农村基础设施建设步伐,经国务院同意,现提出以下意见。

一、总体要求

(一)指导思想。全面贯彻党的十八大和十八届三中、四中、五中、六中全会精神,深入贯彻习近平总书记系列重要讲话精神和治国理政新理念新思想新战略,认真落实党中央、国务院决策部署,统筹推进“五位一体”总体布局和协调推进“四个全面”战略布局,牢固树立和贯彻落实创新、协调、绿色、开放、共享的发展理念,以加快补齐农村基础设施短板、推进城乡发展一体化为目标,以创新投融资体制机制为突破口,明确各级政府事权和投入责任,拓宽投融资渠道,优化投融资模式,加大建设投入,完善管护机制,全面提高农村基础设施建设和管理水平。

(二)基本原则。

政府主导、社会参与。明确农村基础设施的公共产品定位,强化政府投入和主导责任,加强城乡基础设施统筹规划,加大政策支持力度。破除体制机制障碍,引导和鼓励社会资本投向农村基础设施领域,提高建设和管护市场化、专业化程度。

农民受益、民主决策。发挥农民作为农村基础设施直接受益主体的作用，引导农民和农村集体经济组织积极参与项目建设和管理，推动决策民主化，保障农民知情权、参与权和监督权。

因地制宜、分类施策。充分发挥地方政府和投资主体的积极性，探索适合不同地区、不同基础设施特点的投融资机制。兼顾公平与效率，实施差别化投融资政策，加大对贫困地区的支持力度。

建管并重、统筹推进。坚持先建机制、后建工程，合理确定农村基础设施投融资模式和运行方式。推进投融资体制机制创新与建设管护机制创新、农村集体产权制度改革等有机结合，实现可持续发展。

（三）主要目标。到2020年，主体多元、充满活力的投融资体制基本形成，市场运作、专业高效的建管机制逐步建立，城乡基础设施建设管理一体化水平明显提高，农村基础设施条件明显改善，美丽宜居乡村建设取得明显进展，广大农民共享改革发展成果的获得感进一步增强。

二、构建多元化投融资新格局，健全投入长效机制

（四）健全分级分类投入体制。明确各级政府事权和投入责任，构建事权清晰、权责一致、中央支持、省级统筹、县级负责的农村基础设施投入体系。对农村道路等没有收益的基础设施，建设投入以政府为主，鼓励社会资本和农民参与。对农村供水、污水垃圾处理等有一定收益的基础设施，建设投入以政府和社会资本为主，积极引导农民投入。对农村供电、电信等以经营性为主的基础设施，建设投入以企业为主，政府对贫困地区和重点区域给予补助。（国家发展改革委、财政部牵头负责）

（五）完善财政投入稳定增长机制。优先保障财政对农业农村的投入，相应支出列入各级财政预算，坚持把农业农村作为国家固定资产投资的重点领域，确保力度不减弱、总量有增加。统筹政府土地出让收益等各类资金，支持农村基础设施建设。支持地方政府以规划为依据，整合不同渠道下达但建设内容相近的资金，形成合力。（财政部、国家发展改革委牵头负责）

（六）创新政府投资支持方式。发挥政府投资的引导和撬动作用，采取直接投资、投资补助、资本金注入、财政贴息、以奖代补、先建后补、无偿提供建筑材料等多种方式支持农村基础设施建设。鼓励地方政府和社会资本设立农村基础设施建设投资基金。建立规范的地方政府举债融资机制，推动地方融资平台转型改制和市场化融资，重点向农村基础设施建设倾斜。允许地方政府发行一般债券支持农村道路建设，发行专项债券支持农村供水、污水垃圾处理设施建设，探索发行县级农村基础设施建设项目集合债。支持符合条件的企业发行企业债券，用于农村供电、电信设施建设。鼓励地方政府通过财政拨款、特许或委托经营等渠道筹措资金，设立不向社会征收的政府性农村基础设施维修养护基金。鼓励有条件的地区将农村基础设施与产业、园区、乡村旅游等进行捆绑，实行一体化开发和建设，实现相互促进、互利共赢。（国家发展改革委、财政部、人民银行、银监会、证监会等负责）

（七）建立政府和社会资本合作机制。支持各地通过政府和社会资本合作模式，引导社会资本投向农村基础设施领域。鼓励按照“公益性项目、市场化运作”理念，大力推进政府购买服务，创新农村基础设施建设和运营模式。支持地方政府将农村基础设施项目整体打包，提高收益能力，并建立运营补偿机制，保障社会资本获得合理投资回报。对农村基础设施项目在用电、用地等方面优先保障。（国家发展改革委、财政部、工业和信息化部、国土资源部、住房城乡建设部、水利部、农业部、国家林业局、国家能源局等负责）

（八）充分调动农民参与积极性。尊重农民主体地位，加强宣传教育，发挥其在农村基础设施决策、投入、建设、管护等方面作用。完善村民一事一议制度，合理确定筹资筹劳限额，加大财政奖补力度。鼓励农民和农村集体经济组织自主筹资筹劳开展村内基础设施建设。推行农村基础设施建设项目公示制度，发挥村民理事会、新型农业经营主体等监督作用。（农业部、水利部、国家林业局、民政部、住房城乡建设部等负责）

（九）加大金融支持力度。政策性银行和开发性金融机构要结合各自职能定位和业务范围，强化对农村基础设施建设的支持。鼓励商业银行加大农村基础设施信贷投放力度，改善农村金融服务。发挥农业银行面向三农、商业运作的优势，加大对农村基础设施的支持力度。支持银行业金融机构开展收费权、特许经营权等担保创新类贷款业务。完善涉农贷款财政奖励补助政策，支持收益较好、能够市场化运作的农村基础设施重点项目开展股权和债权融资。建立并规范发展融资担保、保险等多种形式的增信机制，提高各类投资建设主体的融资能力。加快推进农村信用体系建设。鼓励利用国际金融组织和外国政府贷款建设农村基础设施。（人民银行、银监会、证监会、保监会、国家发展改革委、财政部、农业发展银行、开发银行、农业银行等负责）

（十）强化国有企业社会责任。切实发挥输配电企业、基础电信运营企业的主体作用，加大对农村电网改造升级、电信设施建设的投入力度。鼓励其他领域的国有企业拓展农村基础设施建设业务，支持中央企业和地方国有企业通过帮扶援建等方式参与农村基础设施建设。（国务院国资委、国家发展改革委、财政部、工业和信息化部、国家能源局等负责）

（十一）引导社会各界积极援建。鼓励企业、社会组织、个人通过捐资捐物、结对帮扶、包村包项目等形式，支持农村基础设施建设和运行管护。引导国内外机构、基金会、社会团体和各界人士依托公益捐助平台，为农村基础设施建设筹资筹物。落实企业和个人公益性捐赠所得税税前扣除政策。进一步推进东西部扶贫协作，支持贫困地区农村基础设施建设。（民政部、财政部、税务总局、国家发展改革委、国务院扶贫办等负责）

三、完善建设管护机制，保障工程长期发挥效益

（十二）完善农村公路建设养护机制。将农村公路建设、养护、管理机构运行经费及人员基本支出纳入一般公共财政预算。推广“建养一体化”模式，通过政府购买服务等方式，引入专业企业、社会资本建设和养护农村公路。鼓励采取出让公路冠名权、广告权、相关资源开发权等方式，筹资建设和养护农村公路。结合物价上涨、里程增加、等级提升等因素，合理确定农村公路养护资金补助标准。（交通运输部、财政部、国家发展改革委等负责）

（十三）加快农村供水设施产权制度改革。以政府投入为主兴建、规模较大的农村集中供水基础设施，由县级人民政府或其授权部门根据国家有关规定确定产权归属；以政府投入为主兴建、规模较小的农村供水基础设施，资产交由农村集体经济组织或农民用水合作组织所有；单户或联户农村供水基础设施，国家补助资金所形成的资产归受益农户所有；社会资本投资兴建的农村供水基础设施，所形成的资产归投资者所有，或依据投资者意愿确定产权归属。由产权所有者建立管护制度，落实管护责任。鼓励开展农村供水设施产权交易，通过拍卖、租赁、承包、股份合作、委托经营等方式将一定期限内的管护权、收益权划归社会投资者。推进国有供水企业股份制改造，引入第三方参与运行管理。（水利部、住房城乡建设部、国家发展改革委、财政部等负责）

（十四）理顺农村污水垃圾处理管理体制。探索建立农村污水垃圾处理统一管理体制，切实解决多头管理问题。鼓励实施城乡生活污水“统一规划、统一建设、统一运行、统一管理”集中处理与农村污水“分户、联户、村组”分散处理相结合的模式，推动农村垃圾分类和资源化利用，完善农村垃圾“户分类、村组收集、乡镇转运、市县处理”集中处置与“户分类、村组收集、乡镇（或村）就地处理”分散处置相结合的模式，推广建立村庄保洁制度。推进建立统一的农村人居环境建设管理信息化平台，促进相关资源统筹利用。（住房城乡建设部、环境保护部牵头负责）

（十五）积极推进农村电力管理体制改革。加快建立规范的现代电力企业制度，鼓励有条件的地区开展县级电网企业股份制改革试点。逐步向符合条件的市场主体放开增量配电网投资业务，赋予投资主体新增配电网的所有权和经营权。鼓励以混合所有制方式发展配电业务，通过公私合营模式引入社会资本参与农村电网改造升级及运营。支持社会资本投资建设清洁能源项目和分布式电源并网工程。(国家能源局、国家发展改革委牵头负责)

(十六)鼓励农村电信设施建设向民间资本开放。创新农村电信基础设施建设项目融资模式,支持民间资本以资本入股、业务代理、网络代维等多种形式与基础电信企业开展合作,参与农村电信基础设施建设。加快推进东中部发达地区农村宽带接入市场向民间资本开放试点工作,逐步深化试点,鼓励和引导民间资本开展农村宽带接入网络建设和业务运营。(工业和信息化部牵头负责)

(十七)改进项目管理和绩效评价方式。建立涵盖需求决策、投资管理、建设运营等全过程、多层次的农村基础设施建设项目综合评价体系。对具备条件的项目,通过公开招标、邀请招标、定向委托、竞争性谈判等多种方式选择专业化的第三方机构,参与项目前期论证、招投标、建设监理、效益评价等,建立绩效考核、监督激励和定期评价机制。(国家发展改革委、财政部牵头负责)

四、健全定价机制,激发投资动力和活力

(十八)合理确定农村供水价格。在建立使用者付费制度、促进节约用水的基础上,完善农村供水水价形成机制。对城市周边已纳入城镇自来水供应范围的农户,实行统一的居民阶梯水价政策。对实行农村集中式供水的,按照补偿成本、合理盈利的原则确定水价,实行有偿服务、计量收费。地方政府和具备条件的农村集体经济组织可根据实际情况对运营单位进行合理补偿。通过加强水费征收和运行维护费用补偿等措施,保障工程正常运行及日常维护。(国家发展改革委、水利部牵头负责)

(十九)探索建立污水垃圾处理农户缴费制度。鼓励先行先试,在有条件的地区实行污水垃圾处理农户缴费制度,保障运营单位获得合理收益,综合考虑污染防治形势、经济社会承受能力、农村居民意愿等因素,合理确定缴费水平和标准,建立财政补贴与农户缴费合理分摊机制。完善农村污水垃圾处理费用调整机制,建立上下游价格调整联动机制,价格调整不到位时,地方政府和具备条件的村集体可根据实际情况对运营单位给予合理补偿。(住房城乡建设部、国家发展改革委、财政部等负责)

(二十)完善输配电价机制。按照"管住中间、放开两头"的原则,推进输配电价改革,严格成本审核和监管,完善分类定价、阶梯电价政策,落实好"两分钱"农网还贷资金政策,研究建立电力普遍服务补偿机制,支持农村地区发展。(国家发展改革委、国家能源局牵头负责)

(二十一)推进农村地区宽带网络提速降费。加快农村宽带网络建设,引导基础电信企业公平竞争。指导和推动基础电信企业简化资费结构，切实提高农村宽带上网等业务的性价比，为农村贫困户提供更加优惠的资费方案，为发展“互联网+”提供有力支撑。（工业和信息化部牵头负责）

五、保障措施

（二十二）强化规划引导作用。按照城乡一体化发展的要求，衔接协调各类规划，推进县域乡村建设规划编制，统筹农村道路、供水、污水垃圾处理、供电、电信等基础设施建设布局。推动城镇基础设施向农村延伸，鼓励将城市周边农村、规模较大的中心镇纳入城镇基础设施建设规划，实行统一规划、统一建设、统一管护。（住房城乡建设部牵头负责）

（二十三）完善相关法律法规。完善农村基础设施投融资相关法律法规，依法保护投资者合法权益，维护公平有序的市场投资环境。推动公路法、村庄和集镇规划建设管理条例等相关法律法规修订工作，为创新农村基础设施投融资体制机制创造条件。加快修订相关规定，适当放宽对农村小型基础设施投资项目管理“四制”要求。（交通运输部、住房城乡建设部、国家发展改革委、农业部、国务院法制办等负责）

（二十四）落实地方政府责任。地方各级人民政府要把农村基础设施建设管护摆上重要议事日程，统筹本辖区内国有林区、林场、垦区等基础设施建设，积极创新投融资体制机制。县级人民政府是农村基础设施建设管护的责任主体，要结合本地实际，制定实施意见，确保各项措施落到实处。（各省级人民政府负责）

（二十五）加强部门协作。国务院各有关部门要根据本意见，按照职责分工，密切协作配合，抓紧制定相关配套措施。国家发展改革委要会同有关部门对意见落实情况进行跟踪分析和定期评估，并向国务院报告。（国家发展改革委牵头负责）

国务院关于印发“十三五”国家食品安全规划和“十三五”国家药品安全规划的通知

（2017年2月14日　国发〔2017〕12号）

现将《“十三五”国家食品安全规划》和《“十三五”国家药品安全规划》印发给你们，请认真贯彻执行。

“十三五”国家食品安全规划

保障食品安全是建设健康中国、增进人民福祉的重要内容，是以人民为中心发展思想的具体体现。为实施好食品安全战略，加强食品安全治理，根据《中华人民共和国国民经济和社会发展第十三个五年规划纲要》，制定本规划。

一、现状和形势

“十二五”期间，各地区、各部门进一步加大工作力度，食品安全形势总体稳定向好，人民群众饮食安全得到切实保障。

（一）食品产业快速发展。到“十二五”末，全国获得许可证的食品生产企业13.5万家、流通企业819万家、餐饮服务企业348万家；规模以上食品工业企业主营业务收入11.35万亿元，年均递增12.5%。进出口食品贸易额增长23.9%。

（二）监管力度持续加大。无公害农产品种植面积增加2000万亩。查处食品安全违法案件95.8万起，侦破食品安全犯罪案件8万余起。2015年国家食品安全监督抽检17.2万批次，合格率为96.8%。进出口食品安全水平持续稳定。实行“明厨亮灶”的餐饮服务企业41.8万家，实行量化分级管理的餐饮服务企业275万家。在100个城市开展餐厨废弃物资源化利用和无害化处理试点。

（三）支撑保障能力稳步加强。实施食品安全检（监）测能力建设项目，安排中央基建投资184.5亿元。食品安全科技创新体系逐步完善。食品监测覆盖范围不断扩大，食源性疾病监测网络哨点医院达3883家，食品污染物和有害因素监测点达2656个。成立了国家食品安全风险评估中心，建立了100家农产品质量安全风险评估实验室。

（四）监管体制不断完善。国务院成立食品安全委员会，组建食品药品监管总局，各级政府普遍建立了食品安全综合协调机制并明确办事机构，统一权威监管体制建设取得显著进展。

（五）法律法规标准体系进一步健全。修订食品安全法、兽药管理条例等10部法律法规，制修订20余部食品安全部门规章，6个省（区、市）出台了食品生产加工小作坊和食品摊贩管理地方性法规。最高人民法院、最高人民检察院出台关于办理危害食品安全刑事案件适用法律若干问题的解释，最高人民法院出台审理食品药品纠纷案件适用法律若干问题的规定。国家卫生计生委清理食品标准5000项，整合400项，发布新的食品安全国家标准926项、合计指标1.4万余项。农业部新发布农药残留限量指标2800项，清理413项农药残留检验方法。

（六）社会共治格局初步形成。连续5年举办“全国食品安全宣传周”活动，累计覆盖7亿多人次。食品生产经营者诚信守法意识、公众食品安全意识和社会参与度进一步提高。开通“12331”全国食品药品投诉举报电话，推行有奖举报制度。开展食品安全信用体系建设试点，获得诚信管理体系评价证书的食品企业600余家，婴幼儿配方乳粉企业全部建立诚信管理体系。

在肯定成绩的同时，必须清醒认识到，我国仍处于食品安全风险隐患凸显和食品安全事件集中爆发期，食品安全形势依然严峻。一是源头污染问题突出。一些地方工业“三废”违规排放导致农业生产环境污染，农业投入品使用不当、非法添加和制假售假等问题依然存在，农药兽药残留和添加剂滥用仍是食品安全的最大风险。二是食品产业基础薄弱。食品生产经营企业多、小、散，全国1180万家获得许可证的食品生产经营企业中，绝大部分为10人以下小企业。企业诚信观念和质量安全意识普遍不强，主体责任尚未完全落实。互联网食品销售迅猛增长带来了新的风险和挑战。三是食品安全标准与发达国家和国际食品法典标准尚有差距。食品安全标准基础研究滞后，科学性和实用性有待提高，部分农药兽药残留等相关标准缺失、检验方法不配套。四是监管能力尚难适应需要。监管体制机制仍需完善，法规制度仍需进一步健全，监管队伍特别是专业技术人员短缺，打击食品安全犯罪的专业力量严重不足，监管手段、技术支撑等仍需加强，风险监测和评估技术水平亟待提升。

“十三五”时期是全面建成小康社会的决胜阶段，也是全面建立严密高效、社会共治的食品安全治理体系的关键时期。尊重食品安全客观规律，坚持源头治理、标本兼治，确保人民群众“舌尖上的安全”，是全面建成小康社会的客观需要，是公共安全体系建设的重要内容，必须下大力气抓紧抓好。

二、总体要求

（一）指导思想。

全面贯彻党的十八大和十八届三中、四中、五中、六中全会精神，以马克思列宁主义、毛泽东思想、邓小平理论、“三个代表”重要思想、科学发展观为指导，深入贯彻习近平总书记系列重要讲话精神，认真落实党中央、国务院决策部署，紧紧围绕统筹推进“五位一体”总体布局和协调推进“四个全面”战略布局，牢固树立和贯彻落实创新、协调、绿色、开放、共享的发展理念，坚持最严谨的标准、最严格的监管、最严厉的处罚、最严肃的问责，全面实施食品安全战略，着力推进监管体制机制改革创新和依法治理，着力解决人民群众反映强烈的突出问题，推动食品安全现代化治理体系建设，促进食品产业发展，推进健康中国建设。

（二）基本原则。

1. 预防为主。坚持关口前移，全面排查、及时发现处置苗头性、倾向性问题，严把食品安全的源头关、生产关、流通关、入口关，坚决守住不发生系统性区域性食品安全风险的底线。

2. 风险管理。树立风险防范意识，强化风险评估、监测、预警和风险交流，建立健全以风险分析为基础的科学监管制度，严防严管严控风险隐患，确保监管跑在风险前面。

3. 全程控制。严格实施从农田到餐桌全链条监管，建立健全覆盖全程的监管制度、覆盖所有食品类型的安全标准、覆盖各类生产经营行为的良好操作规范，全面推进食品安全监管法治化、标准化、专业化、信息化建设。

4. 社会共治。全面落实企业食品安全主体责任，严格落实地方政府属地管理责任和有关部门监管责任。充分发挥市场机制作用，鼓励和调动社会力量广泛参与，加快形成企业自律、政府监管、社会协同、公众参与的食品安全社会共治格局。

（三）发展目标。

到2020年，食品安全治理能力、食品安全水平、食品产业发展水平和人民群众满意度明显提升。主要实现以下目标：

1. 食品安全抽检覆盖全部食品类别、品种。国家统一安排计划、各地区各有关部门分别组织实施的食品检验量达到每年4份/千人。其中，各省（区、市）组织的主要针对农药兽药残留的食品检验量不低于每年2份/千人。

2. 农业源头污染得到有效治理。主要农作物病虫害绿色防控覆盖率达到30%以上，农药利用率达到40%以上，主要农产品质量安全监测总体合格率达到97%以上。

3. 食品安全现场检查全面加强。职业化检查员队伍基本建成，实现执法程序和执法文书标准化、规范化。对食品生产经营者每年至少检查1次。实施网格化管理，县、乡级全部完成食品安全网格划定。

4. 食品安全标准更加完善。制修订不少于300项食品安全国家标准，制修订、评估转化农药残留限量指标6600余项、兽药残留限量指标270余项。产品标准覆盖包括农产品和特殊人群膳食食品在内的所有日常消费食品，限量标准覆盖所有批准使用的农药兽药和相关农产品，检测方法逐步覆盖所有限量标准。

5. 食品安全监管和技术支撑能力得到明显提升。实现各级监管队伍装备配备标准化。各级食品安全检验检测能力达到国家建设标准，进出口食品检验检测能力保持国际水平。

三、主要任务

(一)全面落实企业主体责任。

食品生产经营者应当严格落实法定责任和义务。遵守相关法律法规和标准,采取多种措施,确保生产过程整洁卫生并符合有关标准规范,确保生产经营各环节数据信息采集留存真实、可靠、可溯源。建立健全食品安全管理制度,配备食品安全管理人员。主动监测已上市产品质量安全状况,及时报告风险隐患,依法召回、处置不符合标准或存在安全隐患的食品。

开展食品安全师制度试点。鼓励食品生产经营企业建设规模化原辅材料和食品加工、配送基地,加强供应链管理,发展连锁经营、集中采购、标准化生产、统一配送等现代经营方式。加强冷链物流基础设施建设,提升冷链物流管理标准和管理水平。鼓励企业按照良好生产经营规范组织生产,实施危害分析和关键控制点体系、良好生产规范、食品安全管理体系、食品防护计划等自愿性质量管理规范,通过相关认证的可以在其产品包装上予以标识。鼓励和支持食品生产经营小作坊、小摊贩、小餐饮改善生产经营条件。加强食品品牌建设。

(二)加快食品安全标准与国际接轨。

建立最严谨的食品安全标准体系。加快制修订产业发展和监管急需的食品基础标准、产品标准、配套检验方法标准、生产经营卫生规范等。加快制修订重金属、农药残留、兽药残留等食品安全标准。密切跟踪国际标准发展更新情况,整合现有资源建立覆盖国际食品法典及有关发达国家食品安全标准、技术法规的数据库,开展国际食品安全标准比较研究。加强标准跟踪评价和宣传贯彻培训。鼓励食品生产企业制定严于食品安全国家标准、地方标准的企业标准,鼓励行业协会制定严于食品安全国家标准的团体标准。依托现有资源,建立食品安全标准网上公开和查询平台,公布所有食品安全国家标准及其他相关标准。整合建设监测抽检数据库和食品毒理学数据库,提升标准基础研究水平。将形成技术标准作为组织实施相关科研项目的重要目标之一,并列入食品科研重要考核指标,相关成果可以作为专业技术资格评审依据。

专栏 1　食品安全国家标准提高行动计划

(一)制修订食品安全国家标准。

制修订不少于 300 项食品安全国家标准,加快生产经营卫生规范、检验方法等标准制定。制修订农药残留限量指标 3987 项,评估转化农药残留限量指标 2702 项,清理、修订农药残留检验方法 413 项,研究制定农药残留国家标准技术规范 7 项,建立农业残留基础数据库 1 个。制定食品中兽药最大残留限量标准,完成 31 种兽药 272 项限量指标以及 63 项兽药残留检测方法标准制定。

续表

(二)加强食品安全国家标准专业技术机构能力建设。 依托国家和重点省份食品安全技术机构,设立若干标准研制核心实验室。

(三)完善法律法规制度。

加快构建以食品安全法为核心的食品安全法律法规体系。修订农产品质量安全法、食品安全法实施条例、农药管理条例、乳品质量安全监督管理条例。推进土壤污染防治法、粮食法、肥料管理条例等立法进程。推动各地加快食品生产加工小作坊和食品摊贩管理等地方性法规规章制修订。制修订食品标识管理、食品安全事件调查处理、食品安全信息公布、食品安全全程追溯、学校食堂食品安全监督管理等配套规章制度。完善国境口岸食品安全规章制度。

(四)严格源头治理。

深入开展农药兽药残留、重金属污染综合治理。开展化肥农药使用量零增长行动,全面推广测土配方施肥、农药精准高效施用。加快高效、低毒、低残留农药新品种研发和推广,实施高毒、高残留农药替代行动。实施兽用抗菌药治理行动,逐步淘汰无残留限量标准和残留检测方法标准的兽药及其制剂。严格落实农药兽药登记和安全使用制度,推行高毒农药定点经营和实名购买制度。推进重金属污染源头治理,摸清土壤污染分布情况,开展污染耕地分级分类治理。

提高农业标准化水平。实施农业标准化推广工程,推广良好农业规范。继续推进农业标准化示范区、园艺作物标准园、标准化规模养殖场(小区)、水产健康养殖场建设。支持良好农业规范认证品牌农产品发展,提高安全优质品牌农产品比重。建立健全畜禽屠宰管理制度,加快推进病死畜禽无害化处理与养殖业保险联动机制建设,加强病死畜禽、屠宰废弃物无害化处理和资源化利用。加强粮食质量安全监测与监管,推动建立重金属等超标粮食处置长效机制。推动农产品生产者积极参与国家农产品质量安全追溯管理信息平台运行。开展肉类、蔬菜等产品追溯体系建设的地区要加快建立高效运行长效机制。

专栏2　食用农产品源头治理工程
(一)农药残留治理工程。 主要农作物病虫害绿色防控覆盖率达到30%以上,专业化统防统治覆盖率达到40%以上,农药利用率达到40%以上。

续表

（二）兽药残留治理工程。 新研发和推广低毒、低残留新兽药产品100种，淘汰高风险兽药产品100种。动物产品兽药残留合格率保持在97%以上。 （三）测土配方施肥推广工程。 测土配方施肥技术覆盖率达到90%以上，畜禽粪便养分还田率达到60%以上，水肥一体化技术推广面积达到1.5亿亩，机械施肥面积占主要农作物种植面积的40%以上，主要农作物化肥利用率达到40%以上。 （四）农业标准化推广工程。 标准化生产示范园（场）全部通过“三品一标”（无公害农产品、绿色食品、有机农产品和农产品地理标志）认证登记，有机农产品种植基地面积达到300万公顷，绿色食品种植基地面积达到1200万公顷。 （五）农产品质量安全保障工程。 完善国家农产品质量安全追溯管理信息平台，健全农产品质量安全监管体系，提高基层监管能力。

（五）严格过程监管。

严把食品生产经营许可关。对食品（含食品添加剂）生产、直接接触食品的包装材料等具有较高风险的相关产品、食品经营（不含销售食用农产品）依法严格实施许可管理。深化“放管服”改革，优化许可流程，提高审批效率。整合现有资源，建立全国统一的食品生产经营许可信息公示系统。落实地方政府尤其是县级政府责任，实施餐饮业质量安全提升工程。获得许可证的餐饮服务单位全面推行“明厨亮灶”。推进餐厨废弃物资源化利用和无害化处理试点城市建设。

严格生产经营环节现场检查。食品生产经营企业应当认真履行法定义务，严格遵守许可条件和相关行为规范。科学划分食品生产经营风险等级，加强对高风险食品生产经营企业的监督检查。科学制定国家、省、市、县级食品检查计划，确定检查项目和频次。国务院食品安全监管有关部门负责建立和完善食品生产经营监督检查制度和技术规范，依据职责监督抽查大型食品生产经营企业；省级食品安全监管部门负责制定本省（区、市）年度监督管理计划，抽查本行政区域内大型食品生产经营企业，督导核查市、县级监督管理工作；市、县级食品安全监管部门负责日常监督检查，在全覆盖基础上按照“双随机、一公开”原则开展日常检查。现场检查应按照年度监督检查计划进行，覆盖所有生产经营者，重点检查农村、学校、幼儿园等重点区域，小作坊、小摊贩、小餐饮等重点对象，冷链贮运等重点环节，以及中高风险食品生产经营者。

大力推进学校食堂、幼儿园食堂实时监控工作。

严格特殊食品监管。推进保健食品注册与备案制改革，完善保健食品保健功能目录，科学调整功能表述。制定保健食品原料目录、可用和禁用于保健食品物品名单。严厉打击保健食品虚假宣传、商业欺诈、诱骗消费者购买等违法行为。严格特殊医学用途配方食品、婴幼儿配方乳粉产品配方注册管理。

严格网格化监管。科学划定县、乡级行政区域内食品安全网格，合理配备监管协管力量，做到"定格、定岗、定员、定责"。建立健全责任包干、信息管理、上下联动、社会协作、协调处理、宣传引导、考核评价等制度，有效消除各类风险隐患。到"十三五"末，县、乡级100%完成食品安全网格划定。

严格互联网食品经营、网络订餐等新业态监管。加强互联网食品经营网上监测能力建设。落实网络平台食品经营资质审核责任，完善网上交易在线投诉和售后维权机制。

严格食品相关产品监管。通过安全评估确定风险等级，对高风险的食品相关产品实施生产许可，逐步形成以监督检查为手段，以风险监测和抽样检验为验证的事中事后监管体系。

严格进出口食品安全监管。实施进口食品安全放心工程，强化口岸检验检疫。实施进出口食品安全风险预警和进出口企业信誉记录制度，建立风险预警平台，大力加强境外体系检查。完善进出口食品质量安全检验检测，制定进口食品安全监督抽检计划和风险监测计划。严格实施进口食品境外生产企业注册。加强跨境电子商务进口食品检验检疫监管。

推动特色食品加工示范基地建设。在原料资源丰富地区，选择一批地方特色突出的食品产业园区，以知名品牌和龙头企业为引领，开展集食品研发创新、检测认证、包装印刷、冷链物流、人才培训、工业旅游、集中供热、污水集中处理等于一体的现代食品工业基地建设示范，提高基础设施和公共服务水平，开展集中监管，发挥示范引领作用，带动食品产业转型升级和食品质量安全管理水平整体提升。

（六）强化抽样检验。

食品安全抽样检验覆盖所有食品类别、品种，突出对食品中农药兽药残留的抽检。科学制定国家、省、市、县级抽检计划。国务院食品安全监管有关部门主要承担规模以上或产品占市场份额较大食品生产企业的产品抽检任务，省级食品安全监管部门主要承担本行政区域内所有获得许可证的食品生产企业的产品抽检任务，市、县级食品安全监管部门主要承担本行政区域内具有一定规模的市场销售的蔬菜、水果、畜禽肉、鲜蛋、水产品农药兽药残留抽检任务以及小企业、小作坊和餐饮单位抽检任务。市、县级食品安全监管部门要全面掌握本地农药兽药使用品种、数量，特别是各类食用农产品种植、养殖过程中农药兽药使用情况，制定的年度抽检计划和按月实施的抽检样本数量要能够覆盖全部当地生产销售的蔬菜、水果、畜禽肉、鲜蛋和水产品，每个品种抽样不少于 20 个，抽样检验结果及时向社会公开。将食品安全抽检情况列为食品安全工作考核的重点内容。

专栏 3　食品安全监管行动计划

（一）食品安全监督抽检工程。

到 2020 年，国家统一安排计划、各地区各有关部门分别组织实施的食品检验量达到每年 4 份/千人。其中，各省（区、市）组织的主要针对农药兽药残留的食品检验量不低于每年 2 份/千人。探索开展国家食品安全评价性抽检工作。

（二）特殊食品审评能力建设。

加强特殊食品审评工作，加强专职审评员队伍建设，依法按时完成保健食品、特殊医学用途配方食品和婴幼儿配方乳粉产品配方技术审评任务。

（三）进出口食品安全监管提升计划。

对 50 个主要对我国出口食品的国家（地区）开展食品安全体系评估和回顾性检查。严格实施进口食品监督抽检，监督抽检产品种类实现全覆盖。建设 20 个进口食品进境检验检疫指定口岸。新建 100 个国家级出口食品安全示范区。

（四）餐饮业质量安全提升工程。

推进餐饮业实施餐饮服务食品安全操作规范，加强餐饮食品安全员考核，完善餐饮服务食品安全标准。落实地方政府尤其是县级政府责任，实现餐饮食品安全监管全覆盖。

（七）严厉处罚违法违规行为。

整治食品安全突出隐患及行业共性问题。重点治理超范围超限量使用食品添加剂、使用工业明胶生产食品、使用工业酒精生产酒类食品、使用工业硫磺熏蒸食物、违法使用瘦肉精、食品制作过程违法添加罂粟壳等物质、水产品违法添加孔雀石绿等禁用物质、生产经营企业虚假标注生产日期和保质期、用回收食品作为原料生产食品、保健食品标签宣传欺诈等危害食品安全的“潜规则”和相关违法行为。完善食品中可能违法添加的非食用物质名单、国家禁用和限用农药名录、食用动物禁用的兽药及其他化合物清单，研究破解“潜规则”的检验方法。

整合食品安全监管、稽查、检查队伍，建立以检查为统领，集风险防范、案件调查、行政处罚、案件移送于一体的工作体系。各级公安机关进一步加强打击食品安全犯罪的专业力量建设，强化办案保障。加强行政执法与刑事司法的衔接，建立证据互认、证据转换、法律适用、涉案食品检验认定与处置等协作配合机制。推动出台食品安全违法行为处罚到人的法律措施。完善政法委牵头、政法部门和监管部门共同参与的协调机制。

(八)提升技术支撑能力。

提升风险监测和风险评估等能力。全面加强食源性疾病、食品污染物、食品中有毒物质监测,强化监测数据质量控制,建立监测数据共享机制。完善食品安全风险评估体系,通过综合分析监测数据及时评估并发现风险。建立食品安全和农产品质量安全风险评估协调机制,将“米袋子”、“菜篮子”主要产品纳入监测评估范围。食品污染物和有害因素监测网络覆盖所有县级行政区域并延伸到乡镇和农村,食源性疾病监测报告系统覆盖各级各类医疗机构。

健全风险交流制度。按照科学、客观、及时、公开的原则,定期组织食品生产经营者、食品检验机构、认证机构、食品行业协会、消费者协会以及新闻媒体等,就食品安全风险评估信息和食品安全监督管理信息进行交流沟通。规范食品安全信息发布机制和制度。建立国家、省、市、县四级食品安全社会公众风险认知调查体系和国家、省、市三级风险交流专家支持体系。鼓励大型食品生产经营企业参与风险交流。

专栏4　风险监测预警、评估能力提升项目

(一)食品安全风险监测能力。

依托现有资源建设风险监测区域重点实验室和省级参比实验室。进一步完善国家食源性疾病监测系统,建立覆盖全部医疗机构并延伸到农村的食源性疾病监测报告网络。依托现有资源构建地方各级食源性疾病监测溯源平台。建立覆盖全国的食品安全风险预警系统和重点食品品种风险预警模型。建立健全覆盖主要贸易国家(地区)的进出口食品安全信息监测网络和进出口食品安全数据库。

(二)食品安全风险评估能力。

建立国家农产品质量安全风险评估实验室。加快国家食品安全风险评估中心分中心建设,建设风险评估区域重点实验室。实施食物消费量调查、总膳食和毒理学研究计划。建立完善国家食品安全风险评估基础数据库。构建进出口食品安全风险评估分级模型。

加快建设食品安全检验检测体系。构建国家、省、市、县四级食品安全检验检测体系。国家级检验机构具备较强的技术性研究、技术创新、仲裁检验、复检能力和国际合作能力;省级检验机构能够完成相应的法定检验、监督检验、执法检验、应急检验等任务,具备一定的科研能力,能够开展有机污染物和生物毒素等危害物识别及安全性评价、食源性致病微生物鉴定、食品真实性甄别等基础性、关键性检验检测技术,能够开展快速和补充检验检测方法研究;

市级检验机构具备对食品安全各项目参数较全面的常规性检验检测能力；食品产业大县和人口大县要具备对常见微生物、重金属、农药兽药残留等指标的实验室检验能力及定性快速检测能力。加强检验检测信息化建设。鼓励大专院校、企业检验机构承担政府检验任务。组织开展食品快速检测方法评价，规范快速检测方法应用。

提高食品安全智慧监管能力。重点围绕行政审批、监管检查、稽查执法、应急管理、检验监测、风险评估、信用管理、公共服务等业务领域，实施“互联网+”食品安全监管项目，推进食品安全监管大数据资源共享和应用，提高监管效能。

加强基层监管能力建设。各级食品安全监管机构业务用房、执法车辆、执法装备配备实现标准化，满足监督执法需要。

加强应急处置能力建设。完善国家、省、市、县四级应急预案体系，健全突发事件跟踪、督查、处理、报告、回访和重大事故责任追究机制。强化食品安全舆情监测研判。开展应急演练。

专栏5　监管能力建设项目

（一）检验检测能力建设项目。

实施食品安全检验检测能力达标工程。根据国家建设标准建设食品安全检验检测机构。依托现有资源建设一批食品安全监管重点实验室，在相应特色领域具备国内一流检验水平和技术攻关能力。全面推进县级食品安全检验检测资源整合。鼓励通过建设省、市级检验机构区域分中心的方式开展跨层级整合。做好与药品、医疗器械检验检测项目的统筹衔接。

实施食用农产品和进出口食品检验机构改造项目。升级改造农产品质量安全风险评估实验室、粮食质量安全检验监测机构。建设进出口食品质量检（监）测基准实验室。升级改造部分省级进出口食品质量安全检（监）测重点实验室。

（二）“互联网+”食品安全监管项目。

继续推进实施国家食品安全监管信息化工程建设项目。依托现有机构，整合现有资源，重点建设全国食品生产经营许可信息公示系统，以及食品生产经营监管、检验监测、信用管理、应急管理、风险评估和移动执法系统；完善婴幼儿配方乳粉、生鲜农产品和酒类食品追溯信息管理平台；建设进出口食品安全监管信息化工程和粮食质量安全监管信息化平台；构建食品安全监管数据中心和监管信息资源数据库。

（三）基层监管能力标准化建设项目。

合理保障食品安全监管机构执法基本装备、执法取证装备、快检装备配备和基础设施建设需要，到“十三五”末，实现各级监管队伍装备配备标准化。

（四）提升突发事件应对能力。

加强应急能力培训，提升调查分析能力、风险防控能力、信息公开能力和舆论引导

续表

能力。建立以中国食品药品检定研究院为龙头,以7-10个区域性应急检验检测重点实验室为支撑的应急检验检测体系。加强食品安全突发事件流行病学调查和卫生学处置能力建设,整合建立重大食品安全突发事件病因学实验室应急检测技术平台。

强化科技创新支撑。利用国家科技计划(专项、基金等)、企业投入、社会资本等统筹支持食品安全创新工作。重点支持研发冷链装备关键技术、过程控制技术、检验检测技术等。

专栏6　食品安全重点科技工作
(一)建立科学、高效的过程控制技术体系。 开展农药兽药、持久性有机污染物、重金属、微生物、生物毒素等食品原料中危害物迁移转化机制与安全控制机理等技术研究。提出相应控制规范,研发控制新工艺和新设备。研发质量安全控制新技术30-50项。 (二)建立全覆盖、组合式、非靶向检验检测技术体系。 研发食品中化学性、生物性、放射性危害物高效识别与确证关键技术及产品,研发生化传感器、多模式阵列光谱、小型质谱、离子迁移谱等具有自主知识产权的智能化快速检测试剂、小型化智能离线及在线快速检测装备30-50台(套),制定检验规程120-150项,研制食品安全基体标准物质60-80种。开展食品安全第三方检验检测体系建设科技示范。 (三)建立科学合理的食品安全监测和评价评估技术体系。 开展体外替代毒性测试、混合污染物毒性评价及风险评估等食品安全危害识别与毒性机制等研究。研发新一代毒性测试方法技术20-30项。 (四)研发急需优先发展的冷链装备关键技术。 研究和开发高效、环保、精准冷链装备,研究氨制冷系统安全技术,研究基于信息技术的绿色冷链物流系统优化技术。 (五)整合现有资源加强食品安全监督执法智慧工作平台研发。 研究食品安全风险分级评价与智能化现场监管、网络食品安全监控等技术。研发致病微生物全基因溯源、食品安全突发事件应急演练模拟仿真模型等应急处置新技术30-40项,研发风险预警模型和可视化决策支持的云服务平台,形成监督管理新技术20-30项。 (六)强化食品安全国家标准制修订。 研究农药和兽药的关键限量标准不少于20种,新发毒素、污染物标准不少于5种。 (七)综合示范应用。 通过研究成果转化、应用和集成研究,提出食品安全解决方案。开展区域和产业链综合示范,发挥科技成果在服务产业发展和支撑食品安全监管方面的重要作用。

（九）加快建立职业化检查员队伍。

依托现有资源建立职业化检查员制度，明确检查员的资格标准、检查职责、培训管理、绩效考核等要求。加强检查员专业培训和教材建设，依托现有资源设立检查员实训基地。采取多种合理有效措施，鼓励人才向监管一线流动。

专栏7　专业素质提升项目
（一）建立职业化检查员队伍。 加强培训考核，使职业化检查员符合相应的工作要求。 （二）加强人才培养。 推进网络教育培训平台建设。依托现有省级教育培训机构建立专业教学基地。加强跨学科高端人才培养。 监管人员专业化培训时间人均不低于40学时/年，新入职人员规范化培训时间人均不低于90学时。对地方各级政府分管负责人进行分级培训。对各级监管机构相关负责人进行国家级调训。本科以上学历专业技术人员达到食品安全监管队伍总人数的70%以上，高层次专业人才占技术队伍的15%以上。食品安全一线监管人员中，食品相关专业背景的人员占比每年提高2%。

（十）加快形成社会共治格局。

完善食品安全信息公开制度。各级监管部门及时发布行政许可、抽样检验、监管执法、行政处罚等信息，做到标准公开、程序公开、结果公开。将相关信息及时纳入食品生产经营企业信用档案、全国信用信息共享平台及国家企业信用信息公示系统，开展联合激励和惩戒。

畅通投诉举报渠道，严格投诉举报受理处置反馈时限。鼓励食品生产经营企业员工举报违法行为，建立举报人保护制度，落实举报奖励政策。加强舆论引导，回应社会关切，鼓励新闻媒体开展食品安全舆论监督。食品安全新闻报道要客观公正，重大食品安全新闻报道和信息发布要严格遵守有关规定。

支持行业协会制订行规行约、自律规范和职业道德准则，建立健全行业规范和奖惩机制。提高食品行业从业人员素质，对食品生产经营企业的负责人和主要从业人员，开展食品安全法律法规、职业道德、安全管控等方面的培训。

加强消费者权益保护，增强消费者食品安全意识和自我保护能力，鼓励通过公益诉讼、依法适用民事诉讼简易程序等方式支持消费者维权。继续办好"全国食品安全宣传周"，将食品安全教育纳入国民教育体系，作为公民法制和科学常识普及、职业技能培训等的重要内容。加强科普宣传，推动食品安全进农村、进企业、进社区、进商场等，鼓励研究机构、高校、协会等参与公益宣传科普工作，提升全民食品安全科学素养。

专栏8　社会共治推进计划
（一）建设投诉举报业务系统。 建成覆盖国家、省、市、县四级的投诉举报业务系统，实现网络24小时接通，电话在受理时间内接通率不低于90%。 （二）扩大食品安全责任保险试点。 完善食品安全责任保险政策，充分发挥保险的风险控制和社会管理功能，探索建立行业组织、保险机构、企业、消费者多方参与、互动共赢的激励约束机制和风险防控机制。 （三）开展食品行业从业人员培训提高项目。 食品生产经营企业每年安排食品安全管理人员、主要从业人员接受不少于40小时的食品安全法律法规、科学知识和行业道德伦理的集中培训。有关部门要加强指导，培养师资力量，制定培训大纲和教材，利用大专院校、第三方机构等社会资源开展培训。鼓励行业协会对从业人员开展培训。 （四）开展食品安全状况综合评价。 研究建立食品安全状况综合评价体系，开展食品安全指数评价和发布试点工作。 （五）实施立体化科普宣传计划。 整合现有资源，加强科普示范基地建设，建立完善统一的食品安全科普知识库。充实宣传力量。推广“两微一端”新媒体平台。深入开展“全国食品安全宣传周”等科普宣传活动。将食品安全教育内容融入有关教育教学活动。

（十一）深入开展“双安双创”行动。

继续开展国家食品安全示范城市创建和农产品质量安全县创建（即“双安双创”）行动，实施食品安全和农产品质量安全示范引领工程，鼓励各地分层次、分步骤开展本区域食品安全和农产品质量安全示范创建行动，提升食品安全监管能力和水平。

专栏9　食品安全和农产品质量安全示范引领工程
（一）食品安全示范城市创建。 在4个直辖市、27个省（区）的省会（首府）城市、计划单列市和其他部分条件成熟的地级市（共约100个），开展国家食品安全示范城市创建行动。 （二）农产品质量安全县创建。 在具备条件的“菜篮子”产品主产县（共约1000个）开展国家农产品质量安全县创建行动。

四、保障措施

(一)加强组织领导。

地方各级政府要根据本规划确定的发展目标和主要任务,将食品安全工作纳入重要议事日程和本地区经济社会发展规划,切实落实监管有责、有岗、有人、有手段,履行日常监管、监督抽检责任。实行综合执法的地方要充实基层监管力量,将食品药品安全监管作为首要职责。

(二)合理保障经费。

按照《国务院关于推进中央与地方财政事权和支出责任划分改革的指导意见》(国发〔2016〕49 号)要求,落实财政投入政策。继续安排中央基建投资对食品安全监管基础设施和装备给予支持。完善执法能力建设投入机制,讲求效益,注重资源共享。制定完善各类项目支付标准,探索通过政府购买服务等方式提高食品安全监管投入效益。资金投入向基层、集中连片特困地区、国家扶贫开发工作重点县以及对口支援地区等适当倾斜。

(三)强化综合协调。

加强各级食品安全委员会及食品安全办建设,健全食品安全委员会各成员单位工作协同配合机制以及信息通报、形势会商、风险交流、协调联动等制度,统筹协调、监督指导各成员单位落实食品安全职责,加大督查考评力度,形成监管合力。乡镇(街道)要完善食品安全监管体制,加强力量建设,确保事有人做、责有人负。

(四)深化国际合作。

加强与发达国家食品安全监管机构及重要国际组织合作,积极参与国际规则和标准制定,应对国际食品安全突发事件,提高全球食品安全治理能力和水平。加强食品安全国际化人才培养,鼓励支持我国专家在食品相关国际机构任职。做好我国作为国际食品法典添加剂委员会和农药残留委员会主席国的相关工作。

(五)严格考核评估。

各有关部门要按照职责分工,细化目标,分解任务,制订实施方案,落实各项规划任务。要健全完善考核评估和监督机制,并将本规划任务落实情况纳入对各相关部门和下一级政府的考核评价内容。国务院食品安全办牵头对本规划执行情况及时进行中期评估和终期考核,确保各项任务落实到位。

“十三五”国家药品安全规划

保障药品安全是建设健康中国、增进人民福祉的重要内容，是以人民为中心发展思想的具体体现。为提高药品质量安全水平，根据《中华人民共和国国民经济和社会发展第十三个五年规划纲要》，制定本规划。

一、现状和形势

“十二五”时期，在各方面共同努力下，我国药品安全形势稳定向好，人民群众用药得到保障，药品安全工作取得积极进展。

（一）公众需求得到进一步满足。及时出台政策，优先审评审批部分临床急需的仿制药，加快审评审批对重大疾病、罕见病、老年人和儿童疾病有更好疗效的创新药及医疗器械。一批在治疗肿瘤、艾滋病、罕见病、儿童手足口病、脊髓灰质炎等领域具有自主知识产权的创新药，以及国产生物材料、高端影像类产品、心脏血管支架等医疗器械加快上市，满足群众需求。

（二）审评审批制度改革扎实推进。按照《国务院关于改革药品医疗器械审评审批制度的意见》（国发〔2015〕44 号）要求，推进仿制药质量和疗效一致性评价，在 10 省（市）开展上市许可持有人制度试点，改进临床试验审批，提高审评审批质量，公开审评审批信息，推动建立科学高效的审评审批体系。

（三）法规标准体系不断完善。修订公布《医疗器械监督管理条例》及药品生产质量管理规范、药品经营质量管理规范等。提升药品医疗器械标准，制修订药品标准 4368 项、药包材标准 130 项、医疗器械标准 566 项。制定公布《中华人民共和国药典(2015 年版)》。

（四）全过程监管制度基本形成。药物非临床研究质量管理规范、药物医疗器械临床试验质量管理规范、药品医疗器械生产质量管理规范、药品医疗器械经营质量管理规范稳步实施，从实验室到医院的全过程监管制度基本形成，覆盖全品种、全链条的药品追溯体系正在建立。

（五）违法违规行为受到严厉打击。出台食品药品行政执法与刑事司法衔接工作办法。对群众反映强烈的虚假注册申报、违规生产、非法经营、夸大宣传、使用无证产品及制售假劣药品等违法违规行为，持续开展专项打击。查处药品医疗器械行政案件 75 万起，公安机关侦破危害药品安全案件 4.6 万余起。对申报生产或进口的药品注册申请，全面开展临床试验数据自查核查。

（六）支撑保障能力稳步加强。各级财政支持力度持续加大，监管能力得到提升。完善药品医疗器械审评、检查和检验检测体系，建成国家药品不良反应监测系统。执业药师数量不断增长。

在肯定成绩的同时，必须清醒认识到，影响我国药品质量安全的一些深层次问题依然存在，药品质量安全形势依然严峻。药品质量总体水平有待提高，部分产品质量疗效与国际先进水平存在差距，一些临床急需产品难以满足公众治病的实际需求，近3/4的药品批准文号闲置。执业药师用药服务作用发挥不到位，不合理用药问题突出。药品监管基础仍较薄弱，统一权威监管体制尚未建立，监管专业人员不足，基层装备配备缺乏，监管能力与医药产业健康发展要求不完全适应。

"十三五"时期是全面建成小康社会的决胜阶段，也是全面建立严密高效、社会共治的药品安全治理体系的关键时期。要尊重药品安全规律，继续加大工作力度，坚持把药品安全作为关系民生的政治任务来落实，确保广大人民群众用药安全。

二、总体要求

（一）指导思想。

全面贯彻党的十八大和十八届三中、四中、五中、六中全会精神，以马克思列宁主义、毛泽东思想、邓小平理论、"三个代表"重要思想、科学发展观为指导，深入贯彻习近平总书记系列重要讲话精神，认真落实党中央、国务院决策部署，紧紧围绕统筹推进"五位一体"总体布局和协调推进"四个全面"战略布局，牢固树立和贯彻落实创新、协调、绿色、开放、共享的发展理念，坚持最严谨的标准、最严格的监管、最严厉的处罚、最严肃的问责，加快建成药品安全现代化治理体系，提高科学监管水平，鼓励研制创新，全面提升质量，增加有效供给，保障人民群众用药安全，推动我国由制药大国向制药强国迈进，推进健康中国建设。

（二）基本原则。

1. 维护公众健康，保障公众需求。坚持以人民健康为中心，把人民健康放在优先发展战略地位，保障公众用药安全、有效、可及，防止药品安全事件发生，切实维护人民群众身体健康和生命安全。

2. 深化审评审批改革，提升监管水平。持续深化"放管服"改革，寓监管于服务之中，优化程序、精简流程、公开透明，完善科学监管机制，提升监管效率和水平。

3. 鼓励研发创新，提高产品质量。以解决临床问题为导向，落实创新驱动发展战略，瞄准国际先进水平，破除制约创新发展的思想观念和制度藩篱，促进提升研发创新水平，推动企业强化质量安全控制，切实提升药品质量和疗效。

4. 加强全程监管，确保用药安全有效。完善统一权威的监管体制，推进药品监管法治化、标准化、专业化、信息化建设，提高技术支撑能力，强化全过程、全生命周期监管，保证药品安全性、有效性和质量可控性达到或接近国际先进水平。

（三）发展目标。

到2020年，药品质量安全水平、药品安全治理能力、医药产业发展水平和人民群众满意度明显提升。

1. 药品质量进一步提高。批准上市的新药以解决临床问题为导向，具有明显的疗效；批准上市的仿制药与原研药质量和疗效一致。分期分批对已上市的药品进行质量和疗效一致性评价。2018年底前，完成国家基本药物目录（2012年版）中2007年10月1日前批准上市的289个化学药品仿制药口服固体制剂的一致性评价；鼓励企业对其他已上市品种开展一致性评价。

2. 药品医疗器械标准不断提升。制修订完成国家药品标准3050个和医疗器械标准500项。

3. 审评审批体系逐步完善。药品医疗器械审评审批制度更加健全，权责更加明晰，流程更加顺畅，能力明显增强，实现按规定时限审评审批。

4. 检查能力进一步提升。依托现有资源，使职业化检查员的数量、素质满足检查需要，加大检查频次。

5. 监测评价水平进一步提高。药品不良反应和医疗器械不良事件报告体系以及以企业为主体的评价制度不断完善，监测评价能力达到国际先进水平，药品定期安全性更新报告评价率达到100%。

6. 检验检测和监管执法能力得到增强。药品医疗器械检验检测机构达到国家相应建设标准。实现各级监管队伍装备配备标准化。

7. 执业药师服务水平显著提高。每万人口执业药师数超过4人，所有零售药店主要管理者具备执业药师资格、营业时有执业药师指导合理用药。

三、主要任务

（一）加快推进仿制药质量和疗效一致性评价。

药品生产企业是一致性评价工作的主体，应按相关指导原则主动选购参比制剂，合理选用评价方法，开展研究和评价。食品药品监管部门加强对药品生产企业一致性评价工作的指导，制定完善相关指导原则，及时公布参比制剂信息，逐步建立我国仿制药参比制剂目录集。

细化落实医保支付、临床应用、药品集中采购、企业技术改造等方面的支持政策，有效解决临床试验资源短缺问题，鼓励企业开展一致性评价工作。自首家品种通过一致性评价后，其他药品生产企业的相同品种原则上应在3年内完成一致性评价。完善一致性评价工作机制，充实专业技术力量，严格标准、规范程序，按时审评企业提交的一致性评价资料和药品注册补充申请。

（二）深化药品医疗器械审评审批制度改革。

1. 鼓励研发创新。完成药品上市许可持有人制度试点，及时总结经验、完善制度，力争尽快全面推开。鼓励具有临床价值的新药和临床急需仿制药研发上市，对具有明显临床价值的创新药及防治艾滋病、恶性肿瘤、重大传染病、罕见病等疾病的临床急需药品，实行优先审评审批。对创新药临床试验申请，重点审查临床价值和受试者保护等内容，加快临床试验审批。鼓励临床机构和医生参与创新药和医疗器械研发。对拥有产品核心技术发明专利、具有重大临床价值的创新医疗器械，以及列入国家重点研发计划、科技重大专项的临床急需药品医疗器械，实行优先审评审批。制定并定期公布限制类和鼓励类药品审批目录，及时公开注册申请信息，引导企业减少不合理申报。

2. 完善审评审批机制。健全审评质量控制体系。建立以临床为核心的药品医疗器械审评机制，完善适应症团队审评、项目管理人、技术争议解决、沟通交流、优先审评、审评信息公开等制度，逐步形成以技术审评为核心、现场检查和产品检验为支撑的药品医疗器械疗效和安全保障制度。建立健全药品数据保护制度，鼓励研发创新。

3. 严格审评审批要求。全面提高药品审批标准，创新药突出临床价值，改良型新药体现改良优势，仿制药要与原研药质量和疗效一致。

4. 推进医疗器械分类管理改革。健全医疗器械分类技术委员会及专业组，建立医疗器械产品风险评估机制和分类目录动态更新机制。制定医疗器械命名术语指南，逐步实施按医疗器械通用名称命名。制定医疗器械编码规则，构建医疗器械编码体系。

专栏1　审评审批制度改革

（一）仿制药质量和疗效一致性评价。

制定或转化一致性评价所需的相关技术指南和指导原则，推进一致性评价能力建设，按照工作需要，依托现有资源，配备一定数量的专业人员。

（二）解决药品注册申请积压。

按国务院要求，尽快实现注册申请和审评数量年度进出平衡，按规定时限审批。

（三）加快医疗器械分类管理改革。

组建16个分类技术专业组，优化调整分类目录框架及结构，发布新版《医疗器械分类目录》，按专业领域设置研究制定22个命名术语指南，建立医疗器械分类、命名及编码数据库。

（三）健全法规标准体系。

1. 完善法规制度。推动修订药品管理法。修订化妆品卫生监督条例。基本完成药品、医疗器械、化妆品配套规章制修订。根据药品安全形势发展和法律法规制修订情况，清理规章和规范性文件，基本建成科学完备的药品安全法规制度体系。

2. 完善技术标准。对照国际先进水平编制《中华人民共和国药典（2020年版）》，化学药品标准达到国际先进水平，生物制品标准接近国际先进水平，中药（材）标准处于国际主导地位。提高药用辅料、药包材标准整体水平，扩大品种覆盖面，稳步提高民族药（材）标准。建立药品标准淘汰机制，全面清理历版药典未收载品种标准和各类局（部）颁标准，提升一批，淘汰一批。加快医疗器械国际标准研究转化，优先提高医疗器械基础通用标准和高风险类产品标准。制修订化妆品相关标准。

3. 完善技术指导原则。修订药物非临床研究、药物临床试验、处方药与非处方药分类、药用辅料安全性评价、药品注册管理、医疗器械注册技术审查等指导原则，修订药品生产、经营质量管理规范附录和技术指南。制定医疗器械生产经营使用以及不良事件监测技术指南。

专栏2　标准提高行动计划

（一）药品标准提高行动计划。

制修订国家药品标准3050个，包括中药民族药标准1100个、化学药品标准1500个、生物制品标准150个、药用辅料标准200个、药包材标准100个。

制修订药品注册技术指导原则350项。制修订药典收载的检测方法、通则（总论）以及技术指导原则100项。根据需要及时制定发布一批药品补充检验方法。

研制中药民族药和天然药物标准物质，包括化学对照品200种、对照药材150种、对照提取物100种。研制药用辅料和药包材标准物质，包括药用辅料对照品150种、药包材对照物质10种。

（二）医疗器械标准提高行动计划。

制修订医疗器械标准500项，包括诊断试剂类标准80项、有源医疗器械标准200项、无源医疗器械和其他标准220项。

制修订医疗器械技术审查和临床试验指导原则200项。研制体外诊断试剂标准物质150种。

建立健全医疗器械标准化管理体系，依托现有资源，加强国家医疗器械标准管理中心建设，配备满足需要的标准管理人员。

（三）化妆品标准提高行动计划。

制修订化妆品禁用、限用物质检验检测方法30－50项。

（四）加强全过程监管。

1. 严格规范研制生产经营使用行为。

加强研制环节监管。全面实施药物非临床研究质量管理规范、药物临床试验质量管理规范、医疗器械临床试验质量管理规范。依托现有资源，建立临床试验数据管理平台，加强临床试验监督检查，严厉打击临床数据造假行为，确保临床试验数据真实可靠。

加强生产环节监管。全面实施药品生产质量管理规范、中药材生产质量管理规范和中药饮片炮制规范、医疗器械生产质量管理规范。对药用原辅料和药包材生产企业开展延伸监管。对疫苗、血液制品等生物制品以及血源筛查诊断试剂全面实施批签发管理。加强无菌和植入性医疗器械生产监管。完善企业生产工艺变更报告制度，对生产工艺重大变更依法实行审评审批。严肃查处药品生产偷工减料、掺杂使假、擅自改变工艺生产劣药等违法违规行为。

加强流通环节监管。全面实施药品经营质量管理规范、医疗器械经营质量管理规范，加强冷链运输贮存质量监管。实行生产经营企业购销业务人员网上备案与核查制度。按照“十三五”深化医改要求，推行药品采购“两票制”，鼓励药品生产企业与医疗机构直接结算货款。

加强使用环节监管。严格落实医疗机构药品监督管理办法、医疗器械使用质量监督管理办法，严把购进、验收、贮存、养护、调配及使用各环节质量关，及时报告药品不良反应和医疗器械不良事件。严格落实凭处方销售处方药的规定，加强麻醉药品、精神药品处方管理。加强植入性等高风险医疗器械使用管理。

建立实施全生命周期管理制度。建立药品档案。全面落实药物医疗器械警戒和上市后研究的企业主体责任，生产企业对上市产品开展风险因素分析和风险效益评价，及时形成产品质量分析报告并于每年 1 月底前报送食品药品监管总局。加强上市后再评价，根据评价结果，对需要提示患者和医生安全性信息的，及时组织修改标签说明书。淘汰长期不生产、临床价值小、有更好替代品种的产品，以及疗效不确切、安全风险大、获益不再大于风险的品种。

2. 全面强化现场检查和监督抽验。按照“双随机、一公开”原则，加强事中事后监管。重点围绕行为规范、工艺合规、数据可靠等方面，对企业开展质量管理全项目检查，严厉打击弄虚作假等各类违法行为，督促企业严格执行相关质量管理规范。加大注册检查、飞行检查和境外检查频次，提高检查能力。加大对无菌、植入性医疗器械和体外诊断试剂的检查力度。加强化妆品原料使用合规性检查。合理划分国家和地方抽验品种和项目，加大对高风险品种的抽验力度,扩大抽验覆盖面。

3. 加大执法办案和信息公开力度。加强国家级稽查执法队伍能力建设,组织协调大案要案查处,强化办案指导和监督,探索检查稽查合一工作机制,初步建成全国统一、权威高效的稽查执法体系。加强各级公安机关打击药品犯罪的专业力量建设,强化办案保障。深化行政执法与刑事司法衔接,推动出台药品违法行为处罚到人的法律措施,加大对违法犯罪行为的打击力度。加快投诉举报体系建设,畅通投诉举报渠道,鼓励社会监督。按规定全面公开行政许可、日常监管、抽样检验、检查稽查、执法处罚信息。

专栏 3　安全监管行动计划

(一)加强药品检查。

国家级每年检查 300 - 400 个境内药品生产企业,每年全覆盖检查血液制品和疫苗生产企业。每年对 40 - 60 个进口药品品种开展境外生产现场检查。

(二)加强医疗器械检查。

国家级每年对所有第三类医疗器械生产企业和第二类无菌医疗器械生产企业进行一次全项目检查。2018 年起,每两年对其余第二类医疗器械生产企业和所有第一类医疗器械生产企业进行一次全项目检查。每年对 30 - 40 家境外医疗器械生产企业质量管理体系情况开展检查,“十三五”期间实现对进口高风险医疗器械产品全覆盖检查。每年全覆盖检查对储运有特殊要求的经营企业,“十三五”期间实现对经营无菌、植入性医疗器械及体外诊断试剂的企业全覆盖检查。每年全覆盖检查三级甲等医疗机构医疗器械使用情况,“十三五”期间实现对其他使用单位全覆盖检查。

(三)加强化妆品检查。

国家级每年检查 20 个化妆品生产企业,省级每年检查 30 个化妆品生产经营企业。

(四)加强监督抽验。

国家级每年对 120 - 140 个高风险药品开展监督抽验,省级对本行政区域内生产企业生产的基本药物实行全覆盖抽验。

国家级每年对 40 - 60 种医疗器械产品开展监督抽验。

每年开展 15000 批次化妆品监督抽验和 1000 批次化妆品风险监测。

4. 加强应急处置和科普宣传。建立健全应急管理体系,加强应急预案管理,开展应急演练和技能培训,推动企业完善突发事件应对处置预案方案。强化舆情监测研判,妥善处置突发事件。加强舆论引导,按规定发布药品安全信息,及时回应社会关切。支持新闻媒体开展舆论监督,客观公正报道药品安全问题。建立国家、省、市、县四级科普宣传工作体系,构建立体化新闻宣传平台,加大科普宣传力度,提升全民安全用药科学素养。

专栏4　应急处置和科普宣传能力提升项目

(一)应急处置能力建设。

合理保障应急队伍履职需要,加强应急信息平台、突发事件信息直报网络、应急检验检测能力建设。

(二)立体化科普宣传计划。

实施药品安全科普宣传项目,依托现有资源加强科普示范基地、宣传站和科普知识库建设,充实宣传力量,推广"两微一端"新媒体平台,深入开展"全国安全用药月"活动。

(五)全面加强能力建设。

1. 强化技术审评能力建设。加强审评科学基础建设,完善审评质量管理制度,建立药品电子化申报和审评过程管理制度。探索政府购买服务机制,改革绩效工资分配管理。

2. 强化检查体系建设。提升检查能力,规范开展药品、医疗器械、化妆品检查。

3. 强化检验检测体系建设。

加强国家、省、市三级药品检验检测体系能力建设,加强国家、省两级医疗器械检验检测机构和市级分中心能力建设。国家级检验机构具备较强的科学研究、技术创新、仲裁检验、复检等能力;省级检验机构能够完成相应的法定检验、监督检验、执法检验、应急检验等任务,具备一定的科研能力,能够开展基础性、关键性检验检测技术以及快速和补充检验检测方法研究;市级检验机构能够完成常规性监督执法检验任务;县级检验机构具备快速检验能力。加强检验检测信息化建设。鼓励大专院校、企业检验机构承担政府检验任务。

加强重点实验室和口岸检验机构建设。重点实验室在相关领域具备国内一流检验水平和技术攻关能力,口岸药品检验机构具备依据法定标准进行全项检验的能力和监测进口药品质量风险的能力。

加强疫苗等生物制品批签发体系和检验检测能力建设。国家级具备生物制品标准制定和标准物质制备能力,能够依据法定标准进行生物制品全项检测;省级能够依据法定标准对本行政区域内企业生产的生物制品进行全项检测。加强国家微生物标准物质库建设和疫苗检验检测技术研发。

4. 强化监测评价体系建设。完善药品不良反应和医疗器械不良事件监测机制、药物滥用监测机制,建立监测哨点并开展重点产品监测预警。创新监测评价手段,扩大监测覆盖面。督促企业落实监测主体责任。

专栏5 技术支撑能力建设项目

（一）国家级审评中心建设。

探索创新药品医疗器械审评机构体制机制和法人治理模式。改革事业单位用人机制，建立合理的激励约束机制，与科研院所、医院联合培养审评人员。健全完善药品医疗器械审评审批数据库。

（二）检查能力建设。

合理保障检查工作需要，确保具备完成药品医疗器械日常检查、注册检查、飞行检查、境外检查任务的能力。

保障各级审评、检查、监测评价等技术支撑业务用房。

（三）检验检测能力建设。

1. 检验检测能力达标工程。

编制药品医疗器械检验检测能力建设标准，根据标准建设各级药品医疗器械检验检测机构。依托中国食品药品检定研究院建设国家级药品医疗器械检验检测机构。改造升级省级和口岸药品检验机构、省级医疗器械检验机构。依托现有资源，建设一批药品、医疗器械和化妆品监管重点实验室。

2. 疫苗批签发体系建设工程。

完善以中国食品药品检定研究院为核心、省级疫苗批签发机构参与的国家疫苗批签发体系。依托现有资源，建立符合国际标准的细胞资源库、干细胞资源库、菌（毒）种库，建立完善生物制品标准物质研究和供应平台、质量评价标准和技术平台。

（四）不良反应和不良事件监测能力建设。

依托现有资源，建设国家药品不良反应监测系统（二期）和国家化妆品不良反应监测系统。利用医疗机构电子数据，建立药品医疗器械安全性主动监测与评价系统。在综合医院设立300个药品不良反应和医疗器械不良事件监测哨点。在精神疾病专科医院及综合医院设立100个药物滥用监测哨点。药品不良反应县（市、区）报告比例达到90%以上。对100个医疗器械产品开展重点监测。医疗器械不良事件县（市、区）报告比例达到80%以上。化妆品不良反应报告数达到50份/百万人。

5. 形成智慧监管能力。加强顶层设计和统筹规划，围绕药品医疗器械化妆品行政审批、监管检查、稽查执法、应急管理、检验监测、风险分析、信用管理、公共服务等重点业务，实施安全监管信息化工程，推进安全监管大数据资源共享和应用，提高监管效能。

专栏6 安全监管信息化工程

继续推进监管信息化建设，依托国家统一电子政务网络和现有资源，建设国家、省两级药品安全监管大数据中心，以及药品安全监管信息平台，完善药品监管信息化标准体系、药品监管信息资源管理体系、政务服务信息化体系、网络安全体系、信息化绩效评价体系，建设互联协同、满足监管需求的行政审批、监管检查、稽查执法、应急管理、检验监测、风险分析、信用管理、公共服务等应用系统。

6. 提升基层监管保障能力。推进各级监管业务用房、执法车辆、执法装备配备标准化建设，满足现场检查、监督执法、现场取样、快速检测、应急处置需要。

专栏7　基层监管能力标准化建设项目
加强市、县级监管机构及乡镇（街道）派出机构执法基本装备、取证装备、快速检验装备配备和基础设施建设。

7. 加强科技支撑。研究攻关适宜技术，为监管和产业发展服务。开展药品安全基础、质量控制、安全评价与预警、检验检测新技术、标准和质量提高研究，强化提升药品纯度等方面的技术支撑。依托现有资源设立一批药品安全研究基地，培养药品安全科技人才。

专栏8　药品医疗器械安全科技支撑任务
（一）药品检验检测关键技术研究。 开展药品快速检验新技术及装备、应急检验方法、补充检验方法等研究。加强药品研发生产及质量控制关键技术研究。 （二）药品安全性、有效性评价技术研究。 开展化学药品、新型生物制品、毒性中药材、疫苗、新型药物和特殊药物剂型等的安全性、有效性评价技术研究，加强药包材和药用辅料安全性评价研究。 （三）检验检测研究平台、数据库等建设。 建立中药注射剂、中药材检验检测数据库以及多糖类药物和多组分生化药质量控制技术平台，开展药品安全大数据分析研究。 （四）医疗器械检验检测关键技术研究。 开展各类数字诊疗装备、个体化诊疗产品、生物医用材料的质量评价、检测技术及检测规范研究，加强常用医疗器械快速检验系统、高风险医疗器械检验检测平台研究。开展在用医疗器械现场检验方法、检测平台及装备研究。 （五）医疗器械安全性评价体系研究。 加强医疗器械安全性评价技术及标准体系研究，系统开展植入性等高风险医疗器械安全性研究，开展医用机器人、医用增材制造等创新医疗器械标准体系研究。

8. 加快建立职业化检查员队伍。依托现有资源建立职业化检查员制度，明确检查员的岗位职责、条件要求、培训管理、绩效考核等要求。加强检查员专业培训和教材建设。在人事管理、绩效工资分配等方面采取多种激励措施，鼓励人才向监管一线流动。

专栏9　专业素质提升项目

(一)职业化检查员队伍建设。

加强培训考核,使职业化检查员符合相应的工作要求。

(二)人才培养。

推进网络教育培训平台建设。在省级教育培训机构建立专业教学基地。

监管人员专业化培训时间人均不低于40学时/年。新入职人员规范化培训时间不低于90学时。对地方各级政府分管负责人进行分级培训。对各级监管机构相关负责人进行国家级调训。

本科以上学历人员达到药品安全监管队伍总人数的70%,高层次专业人才占技术队伍的比例超过15%。药品安全一线监管人员中,药品相关专业背景的人员占比每年提高2%。

(三)执业药师队伍建设。

健全执业药师制度体系。建立执业药师管理信息系统。实施执业药师能力与学历提升工程,强化继续教育和实训培养。

四、保障措施

(一)加强政策保障。

坚持部门协同,全链条发动,将保障药品安全与进一步改革完善药品生产流通使用政策更好统筹起来,通过深化改革,破除影响药品质量安全的体制机制问题。结合深入推进药品医疗器械审评审批制度改革,制定细化药品价格、招标采购、医保支付、科技支撑等方面的配套政策,建立健全激励机制,督促企业主动提高产品质量。完善短缺药品供应保障和预警机制,保证临床必需、用量不确定的低价药、抢救用药和罕见病用药的市场供应。建立药品价格信息可追溯机制,建立统一的跨部门价格信息平台,做好与药品集中采购平台(公共资源交易平台)、医保支付审核平台的互联互通。鼓励药品生产流通企业兼并重组、做大做强。将企业和从业人员信用记录纳入全国信用信息共享平台,对失信行为开展联合惩戒。探索建立药品医疗器械产品责任保险及损害赔偿补偿机制。

(二)合理保障经费。

按照《国务院关于推进中央与地方财政事权和支出责任划分改革的指导意见》(国发〔2016〕49号)要求,合理确定中央和地方各级政府在药品监管经费上的保障责任。继续安排中央基建投资对药品安全监管基础设施和装备给予积极支持,资金投入向基层、集中连片特困地区、国家扶贫开发工作重点县以及对口支援地区等适当倾斜。推进药品医疗器械注册审评项目政府购买服务改革试点。有关计划(项目、工作)中涉及技术研发相关内容,确需中央财政支持的，通过国家科技计划（专项、基金等）统筹考虑予以支持。

（三）深化国际合作。

推进政府间监管交流，加强多边合作，积极加入相关国际组织。开展国际项目合作，搭建民间国际交流平台。加大培训和国外智力引进力度。积极参与国际标准和规则制定，推动我国监管理念、方法、标准与国际先进水平相协调。

（四）加强组织领导。

地方各级政府要根据本规划确定的发展目标和主要任务，将药品安全工作纳入重要议事日程和本地区经济社会发展规划。实行综合执法的地方要充实基层监管力量，将食品药品安全监管作为首要职责。各有关部门要按照职责分工，细化目标，分解任务，制订具体实施方案。食品药品监管总局牵头对本规划执行情况进行中期评估和终期考核，确保各项任务落实到位。

国务院办公厅关于促进建筑业持续健康发展的意见

（2017 年 2 月 21 日　国办发〔2017〕19 号）

建筑业是国民经济的支柱产业。改革开放以来，我国建筑业快速发展，建造能力不断增强，产业规模不断扩大，吸纳了大量农村转移劳动力，带动了大量关联产业，对经济社会发展、城乡建设和民生改善作出了重要贡献。但也要看到，建筑业仍然大而不强，监管体制机制不健全、工程建设组织方式落后、建筑设计水平有待提高、质量安全事故时有发生、市场违法违规行为较多、企业核心竞争力不强、工人技能素质偏低等问题较为突出。为贯彻落实《中共中央 国务院关于进一步加强城市规划建设管理工作的若干意见》，进一步深化建筑业“放管服”改革，加快产业升级，促进建筑业持续健康发展，为新型城镇化提供支撑，经国务院同意，现提出以下意见：

一、总体要求

全面贯彻党的十八大和十八届二中、三中、四中、五中、六中全会以及中央经济工作会议、中央城镇化工作会议、中央城市工作会议精神，深入贯彻习近平总书记系列重要讲话精神和治国理政新理念新思想新战略，认真落实党中央、国务院决策部署，统筹推进“五位一体”总体布局和协调推进“四个全面”战略布局，牢固树立和贯彻落实创新、协调、绿色、开放、共享的发展理念，坚持以推进供给侧结构性改革为主线，按照适用、经济、安全、绿色、美观的要求，深化建筑业“放管服”改革，完善监管体制机制，优化市场环境，提升工程质量安全水平，强化队伍建设，增强企业核心竞争力，促进建筑业持续健康发展，打造“中国建造”品牌。

二、深化建筑业简政放权改革

（一）优化资质资格管理。进一步简化工程建设企业资质类别和等级设置，减少不必要的资质认定。选择部分地区开展试点，对信用良好、具有相关专业技术能力、能够提供足额担保的企业，在其资质类别内放宽承揽业务范围限制，同时，加快完善信用体系、工程担保及个人执业资格等相关配套制度，加强事中事后监管。强化个人执业资格管理，明晰注册执业人员的权利、义务和责任，加大执业责任追究力度。有序发展个人执业事务所，推动建立个人执业保险制度。大力推行“互联网+政务服务”，实行“一站式”网上审批，进一步提高建筑领域行政审批效率。

（二）完善招标投标制度。加快修订《工程建设项目招标范围和规模标准规定》，缩小并严格界定必须进行招标的工程建设项目范围，放宽有关规模标准，防止工程建设项目实行招标“一刀切”。在民间投资的房屋建筑工程中，探索由建设单位自主决定发包方式。将依法必须招标的工程建设项目纳入统一的公共资源交易平台，遵循公平、公正、公开和诚信的原则，规范招标投标行为。进一步简化招标投标程序，尽快实现招标投标交易全过程电子化，推行网上异地评标。对依法通过竞争性谈判或单一来源方式确定供应商的政府采购工程建设项目，符合相应条件的应当颁发施工许可证。

三、完善工程建设组织模式

（三）加快推行工程总承包。装配式建筑原则上应采用工程总承包模式。政府投资工程应完善建设管理模式，带头推行工程总承包。加快完善工程总承包相关的招标投标、施工许可、竣工验收等制度规定。按照总承包负总责的原则，落实工程总承包单位在工程质量安全、进度控制、成本管理等方面的责任。除以暂估价形式包括在工程总承包范围内且依法必须进行招标的项目外，工程总承包单位可以直接发包总承包合同中涵盖的其他专业业务。

（四）培育全过程工程咨询。鼓励投资咨询、勘察、设计、监理、招标代理、造价等企业采取联合经营、并购重组等方式发展全过程工程咨询，培育一批具有国际水平的全过程工程咨询企业。制定全过程工程咨询服务技术标准和合同范本。政府投资工程应带头推行全过程工程咨询，鼓励非政府投资工程委托全过程工程咨询服务。在民用建筑项目中，充分发挥建筑师的主导作用，鼓励提供全过程工程咨询服务。

四、加强工程质量安全管理

（五）严格落实工程质量责任。全面落实各方主体的工程质量责任，特别要强化建设单位的首要责任和勘察、设计、施工单位的主体责任。严格执行工程质量终身责任制，在建筑物明显部位设置永久性标牌，公示质量责任主体和主要责任人。对违反有关规定、造成工程质量事故的，依法给予责任单位停业整顿、降低资质等级、吊销资质证书等行政处罚并通过国家企业信用信息公示系统予以公示，给予注册执业人员暂停执业、吊销资格证书、一定时间直至终身不得进入行业等处罚。对发生工程质量事故造成损失的，要依法追究经济赔偿责任，情节严重的要追究有关单位和人员的法律责任。参与房地产开发的建筑业企业应依法合规经营，提高住宅品质。

（六）加强安全生产管理。全面落实安全生产责任，加强施工现场安全防护，特别要强化对深基坑、高支模、起重机械等危险性较大的分部分项工程的管理，以及对不良地质地区重大工程项目的风险评估或论证。推进信息技术与安全生产深度融合，加快建设建筑施工安全监管信息系统，通过信息化手段加强安全生产管理。建立健全全覆盖、多层次、经常性的安全生产培训制度，提升从业人员安全素质以及各方主体的本质安全水平。

（七）全面提高监管水平。完善工程质量安全法律法规和管理制度，健全企业负责、政府监管、社会监督的工程质量安全保障体系。强化政府对工程质量的监管，明确监管范围，落实监管责任，加大抽查抽测力度，重点加强对涉及公共安全的工程地基基础、主体结构等部位和竣工验收等环节的监督检查。加强工程质量监督队伍建设，监督机构履行职能所需经费由同级财政预算全额保障。政府可采取购买服务的方式，委托具备条件的社会力量进行工程质量监督检查。推进工程质量安全标准化管理，督促各方主体健全质量安全管控机制。强化对工程监理的监管，选择部分地区开展监理单位向政府报告质量监理情况的试点。加强工程质量检测机构管理，严厉打击出具虚假报告等行为。推动发展工程质量保险。

五、优化建筑市场环境

（八）建立统一开放市场。打破区域市场准入壁垒，取消各地区、各行业在法律、行政法规和国务院规定外对建筑业企业设置的不合理准入条件；严禁擅自设立或变相设立审批、备案事项，为建筑业企业提供公平市场环境。完善全国建筑市场监管公共服务平台，加快实现与全国信用信息共享平台和国家企业信用信息公示系统的数据共享交换。建立建筑市场主体黑名单制度，依法依规全面公开企业和个人信用记录，接受社会监督。

（九）加强承包履约管理。引导承包企业以银行保函或担保公司保函的形式，向建设单位提供履约担保。对采用常规通用技术标准的政府投资工程，在原则上实行最低价中标的同时，有效发挥履约担保的作用，防止恶意低价中标，确保工程投资不超预算。严厉查处转包和违法分包等行为。完善工程量清单计价体系和工程造价信息发布机制，形成统一的工程造价计价规则，合理确定和有效控制工程造价。

（十）规范工程价款结算。审计机关应依法加强对以政府投资为主的公共工程建设项目的审计监督，建设单位不得将未完成审计作为延期工程结算、拖欠工程款的理由。未完成竣工结算的项目，有关部门不予办理产权登记。对长期拖欠工程款的单位不得批准新项目开工。严格执行工程预付款制度，及时按合同约定足额向承包单位支付预付款。通过工程款支付担保等经济、法律手段约束建设单位履约行为，预防拖欠工程款。

六、提高从业人员素质

（十一）加快培养建筑人才。积极培育既有国际视野又有民族自信的建筑师队伍。加快培养熟悉国际规则的建筑业高级管理人才。大力推进校企合作，培养建筑业专业人才。加强工程现场管理人员和建筑工人的教育培训。健全建筑业职业技能标准体系，全面实施建筑业技术工人职业技能鉴定制度。发展一批建筑工人技能鉴定机构，开展建筑工人技能评价工作。通过制定施工现场技能工人基本配备标准、发布各个技能等级和工种的人工成本信息等方式，引导企业将工资分配向关键技术技能岗位倾斜。大力弘扬工匠精神，培养高素质建筑工人，到2020年建筑业中级工技能水平以上的建筑工人数量达到300万，2025年达到1000万。

（十二）改革建筑用工制度。推动建筑业劳务企业转型，大力发展木工、电工、砌筑、钢筋制作等以作业为主的专业企业。以专业企业为建筑工人的主要载体，逐步实现建筑工人公司化、专业化管理。鼓励现有专业企业进一步做专做精，增强竞争力，推动形成一批以作业为主的建筑业专业企业。促进建筑业农民工向技术工人转型，着力稳定和扩大建筑业农民工就业创业。建立全国建筑工人管理服务信息平台，开展建筑工人实名制管理，记录建筑工人的身份信息、培训情况、职业技能、从业记录等信息，逐步实现全覆盖。

（十三）保护工人合法权益。全面落实劳动合同制度，加大监察力度，督促施工单位与招用的建筑工人依法签订劳动合同，到2020年基本实现劳动合同全覆盖。健全工资支付保障制度，按照谁用工谁负责和总承包负总责的原则，落实企业工资支付责任，依法按月足额发放工人工资。将存在拖欠工资行为的企业列入黑名单，对其采取限制市场准入等惩戒措施，情节严重的降低资质等级。建立健全与建筑业相适应的社会保险参保缴费方式，大力推进建筑施工单位参加工伤保险。施工单位应履行社会责任，不断改善建筑工人的工作环境，提升职业健康水平，促进建筑工人稳定就业。

七、推进建筑产业现代化

（十四）推广智能和装配式建筑。坚持标准化设计、工厂化生产、装配化施工、一体化装修、信息化管理、智能化应用，推动建造方式创新，大力发展装配式混凝土和钢结构建筑，在具备条件的地方倡导发展现代木结构建筑，不断提高装配式建筑在新建建筑中的比例。力争用10年左右的时间，使装配式建筑占新建建筑面积的比例达到30%。在新建建筑和既有建筑改造中推广普及智能化应用，完善智能化系统运行维护机制，实现建筑舒适安全、节能高效。

（十五）提升建筑设计水平。建筑设计应体现地域特征、民族特点和时代风貌，突出建筑使用功能及节能、节水、节地、节材和环保等要求，提供功能适用、经济合理、安全可靠、技术先进、环境协调的建筑设计产品。健全适应建筑设计特点的招标投标制度，推行设计团队招标、设计方案招标等方式。促进国内外建筑设计企业公平竞争，培育有国际竞争力的建筑设计队伍。倡导开展建筑评论，促进建筑设计理念的融合和升华。

（十六）加强技术研发应用。加快先进建造设备、智能设备的研发、制造和推广应用，提升各类施工机具的性能和效率，提高机械化施工程度。限制和淘汰落后、危险工艺工法，保障生产施工安全。积极支持建筑业科研工作，大幅提高技术创新对产业发展的贡献率。加快推进建筑信息模型（BIM）技术在规划、勘察、设计、施工和运营维护全过程的集成应用，实现工程建设项目全生命周期数据共享和信息化管理，为项目方案优化和科学决策提供依据，促进建筑业提质增效。

（十七）完善工程建设标准。整合精简强制性标准，适度提高安全、质量、性能、健康、节能等强制性指标要求，逐步提高标准水平。积极培育团体标准，鼓励具备相应能力的行业协会、产业联盟等主体共同制定满足市场和创新需要的标准，建立强制性标准与团体标准相结合的标准供给体制，增加标准有效供给。及时开展标准复审，加快标准修订，提高标准的时效性。加强科技研发与标准制定的信息沟通，建立全国工程建设标准专家委员会，为工程建设标准化工作提供技术支撑，提高标准的质量和水平。

八、加快建筑业企业“走出去”

（十八）加强中外标准衔接。积极开展中外标准对比研究，适应国际通行的标准内容结构、要素指标和相关术语，缩小中国标准与国外先进标准的技术差距。加大中国标准外文版翻译和宣传推广力度，以“一带一路”战略为引领，优先在对外投资、技术输出和援建工程项目中推广应用。积极参加国际标准认证、交流等活动，开展工程技术标准的双边合作。到2025年，实现工程建设国家标准全部有外文版。

（十九）提高对外承包能力。统筹协调建筑业“走出去”，充分发挥我国建筑业企业在高铁、公路、电力、港口、机场、油气长输管道、高层建筑等工程建设方面的比较优势，有目标、有重点、有组织地对外承包工程，参与“一带一路”建设。建筑业企业要加大对国际标准的研究力度，积极适应国际标准，加强对外承包工程质量、履约等方面管理，在援外住房等民生项目中发挥积极作用。鼓励大企业带动中小企业、沿海沿边地区企业合作“出海”，积极有序开拓国际市场，避免恶性竞争。引导对外承包工程企业向项目融资、设计咨询、后续运营维护管理等高附加值的领域有序拓展。推动企业提高属地化经营水平，实现与所在国家和地区互利共赢。

（二十）加大政策扶持力度。加强建筑业“走出去”相关主管部门间的沟通协调和信息共享。到2025年，与大部分“一带一路”沿线国家和地区签订双边工程建设合作备忘录，同时争取在双边自贸协定中纳入相关内容，推进建设领域执业资格国际互认。综合发挥各类金融工具的作用，重点支持对外经济合作中建筑领域的重大战略项目。借鉴国际通行的项目融资模式，按照风险可控、商业可持续原则，加大对建筑业“走出去”的金融支持力度。

各地区、各部门要高度重视深化建筑业改革工作，健全工作机制，明确任务分工，及时研究解决建筑业改革发展中的重大问题，完善相关政策，确保按期完成各项改革任务。加快推动修订建筑法、招标投标法等法律，完善相关法律法规。充分发挥协会商会熟悉行业、贴近企业的优势，及时反映企业诉求，反馈政策落实情况，发挥好规范行业秩序、建立从业人员行为准则、促进企业诚信经营等方面的自律作用。

国务院部门规章

国家知识产权局规范性文件制定和管理办法

（2016年12月14日国家知识产权局令第73号公布　自2017年2月1日起施行　国法备字[2017000254]）

第一章　总　　则

第一条　为了规范国家知识产权局规范性文件的制定工作，加强对规范性文件的管理，促进依法行政，根据《中共中央　国务院关于印发〈法治政府建设实施纲要（2015－2020年）〉的通知》（中发〔2015〕36号）、《国务院关于加强法治政府建设的意见》（国发〔2010〕33号）等要求，结合国家知识产权局实际情况，制定本办法。

第二条　本办法所称规范性文件，是指部门规章以外的，国家知识产权局依照法定职权和规定程序单独或者牵头会同有关部门制定的，涉及公民、法人或者其他组织的权利义务，具有普遍约束力并且在一定期限内反复适用的文件，不包括规范内部事务、通报具体情况、处理具体事项以及单纯转发的文件。

第三条　国家知识产权局规范性文件的起草、审查、批准、发布、备案、清理，适用本办法。

第四条　制定规范性文件应当坚持公开、效能和权责统一原则。

第五条　规范性文件应当符合法律、行政法规、部门规章的规定，不得设定行政许可、行政处罚、行政强制等事项，不得减损公民、法人或者其他组织合法权益或者增加其义务。涉及公民、法人或者其他组织权利义务的规范性文件，应当按照法定要求和程序予以公布，未经公布不得作为行政管理依据。

第六条　局业务司（部）负责职责范围内的规范性文件的起草、清理等工作；条法司负责规范性文件的合法性审查、备案、组织清理等工作。

条法司在开展规范性文件的合法性审查、备案、清理等工作时，应当充分发挥公职律师、法律顾问的作用。

第二章　起　　草

第七条　规范性文件由相关业务司(部)负责起草。涉及局内多个司(部)业务的,由牵头司(部)负责组织相关业务司(部)起草并对不同的意见进行协调。起草时,应当有起草司(部)法治联络员参与。

起草规范性文件草案时应当同时起草草案说明。规范性文件涉及重大事项的,还应当同时起草解读方案及解读材料。

第八条　规范性文件的名称应当根据具体内容确定,一般使用“办法”“规定”“通知”“决定”“意见”等名称。规范性文件的内容应当明确具体、逻辑严密、具有可操作性;文字应当准确、规范、简洁。

第九条　规范性文件草案应当根据内容需要明确制定目的和依据、适用范围、管理部门和施行日期等内容。

草案还应当明确列明因该文件施行而失效或者废止的文件的名称、文号;仅涉及部分条款失效或者废止的,应当列明相关条款。

草案说明应当包括下列内容:

(一)制定该文件的必要性和可行性;

(二)所依据的法律、行政法规、部门规章和有关文件;

(三)拟解决的主要问题以及采取的主要措施;

(四)征求意见及对意见的采纳情况;

(五)其他需要说明的问题。

第十条　起草司(部)应当深入开展调查研究,根据实际需要征求局内相关部门(单位)、地方知识产权局、社会公众和有关专家的意见。

起草对公民、法人或者其他组织的权利义务产生直接影响的规范性文件,起草司(部)应当向社会公布规范性文件草案,征求社会各界意见。

征求意见可以采取书面、网上公开或者召开座谈会、论证会、听证会等形式。

起草司(部)应当根据征求意见的情况,对规范性文件征求意见稿进行修改,形成规范性文件草案送审稿,并在草案说明中对征求意见及采纳情况进行说明。

第三章　合法性审查

第十一条　规范性文件起草工作完成后,在报请批准或者审议前,起草司

(部)应当将草案送审稿、草案说明和其他必要材料提交条法司进行合法性审查。未经合法性审查或者经审查不合法的,不得提交批准或者审议。

第十二条 条法司收到草案送审稿及相关材料后,一般应当在5个工作日内提出合法性审查意见。

合法性审查的内容包括:

(一)是否与法律、行政法规、部门规章相抵触;

(二)是否与我国加入的国际条约相抵触;

(三)是否属于国家知识产权局的法定职权范围;

(四)其他需要审查的事项。

第十三条 经审查无异议,条法司应当作出合法性审查通过的审查意见。

草案送审稿存在合法性问题,不符合本办法要求的,条法司应当作出合法性审查不予通过的审查意见并说明理由。起草司(部)应当根据合法性审查意见对草案进行修改或者对制定规范性文件的必要性、可行性等进行重新论证。

第四章 批准和发布

第十四条 规范性文件草案应当提交局长或者分管副局长批准,涉及重大事项的应当经局务会审议通过。

将规范性文件草案提交批准或者提请局务会审议时应当附具草案说明和合法性审查意见书。局务会对规范性文件草案进行审议时,由起草司(部)就起草情况、解读方案及解读材料作说明,条法司就合法性审查情况作说明。

规范性文件经批准或者审议通过后,由起草司(部)正式行文,按照局公文办理程序报请局长或者分管副局长签发。

第十五条 规范性文件应当以局发文或者办公室发文形式发布。局办公室应当对规范性文件统一登记、统一编号、统一印发。

除规范性文件涉及国家秘密需要保密外,起草司(部)应当在规范性文件发布后,及时在局政府网站上全文公开。有解读材料的,相关解读材料应当于文件公开后3个工作日内在局政府网站上公布。

第十六条 规范性文件发布后,局办公室和起草部门应当主动监测职责范围内的政务舆情,及时了解社会关切,有针对性地做好说明工作。

第五章 备　　案

第十七条 自规范性文件发布之日起5个工作日内,起草司(部)应当将文件报送条法司备案。

第十八条 报送规范性文件备案，应当提交纸件和电子件形式的备案表、规范性文件正式发布文本和草案说明。

规范性文件有法律、行政法规、部门规章以外制定依据的，报送备案时，应当同时附具该制定依据。

规范性文件包含宣布其他规范性文件失效或者废止的内容的，报送备案时，应当同时附具该失效或者废止的规范性文件。

第十九条 条法司应当建立规范性文件备案数据库，将所有规范性文件纳入数据库进行统一管理。

第六章　清　理

第二十条 规范性文件的全面清理工作应当每隔 2 年开展一次。

起草司(部)应当对其负责起草的所有规范性文件提出明确清理意见。规范性文件的起草涉及多个司(部)的，由牵头起草司(部)商相关司(部)后提出清理意见。

清理工作完成后，由条法司拟定继续有效、需要修改、宣布失效和废止的规范性文件目录，按照规范性文件批准发布程序及时向社会公布。

第二十一条 规范性文件有下列情形之一的，应予宣布失效：

(一)适用期已过；

(二)调整对象已消失或者规定的事项、任务已完成，实际上已经失效。

第二十二条 规范性文件有下列情形之一的，应予废止：

(一)主要内容与现行法律、行政法规、部门规章以及国家政策相抵触；

(二)主要内容已经不能适应经济社会发展需要；

(三)主要内容已被新的法律、行政法规、部门规章或者规范性文件代替；

(四)主要依据的法律、行政法规、部门规章和国务院规范性文件已废止或者失效。

第二十三条 规范性文件有下列情形之一的，应予修改：

(一)个别条款与现行法律、行政法规、部门规章和国家政策不一致，但基本适应经济社会发展需要、有必要继续实施；

(二)规范性文件之间对同一事项规定不一致；

(三)主要依据的法律、行政法规、部门规章和国务院规范性文件已经修改；

(四)个别条款不能适应经济社会发展需要。

规范性文件修改的程序参照本办法第二章至第五章的规定。

第二十四条 规范性文件有具体实施期限的，应当在正文中明确规定有效期限。名称冠以“暂行”“试行”的，有效期限一般不得超过 2 年。有效期限届满，规范性文件自动失效。

规范性文件在有效期届满后需要继续实施的，应当在有效期届满前 1 个月作必要修改后重新发布。

第七章 附 则

第二十五条 本办法由国家知识产权局负责解释。

第二十六条 本办法自 2017 年 2 月 1 日起施行。

国土资源规范性文件管理规定

（2016 年 12 月 30 日国土资源部令第 70 号公布 自公布之日起施行 国法备字[2017000255]）

第一条 为加强国土资源规范性文件管理，明确规范性文件的制定程序，保护公民、法人或者其他组织的合法权益，全面推进法治国土建设，制定本规定。

第二条 本规定所称规范性文件，是指县级以上国土资源主管部门为执行法律、法规、规章和上级规范性文件的规定，依照法定权限和程序制定并公开发布，涉及国土资源管理相对人权利和义务，具有普遍约束力并能够反复适用的文件。

第三条 规范性文件的起草、征求意见、合法性审查、审议、发布、解释、备案、评估、清理等，适用本规定。

第四条 规范性文件应当符合法律、法规、规章和上级规范性文件的规定，不得设定下列内容：

（一）行政许可事项；

（二）行政处罚事项；

（三）行政强制措施；

（四）行政征收事项；

（五）行政收费事项；

（六）行政检查事项；

（七）其他应当由法律、法规、规章规定的事项。

没有法律或者国务院行政法规、决定、命令的依据，规范性文件不得作出减损公民、法人和其他组织合法权益或者增加其义务的规定。

第五条 规范性文件实行统一登记、统一编号、统一发布制度。

县级以上国土资源主管部门制发规范性文件，应当使用专门的“国土资规”字号单独编号，统一发布。

未使用“国土资规”字号单独编号的文件，不认定为规范性文件，不得作为管理行政相对人的依据。

第六条 县级以上国土资源主管部门应当加强规范性文件信息化建设，建立规范性文件管理系统，逐步实现规范性文件发布、查询等信息的互通共享。

第七条 规范性文件根据需要可以使用决定、通知、意见等文种，可以使用规范、办法、意见等名称，但不得使用法、条例和规定。

第八条 规范性文件的起草机构应当对制定规范性文件的必要性、可行性、合法性和合理性进行全面论证，并对规范性文件需要解决的问题、拟确立的主要制度或者拟规定的主要措施等内容进行广泛调研。

法律、法规、规章和上级规范性文件已有明确规定的，不得重新制定规范性文件。

第九条 规范性文件的内容涉及重大制度调整、重大公共利益以及影响群众切身利益的，起草机构应当在起草阶段进行风险评估。

第十条 规范性文件起草过程中遇到的重点难点问题，起草机构应当邀请法律顾问和有关方面的专家参与，进行法律和专业论证。

第十一条 起草机构在起草规范性文件过程中，应当听取下级国土资源主管部门意见，必要时可以听取行政管理相对人的意见。

涉及重大事项或者关系人民群众切身利益的规范性文件，应当采取召开座谈会、论证会或者向社会公布草案等方式广泛征求意见。

规范性文件涉及其他部门职责的，起草机构应当征求其他部门的意见。其他部门对规范性文件草案内容提出重大分歧意见的，起草机构应当进行协调。

第十二条 起草机构对法律顾问、专家、下级国土资源主管部门、行政管理相对人、社会公众的重要意见和建议的研究处理情况，对其他部门重大分歧意见的协调处理情况，应当在起草说明中予以载明。

第十三条 起草规范性文件应当注明有效期。

规范性文件的有效期一般为三年至五年，最长不得超过八年。地方性法规另有规定的，从其规定。

第十四条 起草机构在形成规范性文件草案后，应当按照公文办理程序，在提请审议前通过本部门的办公厅（室）转交法制工作机构进行合法性审查，不得以会签、征求意见等形式代替合法性审查。

未经法制工作机构合法性审查或者合法性审查未通过的规范性文件草案，不得提请审议，不得发布实施。

第十五条 起草机构将规范性文件草案转交法制工作机构进行合法性审查时，应当提供以下材料：

（一）规范性文件草案和起草说明（附电子文档）；

（二）制定规范性文件所依据的法律、法规、规章和上级规范性文件；

（三）征求意见情况，包括汇总的主要修改意见和修改意见的采纳情况；

（四）起草机构认为需要提供的其他相关材料。

前款第一项规定的起草说明，应当包括规范性文件的制定目的和依据、起草过程、主要内容、必要性、可行性、合法性、合理性以及对草案主要问题的协调情况、与相关规范性文件衔接情况等事项。

第十六条 法制工作机构应当自收到规范性文件送审材料之日起十个工作日内完成合法性审查工作；需要进一步调查研究或者征求意见的，可以延长十个工作日。

第十七条 规范性文件草案符合法律、法规、规章和上级规范性文件规定，没有违反本规定情形的，法制工作机构应当作出通过合法性审查的意见。

第十八条 规范性文件草案有下列情形之一的，法制工作机构应当提出将其退回起草机构修改的审查意见，并说明理由：

（一）与法律、法规、规章和上级规范性文件相抵触的；

（二）超越制定机关法定职权范围的；

（三）含有行政许可、行政处罚、行政强制、行政征收、行政收费、行政检查等不得由规范性文件设定的事项的；

（四）不符合国家或者上级政策规定的；

（五）存在设置资格、资质以及市场准入条件等违反公平竞争内容的；

（六）有关方面对草案的内容存在较大争议且理由比较充分的；

（七）涉及对同一事项作出重复规定，未对以往同类规范性文件进行整合修改的；

（八）违法设定减损公民、法人和其他组织合法权益或者增加其义务的；

（九）其他需要进行较大修改的情形。

规范性文件草案经起草机构修改后，应当根据本规定要求重新进行合法性审查。

第十九条 相关规范性文件已有规定或者制定规范性文件条件尚不成熟的，法制工作机构可以提出终止制定该规范性文件的审查意见。

第二十条 起草机构对法制工作机构提出的合法性审查意见有异议的，应当与法制工作机构进行沟通。

第二十一条 通过合法性审查的规范性文件草案，由起草机构按照公文办理程序报送本部门主要负责人主持的会议集体审议，集体审议的形式包括但不限于党组（委）会议、部（厅、局）务会议、办公会议。

第二十二条 规范性文件草案经集体审议通过，由起草机构按照公文办理程序报送本部门主要负责人签发；集体审议未通过，需要进行重大修改的，应当在修改后重新征求意见并进行合法性审查。

第二十三条 县级以上国土资源主管部门应当根据《中华人民共和国政府信息公开条例》的规定，通过国土资源公报、政府网站、部门门户网站或者其他形式公开发布新制定的规范性文件。

未向社会公开发布的规范性文件不得作为管理行政相对人的依据。

第二十四条 规范性文件公开发布的同时，起草机构应当负责对其涉及重大政策的决策背景、主要内容、落实措施等进行解读；必要时，可以邀请专家学者、第三方研究机构等，用通俗易懂的语言和易于接受的方式解读，便于社会公众遵照执行。

第二十五条 规范性文件发布后，下级国土资源主管部门、社会公众等对规范性文件的内容存在误读误解，引起重大社会影响的，制定该规范性文件的国土资源主管部门应当通过发布权威信息、召开新闻发布会、接受媒体采访等方式及时进行回应，消除误解和疑虑。

第二十六条 起草机构应当自规范性文件发布之日起五个工作日内，将规范性文件文本、起草说明及其他相关材料（纸质及电子文本各一份）送本部门法制工作机构。

县级以上地方国土资源主管部门应当自规范性文件印发之日起二十个工作日内，将规范性文件报送上一级国土资源主管部门备案。

第二十七条 规范性文件有下列情形之一的，起草机构应当进行解释：

（一）规范性文件的规定需要进一步明确具体含义的；

（二）规范性文件制定后出现新的情况，需要明确适用依据的。

规范性文件的解释程序与规范性文件的制定程序相同。

规范性文件的解释与规范性文件具有同等效力。

第二十八条 县级以上国土资源主管部门应当适时组织第三方评估机构对规范性文件的实施情况进行评估，并将评估结果作为规范性文件继续执行、修改或者废止的依据。

第二十九条 规范性文件有效期届满前六个月，原起草机构应当提出延长有效期、修改或者废止的处理意见。

规范性文件需要继续执行的，应当在其有效期届满前公告延长有效期，延长期限不得超过其最初设定的有效期。规范性文件需要修改的，应当依照本规定在其有效期届满前重新制定发布。

有效期届满，需要废止或者原起草机构未提出处理意见的，规范性文件自动失效。

第三十条 县级以上国土资源主管部门定期组织对本部门制定的规范性文件进行清理。

规范性文件部分内容与现行法律、法规、规章和上级规范性文件不符，但其他部分仍有必要继续执行的，应当进行修改；规范性文件主要内容或者主要措施不符合法律、法规、规章和上级规范性文件规定，或者管理内容、管理对象已经消失不再适用的，应当废止或者宣布失效。

第三十一条 规范性文件清理结束后，国土资源主管部门应当及时公布继续有效、废止和失效的规范性文件目录；未列入继续有效规范性文件目录的，不得作为管理行政相对人的依据。

第三十二条 县级以上国土资源主管部门代本级党委、政府起草规范性文件代拟稿的，参照本规定执行。

第三十三条 县级以上国土资源主管部门应当将规范性文件管理工作纳入绩效管理和依法行政考核指标。

第三十四条 本规定自公布之日起施行。《国土资源管理规范性文件合法性审查办法》（国土资源部令第36号）同时废止。

新能源汽车生产企业及产品准入管理规定

（2017年1月6日工业和信息化部令第39号公布　自2017年7月1日起施行　国法备字[2017000209]）

第一条 为了落实发展新能源汽车的国家战略，规范新能源汽车生产活动，保障公民生命财产安全和公共安全，促进新能源汽车产业持续健康发展，根据《中华人民共和国行政许可法》《中华人民共和国道路交通安全法》《国务院对确需保留的行政审批项目设定行政许可的决定》等法律法规，制定本规定。

第二条 在中华人民共和国境内生产新能源汽车的企业（以下简称新能源汽车生产企业），及其生产在境内使用的新能源汽车产品的活动，适用本规定。

第三条 本规定所称汽车，是指《汽车和挂车类型的术语和定义》国家标准（GB/T3730.1－2001）第2.1款所规定的汽车整车（完整车辆）及底盘（非完整车辆），不包括整车整备质量超过400千克的三轮车辆。

本规定所称新能源汽车，是指采用新型动力系统，完全或者主要依靠新型能源驱动的汽车，包括插电式混合动力（含增程式）汽车、纯电动汽车和燃料电池汽车等。

第四条 工业和信息化部负责实施全国新能源汽车生产企业及产品的准入和监督管理。

省、自治区、直辖市工业和信息化主管部门负责本行政区域内新能源汽车生产企业及产品的日常监督管理，并配合工业和信息化部实施准入管理相关工作。

第五条 申请新能源汽车生产企业准入的，应当符合以下条件：

（一）符合国家有关法律、行政法规、规章和汽车产业发展政策及宏观调控政策的要求。

（二）申请人是已取得道路机动车辆生产企业准入的汽车生产企业，或者是已按照国家有关投资管理规定完成投资项目手续的新建汽车生产企业。

汽车生产企业跨产品类别生产新能源汽车的，也应当按照国家有关投资管理规定完成投资项目手续。

（三）具备生产新能源汽车产品所必需的设计开发能力、生产能力、产品生产一致性保证能力、售后服务及产品安全保障能力，符合《新能源汽车生产企业准入审查要求》（见附件1，以下简称《准入审查要求》）。

具备工业和信息化部规定条件的大型汽车企业集团，在企业集团统一规划、统一管理、承担相应监管责任的前提下，其下属企业（包括下属子公司及分公司）的准入条件予以简化，适用《企业集团下属企业的准入审查要求》（见附件2）。

（四）符合相同类别的常规汽车生产企业准入管理规则。

第六条 汽车生产企业在已列入《道路机动车辆生产企业及产品公告》（以下简称《公告》）的新能源汽车整车或者底盘基础上改装生产新能源汽车

产品，改装未影响到底盘、车载能源系统、驱动系统和控制系统的，不需要申请新能源汽车生产企业准入。

第七条 申请准入的新能源汽车产品，应当符合以下条件：

（一）符合国家有关法律、行政法规、规章。

（二）符合《新能源汽车产品专项检验项目及依据标准》（见附件3），以及相同类别的常规汽车产品相关标准。

（三）经国家认定的检测机构（以下简称检测机构）检测合格。

（四）符合工业和信息化部规定的安全技术条件。

工业和信息化部根据新能源汽车产业发展的实际情况和相关标准制修订情况，及时调整《新能源汽车产品专项检验项目及依据标准》的有关内容，并在施行前向社会公布。

第八条 申请新能源汽车生产企业准入的，应当向工业和信息化部提交以下材料：

（一）申请新能源汽车生产企业准入审查的文件。

（二）《新能源汽车生产企业准入申请书》（见附件4）及相关证明材料。

（三）新建新能源汽车生产企业的企业法人营业执照复印件，以及根据国家有关投资管理规定办理投资项目手续的文件。中外合资企业还应当提交中外股东持股比例证明。

第九条 申请新能源汽车产品准入的，应当向工业和信息化部提交以下材料：

（一）新能源汽车产品主要技术参数表（见附件5）。

（二）检测机构出具的新能源汽车产品检测报告。

（三）其他需要说明的情况。

第十条 工业和信息化部收到准入申请后，对于申请材料不齐全或者不符合法定形式的，应当当场或者在5日内一次性告知申请人需要补正的全部内容。申请材料齐全、符合法定形式的，应当予以受理，并自受理之日起20个工作日内作出批准或者不予批准的决定。20个工作日内不能作出决定的，经工业和信息化部负责人批准，可以延长10个工作日，并应当将延长期限的理由告知申请人。

第十一条 工业和信息化部委托第三方技术服务机构，组织专家对新能源汽车生产企业、新能源汽车产品准入申请进行技术审查，审查方式包括现场审查、资料审查。

工业和信息化部建立新能源汽车领域专家库，从中选取专家组成审查组。

第三方技术服务机构技术审查所需时间不计算在本规定第十条规定的期

限内。

第十二条 申请新能源汽车生产企业准入的,如已按照相同类别的常规汽车生产企业准入管理规则通过了审查的,免予审查《准入审查要求》中的相关要求。

第十三条 检测机构应当严格按照工业和信息化部有关规定开展新能源汽车产品检测工作,不得擅自变更检测要求。

第十四条 通过审查的新能源汽车生产企业及产品,由工业和信息化部通过《公告》发布。

不符合本规定所规定的条件、标准的新能源汽车生产企业及产品,工业和信息化部不予列入《公告》。

新能源汽车生产企业应当按照《公告》载明的许可要求生产新能源汽车产品。

第十五条 新能源汽车生产企业应当加强管理、规范使用新能源汽车产品出厂合格证,确保出厂合格证及其信息与实际产品唯一对应、保持一致。

第十六条 新能源汽车生产企业应当建立新能源汽车产品售后服务承诺制度。售后服务承诺应当包括新能源汽车产品质量保证承诺、售后服务项目及内容、备件提供及质量保证期限、售后服务过程中发现问题的反馈、零部件(如电池)回收,出现产品质量、安全、环保等严重问题时的应对措施以及索赔处理等内容,并在本企业网站上向社会发布。

第十七条 新能源汽车生产企业应当建立新能源汽车产品运行安全状态监测平台,按照与新能源汽车产品用户的协议,对已销售的全部新能源汽车产品的运行安全状态进行监测。企业监测平台应当与地方和国家的新能源汽车推广应用监测平台对接。

新能源汽车生产企业及其工作人员应当妥善保管新能源汽车产品运行安全状态信息,不得泄露、篡改、毁损、出售或者非法向他人提供,不得监测与产品运行安全状态无关的信息。

第十八条 新能源汽车生产企业应当在产品全生命周期内,为每一辆新能源汽车产品建立档案,跟踪记录汽车使用、维护、维修情况,实施新能源汽车动力电池溯源信息管理,跟踪记录动力电池回收利用情况。

新能源汽车生产企业应当对新能源汽车产品的技术状况、故障及主要问题等运行情况进行分析、总结,编写年度报告(见附件6)。年度报告应当在新能源汽车产品全生命周期内存档备查。

第十九条 新能源汽车生产企业申请准入的新能源汽车产品类别或者动力系统(包括插电式混合动力、纯电动、燃料电池等)与已列入《公告》的新能源汽车产品不同的，或者增加、变更生产地址的，应当向工业和信息化部提交本规定第八条所列的材料，原则上应当进行现场审查。

取得插电式混合动力汽车或者燃料电池汽车产品准入的新能源汽车生产企业，申请相同类别的纯电动汽车产品准入的，只进行资料审查。

第二十条 新能源汽车生产企业应当持续满足《准入审查要求》和生产一致性等相关规定，确保新能源汽车产品安全保障体系正常运行。

第二十一条 新能源汽车生产企业发现新能源汽车产品存在安全、环保、节能等严重问题的，应当立即停止相关产品的生产、销售，采取措施进行整改，并及时向工业和信息化部和相关省、自治区、直辖市工业和信息化主管部门报告。

第二十二条 工业和信息化部应当对新能源汽车生产企业的《准入审查要求》保持情况、生产一致性情况和监测平台运行情况等进行监督检查，检查方式包括资料审查、实地核查、市场抽样和性能检测等。

省、自治区、直辖市工业和信息化主管部门应当对本行政区域内新能源汽车生产企业的生产情况、监测平台运行情况进行监督检查。发现新能源汽车生产企业有《准入审查要求》所列要求发生重大变化、生产管理存在重大安全隐患、有违法行为等的，应当及时向工业和信息化部报告。

第二十三条 对于停止生产新能源汽车产品 12 个月及以上的新能源汽车生产企业，工业和信息化部予以特别公示。

经特别公示的新能源汽车生产企业在恢复生产之前，工业和信息化部应当对其保持《准入审查要求》的情况进行核查。

第二十四条 工业和信息化部建立新能源汽车生产企业信用数据库，将企业违反生产一致性要求、申请材料弄虚作假、行政处罚等情况列入信用数据库。

第二十五条 新能源汽车生产企业不能保持《准入审查要求》，存在公共安全、人身健康、生命财产安全隐患的，工业和信息化部应当责令其停止生产、销售活动，并责令立即改正。

第二十六条 新能源汽车生产企业破产或者自愿终止生产新能源汽车产品的，工业和信息化部应当撤销、注销其相应的新能源汽车生产企业、产品准入。

第二十七条 隐瞒有关情况或者提供虚假材料申请新能源汽车生产企业、新能源汽车产品准入的，工业和信息化部不予受理或者不予准入，并给予警告，申请人在一年内不得再次申请准入。

以欺骗、贿赂等不正当手段取得新能源汽车生产企业、新能源汽车产品准入的，工业和信息化部应当撤销其新能源汽车生产企业、产品准入，申请人在三年内不得再次申请准入。

第二十八条 新能源汽车生产企业擅自生产、销售未列入工业和信息化部《公告》的新能源汽车车型的，工业和信息化部应当依据《中华人民共和国道路交通安全法》第一百零三条第三款的规定予以处罚。

第二十九条 已取得准入的新能源汽车整车生产企业，应当按照本规定进行改造，并自本规定施行之日起 6 个月内报送满足本规定的审查计划，于 24 个月内通过审查。对于其取得准入时已审查的有关内容，免予审查。

自制自用新能源汽车底盘的改装类客车生产企业，通过改造，满足商用车生产企业准入管理规则有关生产客车底盘准入条件后，可申请新能源汽车整车生产企业准入。自制自用新能源汽车底盘的改装类专用车生产企业，按照国家有关投资管理规定完成整车投资项目手续、满足商用车生产企业准入管理规则有关准入条件后，可申请新能源汽车整车生产企业准入。自制自用新能源汽车底盘的改装类客车、改装类专用车生产企业，应当自本规定施行之日起 6 个月内报送满足本规定的审查计划，于 24 个月内通过审查。

逾期未通过审查的，视为不能保持《准入审查要求》。

第三十条 新能源汽车生产企业在产的新能源汽车产品应当自本规定施行之日起 6 个月内，符合《新能源汽车产品专项检验项目及依据标准》。

第三十一条 新建纯电动乘用车生产企业应当同时满足《新建纯电动乘用车企业管理规定》。

第三十二条 本规定自 2017 年 7 月 1 日起施行。2009 年 6 月 17 日工业和信息化部公布的《新能源汽车生产企业及产品准入管理规则》（工产业〔2009〕第 44 号）同时废止。本规定施行前公布的有关规定与本规定不一致的，以本规定为准。

附件：1. 新能源汽车生产企业准入审查要求
2. 企业集团下属企业的准入审查要求
3. 新能源汽车产品专项检验项目及依据标准
4. 新能源汽车生产企业准入申请书
5. 新能源汽车产品主要技术参数表
6. 新能源汽车年度报告

附件 1

新能源汽车生产企业准入审查要求

序号	准入审查要求
一	设计开发能力
1	应建立专门的设计开发机构，统一负责产品设计和制造过程开发全过程的工作。对于企业集团，设计开发机构可统一设立。 申请各类别新能源汽车生产企业准入的企业，应配备与设计开发工作相适应的专业技术人员，人员的能力、数量、岗位分布应满足相应的常规汽车生产企业准入管理规则的要求，并能完成以下工作： (1)整车控制系统软、硬件设计、调试、标定； (2)车载能源系统、驱动系统及动力耦合装置的匹配、电器附件的匹配； (3)设计计算和仿真分析； (4)申请插电式混合动力汽车生产准入的，还应具有发动机整机、机构和系统、机电耦合装置的研发人员，以及发动机和机电耦合装置控制系统二次开发的人员。申请燃料电池汽车生产准入的，还应具有燃料电池系统、储氢系统及相应的控制系统的研发人员。
2*	理解和掌握所生产的新能源汽车的开发和制造方面的技术，至少包括： (1)相应的常规汽车生产企业准入管理规则对各类别汽车产品开发和制造方面的技术要求； (2)整车控制系统技术，包括整车控制策略、系统/部件/元器件硬件和软件的基本原理、结构、功能和性能要求、控制器软硬件设计、通讯和数据交换、失效模式、安全及环保风险、测试评价方法、标定、故障诊断和解决措施等； (3)整车控制系统、车载能源系统、驱动系统、其他电器系统附件的边界划分与接口定义； (4)整车与车载能源系统、驱动系统及动力耦合装置、电器附件的集成和匹配； (5)申请插电式混合动力汽车生产准入的，还应理解和掌握发动机和机电耦合装置控制系统的技术；申请燃料电池汽车生产准入的，还应理解和掌握燃料电池系统控制、储氢系统控制方面的技术； (6)整车刚度和强度与动力学分析、安全性仿真分析、整车 NVH 仿真分析、电子电控系统分析、整车通讯系统分析、热力学分析、机构运动分析、操纵稳定性和平顺性分析方面的设计计算和仿真分析等； (7)产品试制、试装、调试、标定、试验验证、评价。

续表

3	应建立适于本企业的整车及电子电控系统软、硬件开发工作流程和开发管理手册,应包括参与部门及职责、时间节点管理、输出物管理、评审、验证、确认等方面的内容。 应建立与整车、电子电控系统软/硬件、底盘、车身、车架、驾驶室、专用装置相关的设计规范、匹配标定和试验验证规范,其内容应覆盖相关设计、匹配标定和试验验证过程,以及技术文件管理、标准化等内容,应能够指导新能源汽车整车设计、电子电控系统软/硬件设计、其他系统设计和匹配、自制总成部件设计、拥有知识产权总成部件设计、通讯和数据交换协议开发工作,以及相应的匹配标定、试验验证和评价、确认等方面的工作。 对于其他不具备知识产权的总成、部件,应具备完整的匹配标定和试验验证规范。 设计规范、匹配标定和试验验证规范应在实际工作中得以应用。
4	应建立与产品相适应的产品信息数据库,数据库内容至少应包括: (1)申请车型使用的金属和非金属原材料性能数据; (2)基础车型或类似产品的设计平台基础数据、图样、规格参数、技术要求等; (3)申请车型的整车和底盘、整车控制系统、其他系统和总成/部件的图样、规格参数、技术要求、设计计算和仿真分析结果、对车辆运行安全状态监测的结果;其他不具备知识产权的总成、部件的接口、通讯、外廓尺寸和安装尺寸、功能和性能要求。
5*	具备必要的整车、整车控制系统、其他自行设计开发的系统和总成的开发工具、软件及设备,能够完成相应的开发工作,至少应包括整车(包括底盘/车架、车身/驾驶室/内外饰、专用装置等)和整车控制系统功能和性能开发、效果图设计、三维数据扫描及处理、绘图、整车及系统仿真、电路板设计及电路仿真、通讯和数据交换系统开发、控制策略建模、自动代码生成、调试、标定、编译、写入、控制器软/硬件测试等工作。
6*	申请各类别新能源汽车生产企业准入的企业,应分别满足相应的常规汽车生产企业准入管理规则对整车和自制部件的试制、试装、调试能力的要求。 企业应具备与自身研发工作相适应的试验验证能力,包括整车、整车控制系统、车载能源系统、驱动系统、其他自制部件的试验验证能力等。至少包括: (1)相应的常规汽车生产企业准入管理规则对各类别汽车整车企业试验验证能力的要求。申请新能源客车产品的企业,还应具备整车动力性、经济性、可靠性模拟试验验证能力; (2)动力系统、驱动系统和控制系统集成测试能力(包括制动回馈功能测试能力)、电子电控系统功能测试能力及耐环境性(高温、低温、振动、盐雾等)测试能力、通讯系统模拟测试能力、控制软件分析测试能力、硬件在环测试能

续表

	力、单个箱体的动力蓄电池包(超级电容器)性能测试能力及耐环境性(高温、低温、振动等)测试能力、电子电器的电气性能基本测试能力、高压电安全测试能力; (3)申请插电式混合动力汽车的,还应具备发动机性能/工况排放、能耗、电机性能、机电耦合装置性能综合测试台架;申请燃料电池汽车的,还应具备燃料电池系统性能测试台架、车载氢系统泄漏及高压气体安全方面的测试仪器和设备。
7	产品和制造过程设计开发的输入、输出应充分适宜;应对产品和制造过程设计开发的输出进行评审、验证和确认,并保存相应记录。设计输出所形成的产品图样及相关技术文件应完整,并可以指导生产。 设计评审、验证的项目应充分、合理,应包括总成部件、系统、整车的功能、性能,重点关注安全性。
8	在实施产品和制造过程的设计更改(包括由供方引起的更改)前,应重新进行评审(包括评价更改对产品组成部分和已交付产品的影响)、确认,必要时进行验证,同时应满足产品的生产一致性要求。 应保存评审、验证和确认的记录,包括更改在生产中实施日期的记录。
二	生产能力
9 *	申请各类别新能源汽车生产企业准入的企业,应分别满足相应的常规汽车生产企业准入管理规则的要求。 应具备保证产品质量和生产能力所必需的生产设备以及专用的工装、模具。新能源汽车可与其他汽车产品共线生产。 应具备专用充电设备,数量应能保证产品充电需要。 应建立充分的安全生产管理措施、人员防护措施、应急处理措施。
10 *	投资项目审批文件中要求建设发动机生产条件的整车生产企业,申请插电式混合动力汽车产品时,应具备发动机的生产能力,至少应有缸体、缸盖的精加工生产线,机械化的发动机总成装配线及发动机试验台架。曲轴、凸轮轴、连杆可委托加工。
三	产品生产一致性保证能力
11	新能源汽车生产企业应实施计算机信息化管理,至少应建立产品可追溯性信息管理系统,应对发动机、车载能源系统/燃料电池系统、储氢系统、驱动电机、整车控制器等关键零部件总成,以及整车配置、出厂检测数据等进行可追溯性信息管理。

续表

12	针对所有原材料、常规部件、车载能源系统及其他电器系统部件、软件及服务等供方,应建立供应链管理体系,确定供方及其产品评价标准、采购技术协议、产品验证规范,对供方及其产品进行评价和选择,并进行日常监督管理,以保证产品的质量和安全性。应保留对供方及其产品的评价、选择、管理记录。
13 *	应具备保证产品质量所必需的进货检验、过程检验、出厂检验等设备和辅助检具,检验项目覆盖整车主要技术特性参数、主要零部件基本技术参数、功能和性能方面的检验内容,对安全、环保、节能等法规符合性、顾客特殊要求、新能源汽车专项检测项目要求应特别关注,性能指标应满足相关技术标准的要求,且与所要求的测量能力一致。 应具备车载能源系统/燃料电池系统、驱动系统的电气性能与安全、温度、储氢系统安全等项目的检验设备以及整车安全检测线。 应具备整车控制器总成检验能力、整车下线后控制系统及其子系统的检验能力,具备故障诊断专用仪器和软件。
14 *	应建立从关键零部件总成供方至整车出厂的完整的产品可追溯体系。应建立整车产品信息及出厂检测数据记录和存储系统,存档期限不低于产品的预期生命周期。 当产品质量、安全、环保等方面发生重大共性问题和设计缺陷时(包括由于供方原因引起的问题),应能迅速查明原因,确定召回范围,并采取必要措施;当顾客需要维修备件时,应能够迅速确定所需备件的技术状态。 对于发动机、车载能源系统/燃料电池系统、储氢系统、驱动电机、整车控制器等关键部件,应建立易见的、不可更换的、唯一性标识,并建立可以支持产品追溯的信息数据库。
四	售后服务及产品安全保障能力
15	应建立完整的文件化的销售和售后服务管理体系,包括人员培训(企业内部人员、经销商人员、顾客或使用单位的人员)、销售和售后服务网络建设、维修服务提供、备件提供、索赔处理、信息反馈、整车产品召回、零部件(如电池)回收及再利用、客户管理等内容,并有能力实施。 应建立相应的技术文件体系,包括销售技术培训手册、整车/底盘/电子电器系统的维修手册、备件目录、专用工具和仪器清单、产品使用说明书、售后服务承诺、应急措施等。 售后服务承诺内容应充分适宜,应在本企业网站上向社会公开,并严格履行。 已获得新能源汽车生产准入的企业如果发生重组,应保证重组后企业提供的售后服务不低于重组前作出的售后服务承诺。

续表

16	维修服务、备件供应满足所有客户要求,能保证在产品的使用寿命期限内、在企业承诺的限定服务时间内向顾客提供可靠的备件、维修和咨询服务。 售后服务体系除能独立完成或与供方协作完成与常规汽车相同的售后服务项目外,还应具备整车及车载能源系统、驱动系统、控制系统及子系统和相关部件的故障诊断专用仪器和软件,具备相应的维修服务能力和更换能力。 应建立零部件(如电池)回收及再利用的渠道,与有关各方签订相关协议,确保回收及再利用的顺利实施。
17 *	应建立质量信息及时反馈机制及产品安全保障机制。 应在产品全生命周期内为所销售的每一辆新能源汽车(含底盘)建立相应的档案,跟踪汽车使用、维护、维修情况,建立新能源汽车动力电池溯源信息管理系统,跟踪记录动力电池回收利用情况。 应按照与用户的协议,对已销售的全部新能源汽车(含底盘)的运行安全状态进行监测,直至汽车停止使用或报废。监测数据应至少包括车辆运行安全、故障、充电、能耗情况等方面,应对监测数据进行分析,并能为车辆改进提供数据支持。监测数据保存期应不低于产品的生命周期。企业监测平台应与地方和国家新能源汽车推广应用监测平台对接。 应建立新能源汽车安全事故应急处理制度,包括应急预案、抢险救援方案、事故调查及汇报方案等。 应编写年度报告。年度报告应长期存档备查。

注:1. 申请新能源汽车生产企业准入的企业,如已按照相同类别的常规汽车生产企业准入管理规则通过审查,则对相关要求免予审查。

2. 表中准入审查要求分为否决项和一般项两类,共 17 个条款,标注"*"的条款(共 8 个)为否决项。

3. 判定原则如下:

(1)现场考核全部否决项均符合要求,一般项不符合不超过 2 项,审查结论为通过;其余情况均为不通过。

(2)当现场考核结果未达到本注中第(1)条要求时,申请企业可在 2 个月内针对不符合项进行整改,经验证后达到本注中第(1)条要求的,考核结论为通过;验证未达到第(1)条要求的,结论为不通过,申请企业 6 个月后方可重新提出申请。整改验证只能进行一次。

附件 2

企业集团下属企业的准入审查要求

一、设计开发能力

企业集团如果具备共用与通用的产品设计开发能力(包括产品试制试装能力、试验验证能力),则下属企业可以借用,并简化《准入审查要求》“设计开发能力”的考核要求。

二、生产能力

下属企业应满足《准入审查要求》“生产能力”的相关要求。

对于车身、底盘等总成部件,如果企业集团在冲压、焊装等方面有统一生产布局,则可简化下属企业的相关能力要求。

三、产品生产一致性保证能力

下属企业应满足《准入审查要求》“产品生产一致性保证能力”的相关要求,并能够独立实施。但在检验能力中,涉及定期抽查、型式检验等方面的工作可由企业集团统一完成。

共用与通用产品的零部件配套可在企业集团统一管理、统一评价、统一要求下进行。下属企业的专有产品,应由下属企业自行制定要求、自行评价,指定配套企业。

四、售后服务及产品安全保障能力

可由企业集团统一销售渠道、提供通用性服务。下属企业的专有产品,应由下属企业提供专项服务。

附件 3

新能源汽车产品专项检验项目及依据标准

序号	检验项目	标准名称	标准号	备　注
1	储能装置（单体、模块）	电动汽车用锌空气电池	GB/T 18333.2－2015	6.2.4、6.3.4 90°倾倒试验对水系电解液蓄电池暂不执行。
		车用超级电容器	QC/T 741－2014	
		电动汽车用动力蓄电池循环寿命要求及试验方法	GB/T 31484－2015	6.5 工况循环寿命结合整车可靠性标准进行考核。
		电动汽车用动力蓄电池安全要求及试验方法	GB/T 31485－2015	6.2.8、6.3.8 针刺试验暂不执行。
		电动汽车用动力蓄电池电性能要求及试验方法	GB/T 31486－2015	
	储能装置（电池包）	电动汽车用锂离子动力蓄电池包和系统 第 3 部分：安全性要求与测试方法	GB/T 31467.3－2015	对于由车体包覆并构成电池包箱体的，要带箱体/车体测试；电池包或系统尺寸较大，无法进行台架安装测试时，可进行子系统测试。
2	电机及控制器	电动汽车用驱动电机系统 第 1 部分：技术条件	GB/T 18488.1－2015	5.6.7 电磁兼容性结合 GB/T 18387－2008 电磁兼容考核；5.7 可靠性试验结合整车可靠性进行考核；附录 A 不执行。
		电动汽车用驱动电机系统 第 2 部分：试验方法	GB/T 18488.2－2015	10 可靠性试验、9.7 电磁兼容性暂不执行。

续表

3	电动汽车安全	电动汽车 安全要求 第1部分:车载可充电储能系统(REESS)	GB/T 18384.1－2015	5.1.2(除乘用车和N1类车辆外的其他汽车)绝缘电阻测试条件,可在室温条件下进行; 5.2 污染度暂不执行; 5.3 有害气体和其他有害物质排放暂不执行。
		电动汽车 安全要求 第2部分:操作安全和故障防护	GB/T 18384.2－2015	6 用户手册涉及项目暂不执行; 8 紧急响应涉及项目暂不执行。
		电动汽车 安全要求 第3部分:人员触电防护	GB/T 18384.3－2015	6.3.3 电容耦合 暂不执行; 7.2B(除乘用车和N1类车辆外的其他汽车)绝缘电阻测试条件,可在室温条件下进行; 9 用户手册 涉及项目暂不执行。
		燃料电池电动汽车安全要求	GB/T 24549－2009	
4	电磁场辐射	电动车辆的电磁场发射强度的限值和测量方法,宽带,9kHz ~ 30MHz	GB/T 18387－2008	
5	电动汽车操纵件	电动汽车操纵件、指示器及信号装置的标志	GB/T 4094.2－2005	
6	电动汽车仪表	电动汽车用仪表	GB/T 19836－2005	4.2 电磁兼容试验结合GB/T 18387－2008标准的方法和要求进行。

续表

7	能耗	电动汽车 能量消耗率和续驶里程试验方法	GB/T 18386－2005	
		轻型混合动力电动汽车能量消耗量试验方法	GB/T 19753－2013	
		重型混合动力电动汽车能量消耗量试验方法	GB/T 19754－2015	
8	电动汽车除霜除雾	电动汽车风窗玻璃除霜除雾系统的性能要求及试验方法	GB/T 24552－2009	5.1.1 除霜试验环境温度对于燃料电池电动汽车为－10℃。
9	纯电动乘用车技术条件	纯电动乘用车 技术条件	GB/T 28382－2012	
10	燃料电池发动机	燃料电池发动机性能试验方法	GB/T 24554－2009	
11	燃料电池电动汽车加氢口	燃料电池电动汽车加氢口	GB/T 26779－2011	
12	燃料电池电动汽车车载氢系统技术要求	燃料电池电动汽车 车载氢系统 技术要求	GB/T 26990－2011	
		燃料电池电动汽车 车载氢系统 试验方法	GB/T 29126－2012	
13	电动汽车传导充电用连接装置	电动汽车传导充电用连接装置 第1部分：通用要求	GB/T 20234.1－2015	
		电动汽车传导充电用连接装置 第2部分：交流充电接口	GB/T 20234.2－2015	
		电动汽车传导充电用连接装置 第3部分：直流充电接口	GB/T 20234.3－2015	

续表

14	通信协议	电动汽车非车载传导式充电机与电池管理系统之间的通信协议	GB/T 27930 – 2015	
15	碰撞后安全要求	电动汽车碰撞后安全要求	GB/T 31498 – 2015	采用 B 级电压的燃料电池电动汽车应符合本标准规定。
16	超级电容电动城市客车	超级电容电动城市客车	QC/T 838 – 2010	5.1.3.1 绝缘、5.2.1 高压电器设备及布线、5.3 低压电器设备及电路设施暂不执行。
17	插电式混合动力电动乘用车技术条件	插电式混合动力电动乘用车 技术条件	GB/T 32694 – 2016	
18	电动汽车远程服务与管理系统技术规范	电动汽车远程服务与管理系统技术规范 第 2 部分：车载终端	GB/T 32960.2 – 2016	
		电动汽车远程服务与管理系统技术规范 第 3 部分：通讯协议及数据格式	GB/T 32960.3 – 2016	
19	定型试验	电动汽车 定型试验规程	GB/T 18388 – 2005	4.1.2、4.1.3 电动车除霜除雾结合 GB/T 24552 – 2009 标准的方法和要求考核。4.3 可靠性行驶对于纯电动乘用车按照 GB/T 28382 – 2012 标准 4.9 可靠性要求考核。
		混合动力电动汽车 定型试验规程	GB/T 19750 – 2005	
		超级电容电动城市客车 定型试验规程	QC/T 925 – 2013	
		电动汽车 动力性能试验方法	GB/T 18385 – 2005	

续表

		混合动力电动汽车动力性能 试验方法	GB/T 19752 - 2005	9.7 混合动力模式下的30分钟最高车速暂不执行。
		燃料电池电动汽车最高车速试验方法	GB/T 26991 - 2011	

附件4

新能源汽车生产企业准入申请书

申请企业名称(盖章):______________________

联系地址:______________________________

邮政编码:______________________________

联 系 人:______________职务:____________

电　　话:______________传真:____________

电子信箱:______________________________

填表日期:____________年________月________日

填 表 须 知

1. 填写本申请书应确保所填资料真实准确;
2. 本申请书用墨笔或电子方式填写,要求字迹清晰;
3. 本申请所有填报项目(含表格)页面不足时,可另附页面。

企 业 声 明

1. 本企业自愿向工业和信息化部申请新能源汽车生产企业准入;

2. 本企业自愿遵守工业和信息化部《新能源汽车生产企业及产品准入管理规定》及相关文件的规定;

3. 本企业自愿如实提供开展新能源汽车生产企业准入的现场考核、管理所需的信息和资料，并为考核工作提供方便。

申请企业法定代表人（手签）：

申请企业（盖章）：

年　　月　　日

一、企业基本情况

<table>
<tr><td>企业名称
（盖章）</td><td colspan="3"></td></tr>
<tr><td>注册地址</td><td colspan="3"></td></tr>
<tr><td>生产地址</td><td colspan="3"></td></tr>
<tr><td>法定代表人</td><td colspan="3"></td></tr>
<tr><td>产品商标</td><td></td><td>企业
《公告》序号</td><td></td></tr>
<tr><td colspan="3">与新能源汽车产品有关的专业技术人员总数（人）</td><td></td></tr>
<tr><td colspan="3">新能源汽车产能（辆/年，应明确工作制为单班、双班或三班）</td><td></td></tr>
<tr><td colspan="4">与汽车及零部件产品相关的资产情况（单位：万元）</td></tr>
<tr><td>注册资本</td><td colspan="3"></td></tr>
<tr><td>固定资产原值</td><td></td><td>固定资产现值</td><td></td></tr>
<tr><td>总资产
（不含土地价值）</td><td></td><td>净资产
（不含土地价值）</td><td></td></tr>
<tr><td colspan="4">1. 申请企业及产品简介
（包括企业人员、生产能力、资产关系、企业历史、占地面积、建筑面积、新能源汽车产品研发投入及研发成果、参与国家科研项目情况、诚信守法经营情况及相关证明材料等内容）
2. 申请企业投资主体基本情况
（包括投资主体简介、自有资金规模、融资能力、盈利能力、诚信守法经营情况及相关证明材料等）</td></tr>
</table>

续表

3. 新能源汽车产品的技术特性说明 （包括技术来源、动力系统、车身和底盘结构、主要参数和配置等内容） 4. 新能源汽车产品设计能力及设计开发过程说明 （包括研发机构和人员、开发工具和设备、开发过程描述等） 5. 新能源汽车产品生产过程、生产条件和能力、生产地址、产品追溯性体系说明 （包括车身/驾驶室、车架、底盘、整车等，如自产电子电器系统部件，也应说明。产品追溯性体系应重点描述发动机、车载能源系统/燃料电池系统、储氢系统、驱动电机、整车控制器等关键部件） 6. 新能源汽车产品销售及运行情况（适用时） 7. 售后服务承诺 （售后服务承诺需包括产品质量保证承诺、售后服务网络建设、对售后服务人员和产品使用人员的培训、售后服务项目及内容、备件提供及质量保证期限、售后服务过程中发现问题的反馈、零部件（如电池）回收，以及索赔处理、在产品质量、安全、环保等方面出现严重问题时的应对措施等内容） 8. 产品安全保障机制说明 （至少包括监测平台介绍、所监测的数据、数据发送频次、企业监测平台与地方和国家监测平台对接情况、安全事故应急处理制度建设情况，包括应急预案、抢险救援方案、事故调查及汇报方案等）

二、主要生产、检验和产品开发设备（设施）清单

（一）主要生产设备清单

序号	名　称	型　号	数量	用　　途	设备原值（万元）	备注
注：设备原值应与相应的购货发票一致，下同。						

（二）主要检验仪器设备清单

序号	名　称	型　号	数量	主要技术参数	检定日期或有效期	设备原值（万元）	备注
注：主要技术参数包含仪器设备的量程、精度等。							

（三）产品开发主要设施设备（含必要的软件程序）清单

序号	名　称	型　号	数量	用　　途	设备原值（万元）	备注

附件5

新能源汽车产品主要技术参数表

序号	参数名称
1	产品商标
2	产品型号
3	产品名称
4	企业名称
5	底盘型号
6	底盘 ID 号
7	底盘生产企业名称
8	底盘名称

续表

9	底盘商标
10	底盘类别
11	外形尺寸长(mm)
12	外形尺寸宽(mm)
13	外形尺寸高(mm)
14	燃料种类
15	排放依据标准
16	排放水平
17	转向形式
18	货厢栏板内尺寸长(mm)
19	货厢栏板内尺寸宽(mm)
20	货厢栏板内尺寸高(mm)
21	轴数
22	轴距(mm)
23	钢板弹簧片数(前/后)
24	轮胎规格
25	轮胎数
26	前轮距(mm)
27	后轮距(mm)
28	总质量(kg)
29	轴荷(kg)
30	额定载质量(kg)
31	整备质量(kg)
32	准拖挂车总质量(kg)
33	质量利用系数
34	半挂车鞍座最大允许承载质量(kg)
35	额定载客(含驾驶员)(座位数)(人)
36	驾驶室准乘人数(人)

续表

37	接近角(°)/离去角(°)
38	前悬(mm)/后悬(mm)
39	最高车速(km/h)
40	发动机型号
41	发动机生产企业
42	发动机排量(mL)
43	发动机功率(kW)
44	油耗(L/100km)
45	VIN
46	其他
47	反光标识型号
48	反光标识商标
49	反光标识生产企业
50	防抱死制动系统
51	生产地址
52	底盘生产地址
53	车辆类型
54	车身或驾驶室型式
55	车身或驾驶室型号
56	车身或驾驶室生产企业
57	迎风面积(m^2)
58	空气阻力系数
59	车身(或驾驶室,含顶盖)本体材料
60	最小离地间隙(mm)
61	最小转弯直径(m)
62	轮胎气压(Mpa)
63	轮胎层级
64	轮辋规格

续表

65	轮胎生产企业
66	带双车轮的车轴数
67	带双车轮车轴位置
68	转向轴数量
69	转向轴位置
70	转向轴满载轴荷(kg)
71	驱动型式
72	驱动轴位置
73	驱动轴数量
74	前桥(轴)型号
75	前桥(轴)生产企业
76	后桥(轴)型号
77	后桥(轴)生产企业
78	前悬架型式
79	后悬架型式
80	发动机布置型式
81	发动机位置
82	“R”点坐标(x,y,z)
83	“R”点坐标原点位置
84	“R”点距地面垂直距离(mm)
85	“R”点至车辆最前端距离(mm)
86	整车供电电压(V)
87	整车质心高度(空载/满载,mm)
88	总有效质量(kg)
89	总有效质量时的质心高度(mm)
90	限速装置型式
91	限速装置型号
92	限速装置生产企业

续表

93	电子式限速装置所使用的通讯协议标准
94	专用装置名称
95	专用装置型号
96	专用装置生产企业
97	行驶记录仪型号
98	行驶记录仪生产企业
99	整备质量状态下，各轴质量分配（kg）
100	车门数量（供人员上下的车门总数）
101	乘员数不超过 22 人车辆的类型（A 级客车、B 级客车）
102	乘员数大于 22 人车辆的用途（长途客车、旅游客车、城市客车）
103	其他需要说明的内容
104	车身或驾驶室骨架材料
105	车窗数量
106	发动机舱内是否具有灭火装置
107	牵引装置材料
108	牵引装置数量
109	牵引装置位置
110	牵引装置结构型式
111	牵引装置型号
112	牵引装置生产企业
113	牵引装置与车身的连接方式
114	发动机 ID 号
115	发动机最大净功率（kW）
116	发动机点火方式
117	发动机供油方式
118	发动机进气方式
119	发动机冷却方式
120	发动机燃烧室结构

续表

121	发动机气缸排列型式
122	发动机气缸数目
123	发动机缸心距(mm)
124	发动机气门数(进气/排气)
125	发动机缸径(mm)
126	发动机行程(mm)
127	发动机单缸排量(mL)
128	发动机容积压缩比
129	发动机额定功率相应转速(r/min)
130	发动机最大扭矩(Nm)
131	发动机最大扭矩相应转速(r/min)
132	最大扭矩转速时每冲程燃料供给量(mL)
133	额定功率转速时每冲程燃料供给量(mL)
134	发动机怠速转速(r/min)
135	发动机高怠速转速(r/min)
136	空滤器型号
137	空滤器生产企业
138	中冷器型号
139	中冷器生产企业
140	中冷器出口空气最高温度(℃)
141	增压器型号
142	增压器生产企业
143	喷油泵型号
144	喷油泵生产企业
145	调速器型号
146	调速器生产企业
147	喷油器型号
148	喷油器生产企业

续表

149	喷油器喷射压力(Mpa)
150	喷油泵泵端压力(MPa)
151	发动机 ECU 硬件型号
152	发动机 ECU 软体型号
153	发动机 ECU 硬件生产企业
154	发动机 ECU 软体生产企业
155	火花塞型号
156	火花塞生产企业
157	点火线圈型号
158	点火线圈生产企业
159	分电器生产企业
160	分电器型号
161	高压线生产企业
162	高压线型号
163	发电机型号
164	发电机生产企业
165	LPG/NG 燃气发动机燃料供给方式
166	LPG/NG 压力调节器型号
167	LPG/NG 压力调节器生产企业
168	LPG/NG 蒸发器型号
169	LPG/NG 蒸发器生产企业
170	LPG 气化装置规格型号
171	LPG 气化装置规格生产企业
172	LPG/NG 混合装置规格型号
173	LPG/NG 混合装置生产企业
174	LPG/NG 喷射装置规格型号
175	LPG/NG 喷射装置生产企业
176	LPG/NG 钢瓶型号

续表

177	LPG/NG 钢瓶生产企业
178	LPG/NG 钢瓶认证号
179	气瓶安装数量
180	气瓶额定工作压力(MPa)
181	额定工作压力下气瓶重量(kg)
182	气瓶的固定方式
183	气瓶固定点数量
184	气瓶固定件材料
185	气瓶加气口型号
186	气瓶加气口生产企业
187	发动机最大进气阻力(额定转速、100%负荷)(kPa)
188	发动机最大排气背压(额定转速、100%负荷)(kPa)
189	由发动机驱动的附件允许吸收的最大功率(kW)
190	氧传感器型号
191	氧传感器的安装位置
192	氧传感器生产企业
193	氮氧传感器型号
194	氮氧传感器生产企业
195	压差传感器型号
196	压差传感器生产企业
197	其他后处理监控传感器型号
198	其他后处理监控传感器生产企业
199	催化转化器型号
200	催化转化器的容积(mL)
201	催化转换器的尺寸/形状
202	催化转化器壳体的型式
203	催化转化器生产企业
204	催化转化器装车数量

续表

205	催化转化器安装的位置
206	催化转化器的作用型式
207	催化转化器正常工作温度范围(K)
208	催化器反应所需的反应剂类型和浓度
209	反应剂正常工作温度范围(K)
210	反应剂补充频率
211	催化单元的数目
212	催化转化器贵金属总含量(g)和比例
213	催化转化器载体的材料和结构
214	催化转化器的孔密度
215	载体生产企业
216	涂层材料
217	涂层生产企业
218	载体尺寸
219	催化转化器的载体体积(mL)
220	催化转化器各贵金属含量(g)
221	空气喷射系统型式
222	曲轴箱排放污染控制方式
223	曲轴箱排放污染控制装置型号
224	曲轴箱排放污染控制装置生产企业
225	燃油箱型号
226	燃油箱生产企业
227	燃油箱容积(L)
228	燃油箱材料
229	燃油箱后端至车身最后端的距离(mm)
230	燃料箱前端至车身前端面距离(mm)
231	燃油箱呼吸阀设定压力(kPa)
232	活性炭罐型号

续表

233	活性炭罐生产企业
234	炭罐的有效容积(mL)
235	炭罐的初始工作能力(BWC)(g/100mL)
236	脱附贮存蒸气的控制方式
237	EGR(废气再循环)型号
238	EGR(废气再循环)生产企业
239	EGR(废气再循环)控制方式
240	颗粒物捕集器型号
241	颗粒物捕集器生产企业
242	颗粒物捕集器型式和结构
243	颗粒物捕集器的容积(mL)
244	颗粒物捕集器的尺寸(mm)和形状
245	颗粒物捕集器安装位置
246	颗粒物捕集器再生方法或系统
247	颗粒物捕集器再生系统正常工作温度范围(K)和压力范围(kPa)
248	再生系统两次再生之间的 ETC 试验循环次数(n_1)
249	再生系统再生之间的 ETC 试验循环次数(n_2)
250	颗粒物捕集器载体材料、结构和尺寸
251	颗粒物捕集器载体生产企业
252	颗粒物捕集器载体涂层材料
253	颗粒物捕集器载体涂层生产企业
254	轻型车 OBD 系统是否具备 NOx 监测和 IUPR
255	变速器型式
256	变速器档位数
257	变速器各档位传动比
258	变速器型号
259	变速器生产企业
260	主减速器速比(驱动桥速比)

续表

261	转向盘型号
262	转向盘生产企业
263	转向盘直径(mm)
264	转向器型式
265	转向器型号
266	转向器生产企业
267	转向助力型式
268	行车制动系型式
269	应急制动系型式
270	驻车制动系型式
271	辅助制动系型式
272	辅助制动装置型号
273	辅助制动装置生产企业
274	制动助力器助力方式
275	制动钳生产企业
276	制动钳型号
277	制动盘生产企业
278	制动盘型号
279	制动鼓生产企业
280	制动鼓型号
281	制动蹄生产企业
282	制动蹄型号
283	制动衬片型号
284	制动衬片材料
285	ABS 系统控制方式
286	ABS 系统控制器型号
287	ABS 系统控制器生产企业
288	液压制动软管型号

续表

289	液压制动软管认证号
290	液压制动软管生产企业
291	气压制动软管型号
292	气压制动软管认证号
293	气压制动软管生产企业
294	真空助力制动软管型号
295	真空助力制动软管认证号
296	真空助力制动软管生产企业
297	发动机机舱隔声材料
298	发动机机罩盖锁位置
299	发动机机罩盖锁型号
300	发动机机罩盖锁生产企业
301	排气消声器数量
302	排气消声器型号
303	排气消声器生产企业
304	排气管排气出口数量
305	排气管排气出口位置及朝向
306	前照灯生产企业
307	前照灯型号
308	前照灯调光装置型式
309	前照灯清洗器型号
310	前照灯清洗器生产企业
311	前雾灯生产企业
312	前雾灯型号
313	后雾灯生产企业
314	后雾灯型号
315	前位灯生产企业
316	前位灯型号

续表

317	后位灯生产企业
318	后位灯型号
319	前示廓灯生产企业
320	前示廓灯型号
321	后示廓灯生产企业
322	后示廓灯型号
323	制动灯生产企业
324	制动灯型号
325	高位制动灯生产企业
326	高位制动灯型号
327	倒车灯生产企业
328	倒车灯型号
329	前转向信号灯生产企业
330	前转向信号灯型号
331	后转向信号灯生产企业
332	后转向信号灯型号
333	侧转向信号灯生产企业
334	侧转向信号灯型号
335	前回复反射器生产企业
336	前回复反射器型号
337	侧回复反射器生产企业
338	侧回复反射器型号
339	后回复反射器生产企业
340	后回复反射器型号
341	侧标志灯生产企业
342	侧标志灯型号
343	驻车灯生产企业
344	驻车灯型号

续表

345	后牌照灯生产企业
346	后牌照灯型号
347	昼间行驶灯生产企业
348	昼间行驶灯型号
349	LED 前照灯型号
350	LED 前照灯生产企业
351	驾驶员安全带生产企业
352	驾驶员安全带型号
353	驾驶员安全带型式
354	驾驶员座椅上安全带固定点数量
355	驾驶员安全带下固定点 L_1 位置
356	驾驶员安全带下固定点 L_2 位置
357	驾驶员安全带认证号
358	前排右侧乘员安全带生产企业
359	前排右侧乘员安全带型号
360	前排右侧乘员安全带型式
361	前排右侧乘员座椅上安全带固定点数量
362	前排右侧乘员安全带下固定点 L_1 位置
363	前排右侧乘员安全带下固定点 L_2 位置
364	前排右侧乘员安全带认证号
365	其他乘员安全带生产企业（M_2、M_3）
366	其他乘员安全带型号（M_2、M_3）
367	其他乘员安全带型式（M_2、M_3）
368	其他乘员座椅上安装的安全带固定点的数量（M_2、M_3）
369	其他乘员安全带下固定点 L_1 位置（M_2、M_3）
370	其他乘员安全带下固定点 L_2 位置（M_2、M_3）
371	其他乘员安全带认证号（M_2、M_3）
372	驾驶员座椅型式

续表

373	驾驶员座椅型号
374	驾驶员座椅生产企业
375	驾驶员座椅调节行程(mm)
376	驾驶员座椅固定方式
377	驾驶员座椅头枕型号
378	驾驶员座椅头枕生产企业
379	前排右侧乘员座椅型式
380	前排右侧乘员座椅型号
381	前排右侧乘员座椅生产企业
382	前排右侧座椅调节行程(mm)
383	前排右侧乘员座椅固定方式
384	前排右侧乘员座椅头枕型号
385	前排右侧乘员座椅头枕生产企业
386	其他乘员座椅型号(M_2、M_3)
387	其他乘员座椅生产企业(M_2、M_3)
388	其他乘员座椅固定方式(M_2、M_3)
389	其他乘员座椅头枕型号
390	其他乘员座椅头枕生产企业
391	校车约束隔板型式
392	校车约束隔板型号
393	校车约束隔板生产企业
394	校车约束隔板固定方式
395	儿童座椅类型及固定方式
396	儿童座椅型号
397	儿童座椅生产企业
398	左侧外后视镜型号及类别
399	左侧外后视镜生产企业
400	右侧外后视镜型号及类别

续表

401	右侧外后视镜生产企业
402	广角外后视镜(Ⅳ类)型号
403	广角外后视镜(Ⅳ类)生产企业
404	补盲外后视镜(Ⅴ类)型号
405	补盲外后视镜(Ⅴ类)生产企业
406	Ⅵ类视镜型号
407	Ⅵ类视镜生产企业
408	间接视野装置种类、安装位置及视野范围
409	间接视野装置型号
410	间接视野装置生产企业
411	暖风电机生产企业
412	暖风电机型号
413	暖风电机功率(kW)
414	刮水器电机生产企业
415	刮水器电机型号
416	刮水器控制器生产企业
417	刮水器控制器型号
418	车速表型号
419	车速表生产企业
420	组合仪表型号
421	组合仪表生产企业
422	电喇叭生产企业
423	电喇叭型号
424	电喇叭装车数量
425	电喇叭安装位置离地高(mm)
426	电喇叭安装位置距车辆最前方的距离(mm)
427	气喇叭生产企业
428	气喇叭型号

续表

429	气喇叭装车数量
430	气喇叭安装位置离地高(mm)
431	气喇叭安装位置距车辆最前方的距离(mm)
432	座椅面料结构
433	座椅面料材料
434	座椅面料厚度(mm)
435	座椅面料生产企业
436	发动机舱内隔热隔音材料结构
437	发动机舱内隔热隔音材料材料
438	发动机舱内隔热隔音材料厚度(mm)
439	发动机舱内隔热隔音材料生产企业
440	门内护板结构
441	门内护板材料
442	门内护板厚度 (mm)
443	门内护板生产企业
444	顶棚衬里结构
445	顶棚衬里材料
446	顶棚衬里厚度(mm)
447	顶棚衬里生产企业
448	地板覆盖层结构
449	地板覆盖层材料
450	地板覆盖层厚度(mm)
451	地板覆盖层生产企业
452	仪表板结构
453	仪表板材料
454	仪表板厚度(mm)
455	仪表板生产企业
456	行李箱衬里结构

续表

457	行李箱衬里材料
458	行李箱衬里厚度(mm)
459	行李箱衬里生产企业
460	其他内饰材料的结构
461	其他内饰材料的材料
462	其他内饰材料的厚度(mm)
463	其他内饰材料的生产企业
464	前风窗玻璃认证号
465	前风窗玻璃型号
466	前风窗玻璃生产企业
467	后风窗玻璃认证号
468	后风窗玻璃型号
469	后风窗玻璃生产企业
470	侧风窗玻璃认证号
471	侧风窗玻璃型号
472	侧风窗玻璃生产企业
473	空调系统制冷剂规格型号
474	空调控制器型号
475	空调控制器生产企业
476	三角警告牌生产企业
477	三角警告牌型号
478	闪光继电器生产企业
479	闪光继电器型号
480	天线生产企业
481	天线型号
482	天线位置
483	防盗装置的型式
484	防盗装置的生产企业

续表

485	车载音视频系统型号
486	车载音视频系统生产企业
487	窗帘结构
488	窗帘材料
489	窗帘工艺
490	窗帘厚度(mm)
491	窗帘生产企业
492	遮阳帘结构
493	遮阳帘材料
494	遮阳帘工艺
495	遮阳帘厚度(mm)
496	遮阳帘生产企业
497	其他内部悬挂材料的结构
498	其他内部悬挂材料的材料
499	其他内部悬挂材料的工艺
500	其他内部悬挂材料的厚度(mm)
501	其他内部悬挂材料的生产企业
502	新能源车辆类型
503	电动汽车储能装置种类
504	储能装置单体型号
505	电动汽车储能装置类型
506	储能装置单体外形
507	储能装置单体外形尺寸(mm)
508	储能装置单体的标称电压(V)
509	动力蓄电池单体 3 小时率额定容量 C3(Ah)
510	超级电容器单体标称静电容量(F)
511	储能装置单体质量(kg)
512	储能装置单体数量

续表

513	储能装置单体生产企业
514	储能装置总成生产企业
515	储能装置最小模块型号
516	储能装置最小模块的标称电压(V)
517	动力蓄电池最小模块3小时率额定容量C3(Ah)
518	超级电容器最小模块标称静电容量(F)
519	储能装置组合方式
520	成箱后的储能装置型号
521	混合动力电动汽车是否允许外接充电
522	混合动力汽车混合度
523	混合动力汽车电功率比(%)
524	混合动力汽车是否有强制纯电动模式
525	混合动力汽车是否有强制热机模式
526	电动汽车驱动电机类型
527	电动汽车驱动电机型号
528	电动汽车驱动电机生产企业
529	电动汽车驱动电机额定功率/转速/转矩(kW/r/min/N. m)
530	电动汽车驱动电机峰值功率/转速/转矩(kW/r/min/N. m)
531	驱动电机安装数量
532	驱动电机布置型式/位置
533	驱动电机冷却方式
534	驱动电机工作制
535	驱动电机控制器型号
536	驱动电机控制器生产企业
537	驱动电机控制方式
538	驱动电机控制器冷却方式
539	电动汽车整车控制器型号
540	电动汽车整车控制器生产企业

续表

541	储能装置总成标称电压(V)
542	储能装置总成额定输出电流(A)
543	动力蓄电池总成标称容量(Ah)
544	超级电容器总成标称静电容量(F)
545	燃料电池系统额定功率(kW)
546	燃料电池系统峰值功率(kW)
547	燃料电池系统最大净输出功率(kW)
548	储能装置总储电量(kWh)
549	储能装置总成质量(kg)
550	动力蓄电池箱是否具有快换装置
551	储能装置正极材料
552	储能装置负极材料
553	储能装置电解质成分
554	储能装置电解质形态
555	燃料电池电催化剂材料
556	燃料电池工作温度范围(℃)
557	燃料电池堆额定压力(MPa)
558	燃料电池汽车气瓶型号
559	燃料电池汽车气瓶生产企业
560	燃料电池汽车气瓶公称水容积(L)
561	燃料电池汽车气瓶公称工作压力(MPa)
562	燃料电池汽车气瓶布置位置及方向
563	燃料电池汽车气瓶数量
564	燃料电池汽车气瓶压力调节器型号
565	燃料电池汽车气瓶压力调节器生产企业
566	车载能源管理系统型号(包括软件和硬件)
567	车载能源管理系统生产企业
568	电动汽车发电机型号

续表

569	电动汽车发电机生产企业
570	电动汽车发电机额定输出电压(V)
571	电动汽车发电机额定输出功率/转速(kW/r/min)
572	电动汽车发电机控制器型号
573	电动汽车发电机控制器生产企业
574	电动汽车充电插头/插座型号
575	电动汽车充电插头/插座生产企业
576	电动汽车车载充电机型号
577	电动汽车车载充电机生产企业
578	电动汽车充电方式
579	车载充电机额定输入电压(V)、电流(A)和频率(Hz)
580	车载充电机输出电压(V)、电流(A)和功率(kW)
581	新能源汽车车载实时监控装置型号
582	新能源汽车车载实时监控装置生产企业
583	电动汽车仪表型号
584	电动汽车仪表生产企业
585	电动汽车续驶里程(工况法,km)
586	电动汽车续驶里程(等速法,km)
587	电动汽车30分钟最高车速(km/h)
588	混合动力汽车纯电动模式下1km最高车速(km/h)

注:1. 申报企业应按产品类别填报其中适用的参数。

2. 根据标准制修订情况,技术参数将适时调整。

附件 6

新能源汽车年度报告
(20XX 年度)

(企业名称)

编制日期:________年____月____日

企 业 声 明

1. 本企业自愿遵守工业和信息化部《新能源汽车生产企业及产品准入管理规定》及相关文件的规定;

2. 本企业承诺本年度报告所采用的数据、事实的真实性,并未隐瞒或遗漏任何重大事实;

3. 本企业承诺长期保存本年度报告;

4. 本企业自愿接受工业和信息化部组织的新能源汽车相关检查,如实提供所需的信息和资料,并为检查工作提供方便。

法定代表人(手签):

企业名称(盖章):

年　　月　　日

一、综述

1. 新产品研发和改进情况
2. 研发、生产、检验能力和条件建设情况
3. 新能源汽车年度生产、销售的总体情况
4. 国家有关政策和强制性标准、法规的执行情况
5. 国家和地方补贴的申报、获取情况
6. 生产一致性内部检查情况
（包括产品一致性自查情况、生产一致性保证能力自查情况）
7. 政府相关部门对企业和产品的监督检查情况
8. 监测系统的数据分析情况
（包括监测的新能源汽车数量；产品按车型、地域分布情况；单车运行里程、单一车型产量及总运行里程、全部产品产量及总运行里程、能耗数据及分析、故障和事故情况统计分析等）
9. 售后服务及产品安全保障情况
（包括售后服务及产品安全保障能力建设情况、售后服务过程中发现的产品质量和安全故障及相应的改善措施等）
10. 产品在安全、环保、节能方面的事件或事故及处理、汇报情况
11. 动力电池（包括超级电容器等）回收和处置情况

二、新能源汽车产、销量及销售额

序号	产品型号	产品名称	生产地址		产、销量（辆）和销售额（万元）				合计
					第一季度	第二季度	第三季度	第四季度	
1				产量					
				销量					
				销售额					
2				产量					
				销量					
				销售额					
3				产量					
				销量					
				销售额					

续表

合计	总产量					
	总销量					
	总销售额					

三、新能源汽车动力电池(含超级电容器、燃料电池堆)采购情况

序号	产品型号	产品名称	生产地址		动力电池采购量(辆份)和采购额(万元)				合计
					第一季度	第二季度	第三季度	第四季度	
1				采购量					
				采购额					
2				采购量					
				采购额					
3				采购量					
				采购额					
合计				总采购量					
				总采购额					

中央企业投资监督管理办法

(2017年1月7日国务院国有资产监督管理委员会令第34号公布　自公布之日起施行　国法备字[2017000252])

第一章　总　　则

第一条　为依法履行出资人职责,建立完善以管资本为主的国有资产监管体制,推动中央企业规范投资管理,优化国有资本布局和结构,更好地落实国有资本保值增值责任,根据《中华人民共和国公司法》《中华人民共和国企业国有资产法》《关于深化国有企业改革的指导意见》(中发〔2015〕22号)和《关于改革和完善国有资产管理体制的若干意见》(国发〔2015〕63号)等法律法规和文件,制定本办法。

第二条 本办法所称中央企业是指国务院国有资产监督管理委员会(以下简称国资委)代表国务院履行出资人职责的国家出资企业。本办法所称投资是指中央企业在境内从事的固定资产投资与股权投资。本办法所称重大投资项目是指中央企业按照本企业章程及投资管理制度规定,由董事会研究决定的投资项目。本办法所称主业是指由中央企业发展战略和规划确定并经国资委确认公布的企业主要经营业务;非主业是指主业以外的其他经营业务。

第三条 国资委以国家发展战略和中央企业五年发展规划纲要为引领,以把握投资方向、优化资本布局、严格决策程序、规范资本运作、提高资本回报、维护资本安全为重点,依法建立信息对称、权责对等、运行规范、风险控制有力的投资监督管理体系,推动中央企业强化投资行为的全程全面监管。

第四条 国资委指导中央企业建立健全投资管理制度,督促中央企业依据其发展战略和规划编报年度投资计划,对中央企业年度投资计划实行备案管理,制定中央企业投资项目负面清单,对中央企业投资项目进行分类监管,监督检查中央企业投资管理制度的执行情况、重大投资项目的决策和实施情况,组织开展对重大投资项目后评价,对违规投资造成国有资产损失以及其他严重不良后果的进行责任追究。

第五条 中央企业投资应当服务国家发展战略,体现出资人投资意愿,符合企业发展规划,坚持聚焦主业,大力培育和发展战略性新兴产业,严格控制非主业投资,遵循价值创造理念,严格遵守投资决策程序,提高投资回报水平,防止国有资产流失。

第六条 中央企业是投资项目的决策主体、执行主体和责任主体,应当建立投资管理体系,健全投资管理制度,优化投资管理信息系统,科学编制投资计划,制定投资项目负面清单,切实加强项目管理,提高投资风险防控能力,履行投资信息报送义务和配合监督检查义务。

第二章 投资监管体系建设

第七条 中央企业应当根据本办法规定,结合本企业实际,建立健全投资管理制度。企业投资管理制度应包括以下主要内容:

(一)投资应遵循的基本原则;

(二)投资管理流程、管理部门及相关职责;

(三)投资决策程序、决策机构及其职责;

(四)投资项目负面清单制度;

(五)投资信息化管理制度;

（六）投资风险管控制度；

（七）投资项目完成、中止、终止或退出制度；

（八）投资项目后评价制度；

（九）违规投资责任追究制度；

（十）对所属企业投资活动的授权、监督与管理制度。

企业投资管理制度应当经董事会审议通过后报送国资委。

第八条 国资委和中央企业应当建立并优化投资管理信息系统。国资委建立中央企业投资管理信息系统，对中央企业年度投资计划、季度及年度投资完成情况、重大投资项目实施情况等投资信息进行监测、分析和管理。中央企业建立完善本企业投资管理信息系统，加强投资基础信息管理，提升投资管理的信息化水平，通过信息系统对企业年度投资计划执行、投资项目实施等情况进行全面全程的动态监控和管理。中央企业按本办法规定向国资委报送的有关纸质文件和材料，应当同时通过中央企业投资管理信息系统报送电子版信息。

第九条 国资委根据国家有关规定和监管要求，建立发布中央企业投资项目负面清单，设定禁止类和特别监管类投资项目，实行分类监管。列入负面清单禁止类的投资项目，中央企业一律不得投资；列入负面清单特别监管类的投资项目，中央企业应报国资委履行出资人审核把关程序；负面清单之外的投资项目，由中央企业按照企业发展战略和规划自主决策。中央企业投资项目负面清单的内容保持相对稳定，并适时动态调整。

中央企业应当在国资委发布的中央企业投资项目负面清单基础上，结合企业实际，制定本企业更为严格、具体的投资项目负面清单。

第十条 国资委建立完善投资监管联动机制，发挥战略规划、法律合规、财务监督、产权管理、考核分配、资本运营、干部管理、外派监事会监督、纪检监察、审计巡视等相关监管职能合力，实现对中央企业投资活动过程监管全覆盖，及时发现投资风险，减少投资损失。

第三章 投资事前管理

第十一条 中央企业应当按照企业发展战略和规划编制年度投资计划，并与企业年度财务预算相衔接，年度投资规模应与合理的资产负债水平相适应。企业的投资活动应当纳入年度投资计划，未纳入年度投资计划的投资项目原则上不得投资，确需追加投资项目的应调整年度投资计划。

第十二条 中央企业应当于每年3月10日前将经董事会审议通过的年

度投资计划报送国资委。年度投资计划主要包括以下内容：

（一）投资主要方向和目的；

（二）投资规模及资产负债率水平；

（三）投资结构分析；

（四）投资资金来源；

（五）重大投资项目情况。

第十三条 国资委依据中央企业投资项目负面清单、企业发展战略和规划，从中央企业投资方向、投资规模、投资结构和投资能力等方面，对中央企业年度投资计划进行备案管理。对存在问题的企业年度投资计划，国资委在收到年度投资计划报告（含调整计划）后的20个工作日内，向有关企业反馈书面意见。企业应根据国资委意见对年度投资计划作出修改。

进入国资委债务风险管控“特别监管企业”名单的中央企业，其年度投资计划需经国资委审批后方可实施。

第十四条 列入中央企业投资项目负面清单特别监管类的投资项目，中央企业应在履行完企业内部决策程序后、实施前向国资委报送以下材料：

（一）开展项目投资的报告；

（二）企业有关决策文件；

（三）投资项目可研报告（尽职调查）等相关文件；

（四）投资项目风险防控报告；

（五）其他必要的材料。

国资委依据相关法律、法规和国有资产监管规定，从投资项目实施的必要性、对企业经营发展的影响程度、企业投资风险承受能力等方面履行出资人审核把关程序，并对有异议的项目在收到相关材料后20个工作日内向企业反馈书面意见。国资委认为有必要时，可委托第三方咨询机构对投资项目进行论证。

第十五条 中央企业应当根据企业发展战略和规划，按照国资委确认的各企业主业、非主业投资比例及新兴产业投资方向，选择、确定投资项目，做好项目融资、投资、管理、退出全过程的研究论证。对于新投资项目，应当深入进行技术、市场、财务和法律等方面的可行性研究与论证，其中股权投资项目应开展必要的尽职调查，并按要求履行资产评估或估值程序。

第十六条 中央企业应当明确投资决策机制，对投资决策实行统一管理，向下授权投资决策的企业管理层级原则上不超过两级。各级投资决策机构对投资项目做出决策，应当形成决策文件，所有参与决策的人员均应在决策文件上签字背书，所发表意见应记录存档。

第四章　投资事中管理

第十七条　国资委对中央企业实施中的重大投资项目进行随机监督检查，重点检查企业重大投资项目决策、执行和效果等情况，对发现的问题向企业进行提示。

第十八条　中央企业应当定期对实施、运营中的投资项目进行跟踪分析，针对外部环境和项目本身情况变化，及时进行再决策。如出现影响投资目的实现的重大不利变化时，应当研究启动中止、终止或退出机制。中央企业因重大投资项目再决策涉及年度投资计划调整的，应当将调整后的年度投资计划报送国资委。

第十九条　中央企业应当按照国资委要求，分别于每年一、二、三季度终了次月 10 日前将季度投资完成情况通过中央企业投资管理信息系统报送国资委。季度投资完成情况主要包括固定资产投资、股权投资、重大投资项目完成情况，以及需要报告的其他事项等内容。部分重点行业的中央企业应按要求报送季度投资分析情况。

第五章　投资事后管理

第二十条　中央企业在年度投资完成后，应当编制年度投资完成情况报告，并于下一年 1 月 31 日前报送国资委。年度投资完成情况报告包括但不限于以下内容：

（一）年度投资完成总体情况；

（二）年度投资效果分析；

（三）重大投资项目进展情况；

（四）年度投资后评价工作开展情况；

（五）年度投资存在的主要问题及建议。

第二十一条　中央企业应当每年选择部分已完成的重大投资项目开展后评价，形成后评价专项报告。通过项目后评价，完善企业投资决策机制，提高项目成功率和投资收益，总结投资经验，为后续投资活动提供参考，提高投资管理水平。国资委对中央企业投资项目后评价工作进行监督和指导，选择部分重大投资项目开展后评价，并向企业通报后评价结果，对项目开展的有益经验进行推广。

第二十二条　中央企业应当开展重大投资项目专项审计，审计的重点包括重大投资项目决策、投资方向、资金使用、投资收益、投资风险管理等方面。

第六章　投资风险管理

第二十三条　中央企业应当建立投资全过程风险管理体系，将投资风险管理作为企业实施全面风险管理、加强廉洁风险防控的重要内容。强化投资前期风险评估和风控方案制订，做好项目实施过程中的风险监控、预警和处置，防范投资后项目运营、整合风险，做好项目退出的时点与方式安排。

第二十四条　国资委指导督促中央企业加强投资风险管理，委托第三方咨询机构对中央企业投资风险管理体系进行评价，及时将评价结果反馈中央企业。相关中央企业应按照评价结果对存在的问题及时进行整改，健全完善企业投资风险管理体系，提高企业抗风险能力。

第二十五条　中央企业商业性重大投资项目应当积极引入社会各类投资机构参与。中央企业股权类重大投资项目在投资决策前应当由独立第三方有资质咨询机构出具投资项目风险评估报告。纳入国资委债务风险管控的中央企业不得因投资推高企业的负债率水平。

第七章　责任追究

第二十六条　中央企业违反本办法规定，未履行或未正确履行投资管理职责造成国有资产损失以及其他严重不良后果的，依照《中华人民共和国企业国有资产法》《国务院办公厅关于建立国有企业违规经营投资责任追究制度的意见》（国办发〔2016〕63 号）等有关规定，由有关部门追究中央企业经营管理人员的责任。对瞒报、谎报、不及时报送投资信息的中央企业，国资委予以通报批评。

第二十七条　国资委相关工作人员违反本办法规定造成不良影响的，由国资委责令其改正；造成国有资产损失的，由有关部门按照干部管理权限给予处分；涉嫌犯罪的，依法移送司法机关处理。

第八章　附　　则

第二十八条　本办法由国资委负责解释。

第二十九条　本办法自公布之日起施行。国资委于 2006 年公布的《中央企业投资监督管理暂行办法》（国资委令第 16 号）同时废止。

中央企业境外投资监督管理办法

（2017 年 1 月 7 日国务院国有资产监督管理委员会令第 35 号公布　自公布之日起施行　国法备字[2017000425]）

第一章　总　　则

第一条　为加强中央企业境外投资监督管理，推动中央企业提升国际化经营水平，根据《中华人民共和国公司法》《中华人民共和国企业国有资产法》《关于深化国有企业改革的指导意见》（中发〔2015〕22 号）和《关于改革和完善国有资产管理体制的若干意见》（国发〔2015〕63 号）等法律法规和文件，制定本办法。

第二条　本办法所称中央企业是指国务院国有资产监督管理委员会（以下简称国资委）代表国务院履行出资人职责的国家出资企业。本办法所称境外投资是指中央企业在境外从事的固定资产投资与股权投资。本办法所称境外重大投资项目是指中央企业按照本企业章程及投资管理制度规定，由董事会研究决定的境外投资项目。本办法所称主业是指由中央企业发展战略和规划确定并经国资委确认公布的企业主要经营业务；非主业是指主业以外的其他经营业务。

第三条　国资委按照以管资本为主加强监管的原则，以把握投资方向、优化资本布局、严格决策程序、规范资本运作、提高资本回报、维护资本安全为重点，依法建立信息对称、权责对等、运行规范、风险控制有力的中央企业境外投资监督管理体系，推动中央企业强化境外投资行为的全程全面监管。

第四条　国资委指导中央企业建立健全境外投资管理制度，强化战略规划引领、明确投资决策程序、规范境外经营行为、加强境外风险管控、推动走出去模式创新，制定中央企业境外投资项目负面清单，对中央企业境外投资项目进行分类监管，监督检查中央企业境外投资管理制度的执行情况、境外重大投资项目的决策和实施情况，组织开展对境外重大投资项目后评价，对境外违规投资造成国有资产损失以及其他严重不良后果的进行责任追究。

第五条　中央企业是境外投资项目的决策主体、执行主体和责任主体。中央企业应当建立境外投资管理体系，健全境外投资管理制度，科学编制境外投资计划，研究制定境外投资项目负面清单，切实加强境外项目管理，提高境外投资风险防控能力,组织开展境外检查与审计,按职责进行责任追究。

第六条 中央企业境外投资应当遵循以下原则:

(一)战略引领。符合企业发展战略和国际化经营规划,坚持聚焦主业,注重境内外业务协同,提升创新能力和国际竞争力。

(二)依法合规。遵守我国和投资所在国(地区)法律法规、商业规则和文化习俗,合规经营,有序发展。

(三)能力匹配。投资规模与企业资本实力、融资能力、行业经验、管理水平和抗风险能力等相适应。

(四)合理回报。遵循价值创造理念,加强投资项目论证,严格投资过程管理,提高投资收益水平,实现国有资产保值增值。

第二章　境外投资监管体系建设

第七条 中央企业应当根据本办法规定,结合本企业实际,建立健全境外投资管理制度。企业境外投资管理制度应包括以下主要内容:

(一)境外投资应遵循的基本原则;

(二)境外投资管理流程、管理部门及相关职责;

(三)境外投资决策程序、决策机构及其职责;

(四)境外投资项目负面清单制度;

(五)境外投资信息化管理制度;

(六)境外投资风险管控制度;

(七)境外投资项目的完成、中止、终止或退出制度;

(八)境外投资项目后评价制度;

(九)违规投资责任追究制度;

(十)对所属企业境外投资活动的授权、监督与管理制度。

企业境外投资管理制度应经董事会审议通过后报送国资委。

第八条 国资委和中央企业应当建立并优化投资管理信息系统,提升境外投资管理信息化水平,采用信息化手段实现对境外投资项目的全覆盖动态监测、分析与管理,对项目面临的风险实时监控,及时预警,防患于未然。中央企业按本办法规定向国资委报送的有关纸质文件和材料,应同时通过中央企业投资管理信息系统报送电子版信息。

第九条 国资委根据国家有关规定和监管要求,建立发布中央企业境外投资项目负面清单,设定禁止类和特别监管类境外投资项目,实行分类监管。列入负面清单禁止类的境外投资项目,中央企业一律不得投资;列入负面清单特别监管类的境外投资项目，中央企业应当报送国资委履行出资人审核把关程序；负面清单之外的境外投资项目，由中央企业按照企业发展战略和规划自主决策。中央企业境外投资项目负面清单的内容保持相对稳定，并适时动态调整。

中央企业应当在国资委发布的中央企业境外投资项目负面清单基础上，结合企业实际，制定本企业更为严格、具体的境外投资项目负面清单。

第十条 国资委建立完善投资监管联动机制，发挥战略规划、法律合规、财务监督、产权管理、考核分配、资本运营、干部管理、外派监事会监督、纪检监察、审计巡视等相关监管职能合力，实现对中央企业境外投资活动过程监管全覆盖，及时发现投资风险，减少投资损失。

第三章 境外投资事前管理

第十一条 中央企业应当根据国资委制定的中央企业五年发展规划纲要、企业发展战略和规划，制定清晰的国际化经营规划，明确中长期国际化经营的重点区域、重点领域和重点项目。中央企业应当根据企业国际化经营规划编制年度境外投资计划，并纳入企业年度投资计划，按照《中央企业投资监督管理办法》管理。

第十二条 列入中央企业境外投资项目负面清单特别监管类的境外投资项目，中央企业应当在履行企业内部决策程序后、在向国家有关部门首次报送文件前报国资委履行出资人审核把关程序。中央企业应当报送以下材料：

（一）开展项目投资的报告；

（二）企业有关决策文件；

（三）项目可研报告（尽职调查）等相关文件；

（四）项目融资方案；

（五）项目风险防控报告；

（六）其他必要的材料。

国资委依据相关法律、法规和国有资产监管规定等，从项目风险、股权结构、资本实力、收益水平、竞争秩序、退出条件等方面履行出资人审核把关程序，并对有异议的项目在收到相关材料后20个工作日内向企业反馈书面意见。国资委认为有必要时，可委托第三方咨询机构对项目进行论证。

第十三条 中央企业应当根据企业发展战略和规划，按照经国资委确认的主业，选择、确定境外投资项目，做好境外投资项目的融资、投资、管理、退出全过程的研究论证。对于境外新投资项目，应当充分借助国内外中介机构的专业服务，深入进行技术、市场、财务和法律等方面的可行性研究与论证，提高境外投资决策质量，其中股权类投资项目应开展必要的尽职调查，并按要求履行资产评估或估值程序。

第十四条 中央企业原则上不得在境外从事非主业投资。有特殊原因确需开展非主业投资的，应当报送国资委审核把关，并通过与具有相关主业优势的中央企业合作的方式开展。

第十五条 中央企业应当明确投资决策机制，对境外投资决策实行统一管理，向下授权境外投资决策的企业管理层级原则上不超过二级。各级境外投资决策机构对境外投资项目做出决策，应当形成决策文件，所有参与决策的人员均应当在决策文件上签字背书，所发表意见应记录存档。

第四章 境外投资事中管理

第十六条 国资委对中央企业实施中的境外重大投资项目进行随机监督检查，重点检查企业境外重大投资项目决策、执行和效果等情况，对发现的问题向企业进行提示。

第十七条 中央企业应当定期对实施、运营中的境外投资项目进行跟踪分析，针对外部环境和项目本身情况变化，及时进行再决策。如出现影响投资目的实现的重大不利变化时，应研究启动中止、终止或退出机制。中央企业因境外重大投资项目再决策涉及到年度投资计划调整的，应当将调整后的年度投资计划报送国资委。

第十八条 中央企业应当建立境外投资项目阶段评价和过程问责制度，对境外重大投资项目的阶段性进展情况开展评价，发现问题，及时调整，对违规违纪行为实施全程追责，加强过程管控。

第十九条 中央企业应当按照国资委要求，分别于每年一、二、三季度终了次月 10 日前将季度境外投资完成情况通过中央企业投资管理信息系统报送国资委。季度境外投资完成情况主要包括固定资产投资、股权投资、重大投资项目完成情况，以及需要报告的其他事项等内容。部分重点行业的中央企业应当按要求报送季度境外投资分析情况。

第五章 境外投资事后管理

第二十条 中央企业在年度境外投资完成后，应当编制年度境外投资完成情况报告，并于下一年 1 月 31 日前报送国资委。年度境外投资完成情况报告包括但不限于以下内容：

（一）年度境外投资完成总体情况；

（二）年度境外投资效果分析；

（三）境外重大投资项目进展情况；

（四）年度境外投资后评价工作开展情况；

（五）年度境外投资存在的主要问题及建议。

第二十一条 境外重大投资项目实施完成后，中央企业应当及时开展后评价，形成后评价专项报告。通过项目后评价，完善企业投资决策机制，提高项目成功率和投资收益，总结投资经验，为后续投资活动提供参考，提高投资管理水平。国资委对中央企业境外投资项目后评价工作进行监督和指导，选择部分境外重大投资项目开展后评价，并向企业通报后评价结果，对项目开展的有益经验进行推广。

第二十二条 中央企业应当对境外重大投资项目开展常态化审计，审计的重点包括境外重大投资项目决策、投资方向、资金使用、投资收益、投资风险管理等方面。

第二十三条 国资委建立中央企业国际化经营评价指标体系，组织开展中央企业国际化经营年度评价，将境外投资管理作为经营评价的重要内容，评价结果定期报告和公布。

第六章 境外投资风险管理

第二十四条 中央企业应当将境外投资风险管理作为投资风险管理体系的重要内容。强化境外投资前期风险评估和风控预案制订，做好项目实施过程中的风险监控、预警和处置，防范投资后项目运营、整合风险，做好项目退出的时点与方式安排。

第二十五条 中央企业境外投资项目应当积极引入国有资本投资、运营公司以及民间投资机构、当地投资者、国际投资机构入股，发挥各类投资者熟悉项目情况、具有较强投资风险管控能力和公关协调能力等优势，降低境外投资风险。对于境外特别重大投资项目，中央企业应建立投资决策前风险评估制度，委托独立第三方有资质咨询机构对投资所在国（地区）政治、经济、社会、文化、市场、法律、政策等风险做全面评估。纳入国资委债务风险管控的中央企业不得因境外投资推高企业的负债率水平。

第二十六条 中央企业应当重视境外项目安全风险防范，加强与国家有关部门和我驻外使（领）馆的联系，建立协调统一、科学规范的安全风险评估、监测预警和应急处置体系,有效防范和应对项目面临的系统性风险。

第二十七条 中央企业应当根据自身风险承受能力,充分利用政策性出口信用保险和商业保险,将保险嵌入企业风险管理机制,按照国际通行规则实施联合保险和再保险,减少风险发生时所带来的损失。

第二十八条 中央企业应当树立正确的义利观,坚持互利共赢原则,加强与投资所在国(地区)政府、媒体、企业、社区等社会各界公共关系建设,积极履行社会责任,注重跨文化融合,营造良好的外部环境。

第七章 责任追究

第二十九条 中央企业违反本办法规定,未履行或未正确履行投资管理职责造成国有资产损失以及其他严重不良后果的,依照《中华人民共和国企业国有资产法》《国务院办公厅关于建立国有企业违规经营投资责任追究制度的意见》(国办发〔2016〕63 号)等有关规定,由有关部门追究中央企业经营管理人员的责任。对瞒报、谎报、不及时报送投资信息的中央企业,国资委予以通报批评。

第三十条 国资委相关工作人员违反本办法规定造成不良影响的,由国资委责令其改正;造成国有资产损失的,由有关部门按照干部管理权限给予处分;涉嫌犯罪的,依法移送司法机关处理。

第八章 附 则

第三十一条 本办法由国资委负责解释。

第三十二条 本办法自公布之日起施行。国资委于 2012 年公布的《中央企业境外投资监督管理暂行办法》(国资委令第 28 号)同时废止。

航道通航条件影响评价审核管理办法

(2017 年 1 月 16 日交通运输部令 2017 年第 1 号公布 自 2017 年 3 月 1 日起施行 国法备字[2017000274])

第一章 总 则

第一条 为规范航道通航条件影响评价审核工作,依法保护航道,根据

《中华人民共和国航道法》，制定本办法。

第二条 对与航道有关的工程进行航道通航条件影响评价审核及监督实施，适用本办法。

本办法所称航道通航条件影响评价审核，是指在新建、改建、扩建（以下统称建设）与航道有关的工程前，建设单位根据国家有关规定和技术标准规范，论证评价工程对航道通航条件的影响并提出减小或者消除影响的对策措施，由有审核权的交通运输主管部门或者航道管理机构进行审核。

第三条 除《中华人民共和国航道法》第二十八条第一款第（一）（二）（三）项规定的工程外，下列与航道有关的工程，应当进行航道通航条件影响评价审核：

（一）跨越、穿越航道的桥梁、隧道、管道、渡槽、缆线等建筑物、构筑物；

（二）通航河流上的永久性拦河闸坝；

（三）航道保护范围内的临河、临湖、临海建筑物、构筑物，包括码头、取（排）水口、栈桥、护岸、船台、滑道、船坞、圈围工程等。

第四条 交通运输部主管全国航道通航条件影响评价审核管理工作。

国务院或者国务院有关部门批准、核准的建设项目，以及与交通运输部按照国务院的规定直接管理的跨省、自治区、直辖市的重要干线航道和国际、国境河流航道等重要航道有关的建设项目，其航道通航条件影响评价，由交通运输部负责审核。其中，与长江干线航道有关的建设项目，除国务院或者国务院有关部门批准、核准的建设项目以及跨（穿）越长江干线的桥梁、隧道工程外，由长江航务管理局承担审核的具体工作。

其他建设项目的航道通航条件影响评价，按照省、自治区、直辖市人民政府的规定由县级以上地方人民政府交通运输主管部门或者航道管理机构负责审核。

本条第二款、第三款规定的负责审核的部门或者航道管理机构，以下统称审核部门。

第二章 航道通航条件影响评价报告编制

第五条 建设与航道有关的工程，建设单位应当在工程可行性研究阶段，按照交通运输部有关规定和技术标准要求编制航道通航条件影响评价报告（以下简称航评报告）。

第六条 航评报告应当包括下列内容：

（一）建设项目概况，包括项目名称、地点、规模、建设单位等；

（二）建设项目所在河段、湖区、海域的通航环境，包括自然条件、水上水下有关设施、航道及通航安全状况等；

（三）建设项目的选址评价；

（四）建设项目与通航有关的技术参数和技术要求的分析论证；

（五）建设项目对航道条件、通航安全、港口及航运发展的影响分析；

（六）减小或者消除对航道通航条件影响的措施；

（七）航道条件与通航安全的保障措施；

（八）征求各有关方面意见的情况及处理情况。

第七条 航评报告由建设单位自行编制，也可以委托具有相应经验、技术条件和能力，信誉良好的机构编制。审核部门不得以任何形式要求建设单位委托特定机构编制航评报告。

第八条 编制航评报告，应当开展现场踏勘、调研，做到搜集资料齐全、论证充分、评价全面、结论明确、客观公正，并如实反映各相关部门、单位的意见及处理情况。

建设单位和航评报告编制单位应当对资料的真实性、有效性，以及航评报告的内容与结论负责。

第九条 在航评报告编制过程中，建设单位应当就通航影响征求港航企业等利害相关方的意见。

在通航河流上建设永久性拦河闸坝的，建设单位应当书面征求上下游受影响省份的省级交通运输主管部门的意见。在长江水系四级及以上航道建设永久性拦河闸坝的，建设单位还应当征求长江航务管理局的意见；在珠江水系四级及以上航道建设永久性拦河闸坝和桥梁的，建设单位还应当征求珠江航务管理局的意见。

各相关交通运输主管部门及管理机构应当及时向征求意见的建设单位回复意见。

第三章 申请与审核

第十条 建设单位在工程可行性研究阶段完成航评报告后，应当向审核部门提出航道通航条件影响评价审核申请。

第十一条 建设单位申请航道通航条件影响评价审核时，应当提交以下材料：

（一）审核申请书；

（二）航评报告；

（三）项目的规划或者其他建设依据；

（四）建设单位的营业执照、组织机构代码证、成立文件等机构证明文件；

（五）涉及规划调整或者拆迁等措施的应当提供规划调整或者拆迁已取得同意或者已达成一致的承诺函、协议等材料。

建设单位应当对所提交材料的真实性、合法性负责。

第十二条 审核部门收到建设单位提交的审核申请后，应当进行材料审查，审查内容主要包括申请事项是否属于受理范围、材料是否齐全、航评报告文本格式是否符合规定要求等。

不属于受理范围的，审核部门应当及时告知建设单位。申请材料不全或者不符合规定要求的，应当在五个工作日内一次性告知需要补正的全部内容。材料审查通过的，审核部门应当予以受理，并出具受理通知书。

第十三条 审核部门受理建设单位提交的审核申请后，应当及时组织审核。审核依据主要包括：

（一）有关法律、法规、规章；

（二）《内河通航标准》（GB50139）、《通航海轮桥梁通航标准》（JTJ311）、《运河通航标准》（JTS180－2）、《长江干线通航标准》（JTS180－4）等有关标准；

（三）航道、港口等相关规划；

（四）建设项目所在河段、湖区、海域航道建设养护、通航安全、航运发展的相关要求。

第十四条 审核部门应当围绕航评报告内容是否全面，程序是否合规，论证是否充分，结论是否客观，拟采取的措施是否得当等方面内容，针对下列事项进行审核：

（一）拦河闸坝的选址，总平面布置，运量预测，代表船型，通航建筑物设计通航标准及规模、设计通航水位及流量、上下游梯级通航水位衔接、回水变动区淤积及坝下清水冲刷影响，施工期通航方案，通航建筑物施工组织计划，航道与通航安全保障措施等；

（二）桥梁、缆线等跨越航道建设项目的选址，河床演变分析，设计通航水位，代表船型，通航净空尺度，桥跨布置方案，墩柱防撞标准，航道与通航安全保障措施等；

（三）隧道、管道等穿越航道建设项目的选址、河床演变、埋设深度、出入土点、冲刷深度、应急抛锚影响，航道与通航安全保障措施等；

（四）临河、临湖、临海建设项目的选址及工程布置对航道通航条件的影响，航道与通航安全保障措施等。

第十五条 审核部门在审核中认为必要的,可以采取专家咨询、委托第三方技术咨询机构开展技术咨询等方式。咨询费用由审核部门按照国家有关规定纳入部门预算管理。

委托第三方技术咨询机构的,应当选择具有港口河海工程咨询、水运行业设计、水运行业(航道工程)设计资质之一,并具备相关专业业务能力的技术服务机构承担技术咨询工作。第三方技术咨询机构的选择应当遵守政府采购法律、法规的有关要求,并及时公告有关信息。

委托的第三方技术咨询机构不得与可行性研究报告编制单位、航评报告编制单位为同一单位,不得与可行性研究报告编制单位、航评报告编制单位、建设单位存在控股、管理关系或者存在法人、负责人为同一人等重大关联关系。

第三方技术咨询机构应当充分了解委托事项与航道、通航有关的情况以及有关各方的意见,客观、公正、及时地完成技术咨询工作,并对技术咨询结论负责。技术咨询报告应当对审核的各项内容提出明确的意见;有重大分歧的,应当如实反映并提出建议。

第十六条 审核部门应当在受理审核申请后二十个工作日内完成审核并出具航道通航条件影响评价审核意见(以下简称审核意见)。技术咨询、专家评审、评价材料修改完善所需时间不计算在规定的审核期限内。

第十七条 审核意见应当根据本办法第十四条规定的审核内容,提出明确意见,并作出通过或者不予通过审核的意见。

审核未通过的,建设单位可以根据审核意见对工程选址或者建设方案等进行调整,重新编制航评报告,并报送审核部门审核。

审核部门应当在审核意见中明确负责组织监督检查的部门或者建设项目所在水域负责航道现场管理的机构,并将审核意见抄送该部门或者机构。

第十八条 审核部门出具审核意见后,建设单位、项目名称和涉及航道、通航的事项发生变化的,建设单位应当向原审核部门申请办理变更手续。

其中,建设项目涉及航道、通航的以下事项发生较大调整且对航道通航条件可能产生不利影响的,建设单位应当开展补充或者重新评价,并重新报送审核部门审核:

(一)工程选址;

(二)拦河闸坝总平面布置,通航建筑物型式、有效尺度及规模,设计通航水位等;

(三)跨越航道建设项目的通航净空尺度、通航孔布置、墩柱布置等;

(四)穿越航道建设项目的埋设深度、出入土点等;

（五）临河、临湖、临海建设项目的设计代表船型、工程布置、功能用途、结构形式等；

（六）其他可能对航道条件、通航安全、航运发展产生较大影响的事项。

第十九条 建设单位取得审核意见后，未在审核意见签发之日起三年内开工建设的，或者建设项目开工建设前因重大自然灾害、极端水文条件等引起航道通航条件发生重大变化的，建设单位应当重新申请办理审核手续。

第二十条 审核部门应当将开展航道通航条件影响评价审核的依据、条件、程序、期限以及需要提交的材料目录等依法予以公开，接受社会监督。

第四章 监督检查

第二十一条 审核部门应当组织对航道通航条件影响评价审核意见的执行情况进行监督检查。其中，交通运输部负责审核的建设项目，由省级交通运输主管部门负责组织进行监督检查；但与长江干线航道有关的建设项目，由长江航务管理局负责组织进行监督检查。

建设项目所在水域负责航道现场管理的机构承担现场监督检查工作。

第二十二条 建设单位应当严格执行审核意见，并接受监督检查。

开工建设前，建设单位应当向负责航道现场管理的机构报送建设项目施工图设计中涉及航道、通航内容的资料。与航道、通航有关的建设内容完工后，建设单位应当向负责航道现场管理的机构报送建设项目审核意见执行情况、施工临时设施及残留物的清除情况等资料。建设单位应当对所报资料的真实性负责。

第二十三条 负责航道现场管理的机构在日常巡查中应当加强对与航道有关的工程执行航道通航条件影响评价审核意见的现场检查；对建设单位报送的建设项目施工图设计中涉及航道、通航内容的资料，应当及时进行核查。发现工程建设与审核意见不符的，应当要求建设单位及时改正；建设单位拒不改正的，应当及时报告负责组织监督检查的部门。

与航道有关的建设内容完工后，负责航道现场管理的机构应当将监督检查情况、建设单位关于审核意见的执行情况等逐级报送审核部门。

第二十四条 负责组织监督检查的部门在参与建设项目初步设计、施工图设计审查过程中，应当对建设项目执行审核意见的情况进行复核。

在建设项目开工前，负责组织监督检查的部门应当根据审核意见和建设项目现场监督检查实际，向负责航道现场管理的机构明确现场监管要求。

第二十五条 交通运输部和省级交通运输主管部门应当建立随机抽取被

检查对象、随机选派抽查人员的抽查机制，对建设项目执行审核意见的情况进行监督检查，并将检查结果及时向社会公开。

第二十六条 有下列情形之一的，审核部门可以撤销已出具的审核意见：

（一）建设单位以提供虚假材料等不正当手段取得审核意见的；

（二）超越审核权限出具审核意见的；

（三）违反规定程序出具审核意见的；

（四）依法可以撤销审核意见的其他情形。

第五章 法律责任

第二十七条 审核部门、负责组织监督检查的部门或者负责航道现场管理的机构不依法履行职责的，由其上级主管部门责令改正，对直接负责的主管人员和其他直接责任人员依法给予处分。审核部门、负责组织监督检查的部门或者负责航道现场管理的机构工作人员滥用职权、玩忽职守、徇私舞弊的，依法给予处分；构成犯罪的，依法移交司法机关追究刑事责任。

第二十八条 建设单位违反航道通航条件影响评价审核规定进行项目建设的，由有审核权的交通运输主管部门或者航道管理机构依据《中华人民共和国航道法》的规定，追究法律责任。

负责组织监督检查的部门或者负责航道现场管理的机构应当将监督检查中发现的建设单位的相关违法行为报告审核部门，并提出处理建议。

第二十九条 实施罚款时，应当综合考虑航道的等级及重要性、建设项目对航道条件与通航安全的影响程度、建设单位采取补救措施的及时性和有效性等因素，合理确定罚款额度。

对违反《中华人民共和国航道法》第二十八条规定，位于内河四级及以上航道或者通航5000吨级及以上海轮航道的建设项目，在《中华人民共和国航道法》第三十九条规定的罚款幅度内给予从重处罚。

对违反《中华人民共和国航道法》第二十八条规定，位于内河四级以下航道上且对航道条件与通航安全影响较小并及时消除隐患的建设项目，在《中华人民共和国航道法》第三十九条规定的罚款幅度内给予从轻处罚。

第三十条 交通运输部和省级交通运输主管部门应当加强对建设单位、航评报告编制单位、相关技术服务机构、评审专家的信用管理，依法将失信行为信息及时向社会公开。

第六章　附　则

第三十一条　本办法自2017年3月1日起施行。交通部于1994年9月10日发布的《跨越国家航道的桥梁通航净空尺度和技术要求的审批办法》(交基发〔1994〕906号)和2006年7月26日发布的《关于进一步做好跨越航道的桥梁通航净空尺度和技术要求审批工作的通知》(交水发〔2006〕388号)同时废止。

中国气象局关于废止部分部门规章的决定

(2017年1月18日中国气象局令第32号公布　自公布之日起施行　国法备字[2017000292])

中国气象局决定废止《防雷工程专业资质管理办法》(2011年7月29日中国气象局第22号令公布)和《中国气象局关于修改〈防雷工程专业资质管理办法〉的决定》(2013年5月31日中国气象局第25号令公布)。现予公布,自公布之日起施行。

气象行政许可实施办法

(2017年1月18日中国气象局令第33号公布　自2017年5月1日起施行　国法备字[2017000293])

第一章　总　则

第一条　为了规范气象行政许可行为,保护公民、法人和其他组织的合法权益,保障和监督气象主管机构有效实施行政管理,根据《中华人民共和国行政许可法》、《中华人民共和国气象法》、《人工影响天气管理条例》、《通用航空飞行管制条例》、《气象灾害防御条例》、《气象设施和气象探测环境保护条例》等有关法律、法规的规定,制定本办法。

第二条　本办法所称气象行政许可,是指县级以上气象主管机构根据公民、法人或者其他组织的申请,经依法审查,准予其从事特定活动的行为。

第三条 实施气象行政许可,适用本办法。

第四条 实施气象行政许可,遵循公开、公平、公正的原则。

气象行政许可的规定、技术标准和技术规范应当公布;未经公布的,不得作为实施气象行政许可的依据。气象行政许可的实施和结果,除涉及国家秘密、商业秘密或者个人隐私的外,应当公开。

符合法定条件、标准的,申请人有依法取得气象行政许可的权利。

第五条 实施气象行政许可,应当遵循便民、高效原则,提供优质服务,提高办事效率。

第六条 公民、法人或者其他组织对气象主管机构实施的气象行政许可,享有陈述权、申辩权;有权依法申请行政复议或者提起行政诉讼;其合法权益受到损害的,有权依法要求赔偿。

第七条 依法取得的行政许可,除法律、法规规定依照法定条件和程序可以转让的外,不得转让。

被许可人不得涂改、伪造、倒卖、出租、出借气象行政许可证件或者以其他形式非法转让气象行政许可。

第八条 气象主管机构实施气象行政许可,不得在法定条件之外附加其他条件,不得向申请人提出购买指定产品、接受有偿服务等不正当要求。

气象主管机构及其工作人员办理气象行政许可或者实施监督检查,不得索取或者收受申请人财物,不得谋取其他利益。

第二章 许可项目与实施机关

第九条 气象行政许可由县级以上气象主管机构依照法定的权限、条件和程序在法定职权范围内实施。

第十条 下列气象行政许可项目由国务院气象主管机构实施:

(一)大气本底站、国家基准气候站、国家基本气象站迁建审批;

(二)气象专用技术装备(含人工影响天气作业设备)使用审批;

(三)外国组织和个人在华从事气象活动审批;

(四)法律、行政法规规定的由国务院气象主管机构实施的其他气象行政许可项目。

电力、通信防雷装置检测单位资质认定由国务院气象主管机构和国务院电力或者国务院通信主管部门共同认定。

第十一条 下列气象行政许可项目由省、自治区、直辖市气象主管机构实施:

（一）除电力、通信以外的防雷装置检测单位资质认定；

（二）升放无人驾驶自由气球、系留气球单位资质认定；

（三）防雷装置设计审核和竣工验收；

（四）新建、扩建、改建建设工程避免危害气象探测环境审批；

（五）除大气本底站、国家基准气候站、国家基本气象站以外的气象台站迁建审批；

（六）升放无人驾驶自由气球或者系留气球活动审批；

（七）法律、法规、地方政府规章规定的由省、自治区、直辖市气象主管机构实施的其他气象行政许可项目。

第十二条 下列气象行政许可项目由设区的市级气象主管机构实施：

（一）防雷装置设计审核和竣工验收；

（二）升放无人驾驶自由气球、系留气球单位资质认定；

（三）升放无人驾驶自由气球或者系留气球活动审批；

（四）法律、法规、地方政府规章规定的由设区的市级气象主管机构实施的其他气象行政许可项目。

第十三条 下列气象行政许可项目由县级气象主管机构实施：

（一）防雷装置设计审核和竣工验收；

（二）升放无人驾驶自由气球或者系留气球活动审批；

（三）法律、法规、地方政府规章规定的由县级气象主管机构实施的其他气象行政许可项目。

第十四条 防雷装置设计审核和竣工验收，升放无人驾驶自由气球、系留气球单位资质认定，升放无人驾驶自由气球或者系留气球活动审批等气象行政许可项目的审批权限，由省、自治区、直辖市气象主管机构在法定权限内确定。

第三章 实施程序

第十五条 公民、法人或者其他组织从事特定活动，依法需要取得气象行政许可的，应当向有关气象主管机构提出申请。申请书需要采用格式文本的，气象主管机构应当向申请人提供气象行政许可申请书格式文本。申请书格式文本中不得包含与申请气象行政许可事项没有直接关系的内容。

申请人可以委托代理人提出气象行政许可申请，委托代理人提出气象行政许可申请的，应当提交授权委托书。授权委托书应当载明授权委托事项、授权范围和时限。

第十六条 建立气象行政许可服务窗口的气象主管机构，由该服务窗口负责统一受理气象行政许可申请，统一送达气象行政许可决定；没有建立服务窗口的，应当由该气象主管机构确定的机构设立专门岗位负责统一受理气象行政许可申请，统一送达气象行政许可决定。

第十七条 气象主管机构应当将法律、法规、规章规定的有关气象行政许可的事项、依据、条件、数量、程序、期限以及需要提交的全部材料的目录和申请书示范文本等信息通过网站或者其他方式向社会公开，便于申请人查询和办理。

申请人要求气象主管机构对公示内容予以说明、解释的，气象主管机构应当说明、解释，提供准确、可靠的信息。

第十八条 申请人申请气象行政许可，应当如实向气象主管机构提交有关材料和反映真实情况，并对其申请材料实质内容的真实性负责。气象主管机构不得要求申请人提交与其申请的气象行政许可事项无关的技术资料和其他材料。

办理气象行政许可的工作人员在收到申请人提交的申请材料后，除依法可以当场作出不予受理决定外，应当及时将收到行政许可申请时间、申请人、申请事项、提交材料情况等进行登记。

第十九条 气象主管机构对申请人提出的气象行政许可申请，应当根据下列情况分别作出处理：

（一）申请事项依法不需要取得气象行政许可的，应当即时告知申请人不受理；

（二）申请事项依法不属于本气象主管机构职权范围的，应当即时作出不予受理的决定，并告知申请人向有关行政机关申请；

（三）申请材料存在可以当场更正的错误的，应当允许申请人当场更正；

（四）申请材料不齐全或者不符合法定形式的，应当当场或者在五日内一次告知申请人需要补正的全部内容，逾期不告知的，自收到申请材料之日起即为受理；

（五）申请事项属于本气象主管机构职权范围，申请材料齐全、符合法定形式或者申请人按照本气象主管机构的要求提交全部补正申请材料的，应当受理行政许可申请。

气象主管机构受理或者不予受理行政许可申请，应当出具加盖本气象主管机构专用印章和注明日期的书面凭证。不予受理的，还应当说明理由。

第二十条 申请人提交的申请材料齐全、符合法定形式、气象主管机构能够当场作出决定的，应当当场作出书面的行政许可决定。需要对申请材料的实质内容进行核实的，应当指派两名以上工作人员进行核查，制作现场核查记录，并由核查人员和被核查方签字确认。

第二十一条 依法应当先经下级气象主管机构审查后报上级气象主管机构决定的气象行政许可，下级气象主管机构受理申请后，应当在法定期限内进行初步审查，审查完毕后将初审建议和全部申请材料直接报送上级气象主管机构。上级气象主管机构不得要求申请人重复提供申请材料。

第二十二条 气象主管机构在审查气象行政许可申请时，涉及专业知识或者技术问题需要评审、评价或者检测的，可以委托专业机构或者专家进行评审、评价或者检测，并由专业机构或者专家出具评审、评价建议或者检测报告。

气象主管机构应当参考评审、评价建议或者检测报告作出行政许可决定。

第二十三条 法律、法规、规章规定实施气象行政许可应当听证的事项，或者气象主管机构认为需要听证的其他涉及公共利益的重大气象行政许可事项，气象主管机构应当向社会公告，并按照《中华人民共和国行政许可法》的有关规定举行听证。

第二十四条 申请人的申请符合法定条件的，气象主管机构应当依法作出准予行政许可的书面决定。气象主管机构依法作出不予行政许可的书面决定的，应当说明理由，并告知申请人享有依法申请行政复议或者提起行政诉讼的权利。

第二十五条 气象主管机构作出准予行政许可的决定，依法需要颁发行政许可证件的，应当向申请人颁发加盖本气象主管机构印章的行政许可证件。

气象行政许可证件可以采取以下形式：

（一）许可证或者其他许可证书；

（二）资质证或者其他合格证书；

（三）批准文件或者证明文件；

（四）法律、法规规定的其他行政许可证件。

第二十六条 除当场作出行政许可决定的外，气象主管机构应当自受理气象行政许可申请之日起二十日内作出行政许可决定。二十日内不能作出决定的，经本气象主管机构负责人批准，可以延长十日，并应当将延长期限的理由告知申请人。

先经下级气象主管机构审查后报上级气象主管机构决定的气象行政许可，下级气象主管机构应当自其受理气象行政许可申请之日起二十日内审查完毕。

依法需要听证、评审、评价、检测、鉴定的，应当在受理气象行政许可申请之日起三个月内进行，所需时间不计算在本办法规定的期限内，但应当将所需时间书面告知申请人。

法律、法规另有规定的，依照其规定。

第二十七条 被许可人要求变更气象行政许可事项，符合法定条件、标准的，作出行政许可决定的气象主管机构应当在受理申请之日起二十日内依法办理变更手续，并作出准予变更行政许可的决定；不符合法定条件、标准的，应当作出不予变更行政许可的决定。

第二十八条 被许可人需要延续依法取得的气象行政许可的有效期的，应当在该行政许可有效期届满三十日前向作出行政许可决定的气象主管机构提出申请。法律、法规、规章另有规定的，依照其规定。

气象主管机构应当根据被许可人的申请，在该行政许可有效期届满前作出是否准予延续的决定；逾期未作决定的，视为准予延续。

第四章 监督管理

第二十九条 气象主管机构应当对公民、法人或者其他组织从事气象行政许可事项的活动实施监督检查。

气象主管机构依法对被许可人从事行政许可事项的活动进行检查时，应当将检查的情况和处理结果予以记录，由执法检查人员签字后归档。除涉及国家秘密、商业秘密或者个人隐私事项外，公众有权查阅执法检查记录。

第三十条 上级气象主管机构应当加强对下级气象主管机构实施行政许可的监督检查，及时纠正实施气象行政许可过程中的违法行为。

气象主管机构的内设机构承担具体业务范围内行政许可的监督检查工作，并以本级气象主管机构的名义开展监督检查。

第三十一条 公民、法人或者其他组织发现违法从事气象行政许可事项活动的，有权向气象主管机构举报，气象主管机构应当及时核实、处理。

第三十二条 被许可人在作出行政许可决定的气象主管机构管辖区域外违法从事气象行政许可事项活动的，违法行为发生地的气象主管机构应当依法作出处理，并将被许可人的违法事实、处理结果抄告作出行政许可决定的气象主管机构。

第三十三条 气象主管机构在执法检查时，发现直接关系公共安全、人身健康、生命财产安全的重要设备、设施存在安全隐患的，应当责令停止使用，并限期改正。

第三十四条 有下列情形之一的，作出行政许可决定的气象主管机构或者其上级气象主管机构，根据利害关系人的请求或者依据职权，可以撤销气象行政许可：

（一）气象主管机构工作人员滥用职权、玩忽职守作出准予行政许可决定的；

（二）超越法定职权作出准予行政许可决定的；

（三）违反法定程序作出准予行政许可决定的；

（四）对不具备申请资格或者不符合法定条件的申请人准予行政许可的；

（五）依法可以撤销气象行政许可的其他情形。

依照本条第一款的规定撤销气象行政许可，被许可人的合法权益受到损害的，气象主管机构应当依法给予赔偿。

被许可人以欺骗、贿赂等不正当手段取得气象行政许可的，应当予以撤销。被许可人基于气象行政许可取得的利益不受保护。

第三十五条 有下列情形之一的，气象主管机构应当依法办理有关气象行政许可的注销手续。注销行政许可，应当作出书面决定，并告知申请人注销的理由和依据：

（一）气象行政许可有效期届满未延续的；

（二）法人或者其他组织依法终止的；

（三）气象行政许可依法被撤销、撤回，或者气象行政许可证件依法被吊销的；

（四）因不可抗力导致气象行政许可事项无法实施的；

（五）法律、法规规定的应当注销气象行政许可的其他情形。

第五章 法律责任

第三十六条 气象主管机构及其工作人员违反本办法的规定，有下列情形之一的，由其上级气象主管机构责令改正；情节严重的，对直接负责的主管人员和其他直接责任人员依法给予行政处分：

（一）对符合法定条件的气象行政许可不予受理的；

（二）不在办公场所公示应当公示的材料的；

（三）在受理、审查、决定气象行政许可过程中，未向申请人履行法定告知义务的；

（四）申请人提交的申请材料不齐全、不符合法定形式，不一次告知申请人必须补正全部内容的；

（五）未依法说明不受理气象行政许可申请或者不予气象行政许可理由的；

（六）依法应当举行听证而不举行听证的。

第三十七条 气象主管机构工作人员办理气象行政许可、实施监督检查，索取或者收受他人财物或者谋取其他利益，构成犯罪的，依法追究刑事责任；尚不构成犯罪的，依法给予行政处分。

第三十八条 气象主管机构实施行政许可，有下列情形之一的，由其上级气象主管机构责令改正，对直接负责的主管人员和其他直接责任人员依法给予行政处分；构成犯罪的，依法追究刑事责任：

（一）对不符合法定条件的申请人准予行政许可或者超越法定职权作出准予行政许可决定的；

（二）对符合法定条件的申请人不予行政许可或者不在法定期限内作出准予行政许可决定的。

第三十九条 申请人隐瞒有关情况或者提供虚假材料申请气象行政许可的，气象主管机构不予受理或者不予行政许可，并给予警告；气象行政许可申请属于施放气球、雷电防护等直接关系公共安全、人身健康、生命财产安全事项的，申请人在一年内不得再次申请该气象行政许可。

第四十条 被许可人以欺骗、贿赂等不正当手段取得气象行政许可的，气象主管机构应当撤销该行政许可，可并处三万元以下的罚款；取得的气象行政许可属于施放气球、雷电防护等直接关系公共安全、人身健康、生命财产安全事项的，申请人在三年内不得再次申请该气象行政许可；构成犯罪的，依法追究刑事责任。

第四十一条 被许可人有下列行为之一的，由有关气象主管机构按照权限给予警告，责令改正，撤销该气象行政许可，可以并处三万元以下的罚款；构成犯罪的，依法追究刑事责任：

（一）涂改、伪造、倒卖、出租、出借气象行政许可证件，或者以其他形式非法转让气象行政许可的；

（二）超越气象行政许可范围进行活动的；

（三）向负责监督检查的气象主管机构隐瞒有关情况、提供虚假材料或者拒绝提供反映其活动情况的真实材料的。

第四十二条 公民、法人或者其他组织未经行政许可，擅自从事依法应当取得气象行政许可的活动的，由有关气象主管机构依照有关法律法规规章进行处罚。

第六章　附　　则

第四十三条　气象主管机构实施行政许可和对行政许可进行监督检查，不得收取任何费用。但是，法律、行政法规另有规定的，依照其规定。

实施气象行政许可所需经费应当列入气象主管机构的财政预算，由财政予以保障。

第四十四条　本办法规定的气象主管机构实施气象行政许可的期限以工作日计算，不含法定节假日。

第四十五条　本办法未作规定的事项，按照《中华人民共和国行政许可法》的有关规定执行。

有关部门规章对气象行政许可有特殊规定的，依照其规定。

台湾、香港、澳门地区的组织和个人在中华人民共和国领域及其管辖的其他海域单独或者合作从事气象活动，参照本办法执行。

第四十六条　本办法自 2017 年 5 月 1 日起施行。2006 年 11 月 24 日公布的中国气象局第 15 号令《气象行政许可实施办法》和 2008 年 10 月 9 日公布的中国气象局第 17 号令《中国气象局关于修改〈气象行政许可实施办法〉的决定》同时废止。

气象行业管理若干规定

（2017 年 1 月 18 日中国气象局令第 34 号公布　自 2017 年 5 月 1 日起施行　国法备字［2017000294］）

第一条　为了加强气象行业管理，促进气象行业协调发展，优化资源配置，实现资源共享，提高气象行业的总体效益，依据《中华人民共和国气象法》，结合气象行业实际，制定本规定。

第二条　各级气象主管机构及其所属的气象台站、国务院其他有关部门和省、自治区、直辖市人民政府其他有关部门及其所属的气象台站等以及其他组织和个人，在中华人民共和国领域和中华人民共和国管辖的其他海域从事气象活动，应当遵守本规定。

第三条　国务院气象主管机构负责全国气象行业管理工作。

地方各级气象主管机构在上级气象主管机构和本级人民政府的领导下，

负责本行政区域内的气象行业管理工作。

第四条 各级气象主管机构应当组织制定气象行业规划和政策,完善气象行业法规和标准,强化气象行业监督,加强气象行业协调、指导和服务,合理配置国家对气象行业的投入。

第五条 各级气象主管机构应当组织开展气象行业的业务和科技合作与交流、气象科普宣传、气象科技成果推广等活动,提高气象工作水平。

第六条 国务院气象主管机构和省、自治区、直辖市气象主管机构应当按照合理布局、有效利用、兼顾当前与长远需要的原则编制气象事业发展规划。

全国气象事业发展规划,由国务院气象主管机构组织有关部门编制,报国务院或者有关部门批准后组织实施。

省、自治区、直辖市的气象事业发展规划,由省、自治区、直辖市气象主管机构根据全国气象事业发展规划,组织有关部门编制,经国务院气象主管机构和本级人民政府批准后实施。

国务院其他有关部门和省、自治区、直辖市人民政府其他有关部门,可以参考气象事业发展规划,结合本部门的业务实际,制定本部门或者本系统的气象事业发展规划,报国务院气象主管机构备案后,组织实施。

第七条 重要气象设施建设项目应当符合重要气象设施建设规划要求,并在项目建议书和可行性研究报告批准前,征求国务院气象主管机构或者省、自治区、直辖市气象主管机构的意见。

第八条 各级气象主管机构新建气象台站,应当按照审批权限,经国务院气象主管机构或者省、自治区、直辖市气象主管机构批准后方可建立。建设时,必须遵守气象台站的建设标准和规范。

国务院其他有关部门和省、自治区、直辖市人民政府其他有关部门以及其他组织和个人新建气象台站,应当执行气象台站建设的有关规定和标准、规范,投入运行后三个月内应当报当地省、自治区、直辖市气象主管机构备案。

为教学、科学研究、科普等开展的临时气象观测,投入运行后三个月内应当报当地省、自治区、直辖市气象主管机构备案。

第九条 各级气象主管机构迁移气象台站的,应当按照《气象设施和气象探测环境保护条例》第十八条的规定执行。

国务院其他有关部门和省、自治区、直辖市人民政府其他有关部门迁移、撤销本部门或者本系统气象台站的,迁移、撤销后三个月内应当报当地省、自治区、直辖市气象主管机构备案。

第十条 省、自治区、直辖市气象主管机构对本行政区域内的国务院其他有关部门或者省、自治区、直辖市人民政府其他有关部门以及其他组织和个人建设的气象台站情况，应当定期进行备案统计。

第十一条 国务院气象主管机构负责全国气象标准化工作的归口管理，统一组织制定、修订气象国家标准和行业标准、规范和规程。

省、自治区、直辖市气象主管机构可以根据需要，组织有关部门制定、修订气象地方标准、规范和规程。

第十二条 各级气象主管机构、国务院其他有关部门和省、自治区、直辖市人民政府其他有关部门应当组织气象标准、规范和规程的实施，其所属的气象台站应当遵守国家制定的气象标准、规范和规程。有特殊规定的，从其规定。

第十三条 国务院气象主管机构和省、自治区、直辖市气象主管机构应当加强气象信息网络系统建设，建立气象信息共享、共用平台，实现气象信息资源共享。

国务院气象主管机构和省、自治区、直辖市气象主管机构应当做好汇交气象资料的接收、保存、应用和监管工作。

第十四条 各级气象主管机构所属的气象台站，应当按照国务院气象主管机构的规定，进行气象探测并向有关气象主管机构汇交气象探测资料。未经上级气象主管机构批准，不得中止气象探测。

国务院其他有关部门和省、自治区、直辖市人民政府其他有关部门所属的气象台站及其他从事气象探测的组织和个人，应当按照国家有关规定向国务院气象主管机构或者省、自治区、直辖市气象主管机构汇交所获得的气象探测资料。

第十五条 参加汇交、共享的气象探测资料，应当符合国家制定的相关标准、规范、规程和国务院气象主管机构的有关要求。

具有大气环境影响评价资质的单位进行工程建设项目大气环境影响评价时，应当使用符合国家气象技术标准的气象资料。

第十六条 各级气象主管机构所属的气象台站应当按照职责向社会发布公众气象预报、灾害性天气警报和气象灾害预警信号，并根据天气变化情况及时补充或者订正。其他任何组织或者个人不得向社会发布公众气象预报、灾害性天气警报和气象灾害预警信号。

国务院其他有关部门和省、自治区、直辖市人民政府其他有关部门所属的气象台站，可以发布供本系统使用的专项气象预报，但不得以任何形式向社会公开发布。

各级气象主管机构应当加强对国务院其他有关部门和省、自治区、直辖市人民政府其他有关部门所属的气象台站预报业务和服务工作的指导，提高其业务水平和服务能力。

第十七条 气象台站应当使用标有质量标识，并由国务院气象主管机构颁发使用许可证的气象专用技术装备。

未经检定、检定不合格或者超过检定有效期的气象计量器具不得在气象业务中使用。

第十八条 国务院气象主管机构或者省、自治区、直辖市气象主管机构应当根据气象事业发展需要，会同有关部门，提出气象行业专业技术人员定期培训要求，制定业务技术培训计划，并组织实施。

第十九条 外国组织和个人在中华人民共和国领域及其管辖的其他海域单独或者合作从事气象活动，应当经国务院气象主管机构会同有关部门批准。

台湾、香港、澳门地区的组织和个人在中华人民共和国领域及其管辖的其他海域单独或者合作从事气象活动，参照本办法执行。

第二十条 各级气象主管机构应当会同有关部门定期组织对气象台站执行气象标准、规范、规程等情况的监督检查，对不符合规定的，限期改正。

第二十一条 重要气象设施建设项目不符合重要气象设施建设规划要求，未在项目建议书和可行性研究报告批准前，征求国务院气象主管机构或者省、自治区、直辖市气象主管机构的意见的，由当地气象主管机构报请本级人民政府责令改正；造成重大损失的，由当地人民政府依法追究有关责任人的行政责任。

第二十二条 违反本规定，有下列行为之一的，由有关气象主管机构按照权限依法提请当地人民政府或者上级主管部门责令其限期改正，情节严重的给予警告：

（一）未遵守国家制定的气象标准、规范、规程的；

（二）逾期未向当地省、自治区、直辖市气象主管机构备案的。

第二十三条 本规定未作规范的，按照《中华人民共和国气象法》以及其他法律、法规、规章规定执行。

第二十四条 中华人民共和国缔结或者参加的有关气象活动的国际条约与本规定有不同规定的，适用该国际条约的规定；但是，中华人民共和国声明保留的条款除外。

第二十五条 本规定自 2017 年 5 月 1 日起施行。2005 年 12 月 6 日发布的中国气象局第 12 号令《气象行业管理若干规定》同时废止。

中国保险监督管理委员会行政处罚程序规定

（2017年1月25日中国保险监督管理委员会令2017年第1号公布　自2017年3月31日起实施　国法备字[2017000350]）

第一章　总　　则

第一条　为了规范和保障中国保险监督管理委员会（以下简称中国保监会）及中国保监会派出机构（以下简称派出机构）依法实施行政处罚，维护保险市场秩序，保护保险机构、保险资产管理机构、保险中介机构、外国保险机构驻华代表机构、保险从业人员、其他组织和公民（以下简称当事人）的合法权益，根据《中华人民共和国行政处罚法》（以下简称《行政处罚法》）、《中华人民共和国保险法》（以下简称《保险法》）及其他有关法律、行政法规，制定本规定。

第二条　当事人违反有关保险管理的法律、行政法规和中国保监会规定的，中国保监会及派出机构应当依法查处，并依法作出下列行政处罚：

（一）警告；

（二）罚款；

（三）没收违法所得；

（四）限制业务范围；

（五）责令停止接受新业务；

（六）责令停业整顿；

（七）吊销业务许可证；

（八）撤销外国保险机构驻华代表机构；

（九）撤销任职资格；

（十）责令撤换外国保险机构驻华代表机构的首席代表；

（十一）禁止进入保险业；

（十二）法律、行政法规规定的其他行政处罚。

中国保监会及派出机构实施前款所列的行政处罚，应当遵循本规定的程序，中国保监会另有规定的除外。

没有法定依据或者不遵守法定程序的，行政处罚无效。

第三条　中国保监会及派出机构实施行政处罚，应当遵循以下原则：

（一）公正、公开；

（二）保护当事人的合法权益；

（三）处罚与教育相结合；

（四）事实清楚，证据确凿，定性准确，适用依据正确，处罚适当；

（五）程序合法。

第四条 中国保监会及派出机构实施行政处罚，依法实行回避制度。

监管人员与当事人有直接利害关系或者其他关系，可能影响公正执法的，应当回避。

第五条 中国保监会及派出机构实施行政处罚，实行立案、调查与审理、决定相分离的制度。

第六条 中国保监会及派出机构在作出行政处罚决定之前，应当告知当事人作出行政处罚决定的事实、理由及依据，并告知当事人依法享有的权利。

第七条 当事人对中国保监会及派出机构所给予的行政处罚，享有陈述权、申辩权；对行政处罚不服的，有权依法申请行政复议或者提起行政诉讼。

当事人因中国保监会及派出机构违法给予行政处罚受到损害的，有权依法提出赔偿要求。

第八条 中国保监会及派出机构必须充分听取当事人的意见，复核当事人提出的事实、理由和证据；当事人提出的事实、理由或者证据成立的，应当采纳。

第九条 本规定所称保险机构，是指经保险监督管理机构批准设立，并依法登记注册的保险公司及其分支机构。

本规定所称保险资产管理机构，是指经保险监督管理机构批准设立，并依法登记注册的保险资产管理公司及其分支机构。

本规定所称保险中介机构，是指保险代理机构、保险经纪机构和保险公估机构及其分支机构。保险代理机构包括保险专业代理机构和保险兼业代理机构。

第二章 管　　辖

第十条 派出机构负责对辖区内下列机构、人员的保险违法行为实施行政处罚：

（一）保险公司分支机构及其从业人员；

（二）保险中介机构及其从业人员；

（三）保监会规定的其他机构、人员。

第十一条 派出机构负责对辖区内下列违法行为依法实施行政处罚：

（一）擅自设立保险公司的；

（二）非法从事商业保险业务活动的；

（三）擅自设立保险资产管理公司的；

（四）擅自设立保险专业代理机构、保险经纪机构、保险公估机构的；

（五）非法从事保险代理业务或者经纪业务活动的。

派出机构对上述违法行为实施行政处罚时，应当依照《保险法》《非法金融机构和非法金融业务活动取缔办法》及中国保监会的有关规定执行。

第十二条 派出机构实施下列行政处罚，应当报中国保监会批准：

（一）吊销由中国保监会颁发的业务许可证；

（二）撤销由中国保监会核准的任职资格。

第十三条 派出机构管辖以外的保险违法行为，由中国保监会管辖。

第十四条 中国保监会可以直接查处派出机构管辖的保险违法行为。

中国保监会可以委托派出机构负责中国保监会管辖的保险违法行为的调查和处罚文书送达等工作，派出机构应当将有关情况及时向中国保监会报告。

第十五条 异地实施保险违法行为的，由违法行为发生地的派出机构管辖。违法行为发生地的派出机构应当及时通知实施违法行为主体所在地的派出机构。实施违法行为主体所在地的派出机构应当积极配合违法行为的查处。

第十六条 派出机构管辖的电话销售保险违法行为，原则上按照下列要求确定具体管辖地：

（一）在对电话销售业务日常监管中发现的违法行为，由呼出地派出机构查处；

（二）在投诉、举报等工作中发现的违法行为，由受话地或者投保人住所地派出机构查处，经与呼出地派出机构协商一致，也可以由呼出地派出机构查处。

第十七条 两个以上派出机构对同一保险违法行为都有管辖权的或者保险违法行为地难以查明的，由最先立案的派出机构管辖。

两个以上派出机构因管辖权发生争议的，应当报请中国保监会指定管辖。

第十八条 派出机构发现所查处的保险违法行为不属于自己管辖时，应当及时将案件并相关材料移送有管辖权的派出机构。受移送的派出机构对管辖权有异议的，不得自行移送，应当报请中国保监会指定管辖。

第三章 立案与调查

第一节 立 案

第十九条 中国保监会及派出机构发现当事人涉嫌违反有关保险法律、

行政法规和中国保监会规定，依法应当受到行政处罚且有权管辖的，应当予以立案。

第二十条 立案应当填写《行政处罚立案审批表》，由中国保监会案件调查部门负责人或者派出机构负责人批准。

立案前已经依法开展调查，经调查发现当事人依法应予行政处罚的，也应当填写《行政处罚立案审批表》。

第二十一条 中国保监会或者派出机构应当及时指定案件调查人员。

案件调查人员的回避由中国保监会案件调查部门负责人或者派出机构负责人决定。

第二节 调查取证

第二十二条 调查人员应当对案件事实进行全面、客观、公正的调查，并依法充分收集证据。

行政处罚立案以前依法调查获取的证明材料符合行政处罚证据要求的，可以直接作为行政处罚案件的证据。

第二十三条 调查人员调查取证时，不得少于两人，并应当向当事人或者有关人员出示中国保监会或者派出机构合法证件和监督检查、调查通知书。

调查人员少于两人或者未出示合法证件和监督检查、调查通知书的，被检查单位和个人有权拒绝。

第二十四条 行政处罚证据包括：

（一）书证；

（二）物证；

（三）视听资料；

（四）电子数据；

（五）证人证言；

（六）当事人陈述；

（七）鉴定意见；

（八）勘验笔录、现场笔录。

第二十五条 调查人员应当收集、调取与案件有关的原始凭证作为书证。调取原始证据有困难的，可以收集复制件、影印件、节录本等，并直接标明或者以适当方式标明“经核对与原件无误”，由出具人签名或者盖章，必要时附有复制过程、复制人等情况的说明。

第二十六条 调查人员收集视听资料，应当提取视听资料的原始载体，并应当符合下列要求：

（一）附有制作过程、时间、制作人等内容的说明，并由原始载体持有人签字或者盖章；

（二）声音资料，还应当附有该声音内容的相关文字记录。

提供原始载体有困难的，可以提供复制件，但应当附有复制过程、复制人等情况的说明。

第二十七条 调查人员收集电子数据，应当提取电子数据原始载体，附有数据内容、收集时间和地点、收集过程、收集人等情况的说明，由原始数据持有人签名或者盖章。

无法提取原始载体或者提取确有困难的，可以提供电子数据复制件，但应当附有复制过程、复制人、原始载体存放地点等情况的说明。

第二十八条 调查人员可以依法要求当事人及证人提供证明材料或者与违法行为有关的其他材料，并由材料提供人在有关材料上签名或者盖章。

当事人拒绝的，调查人员应当在相关材料上注明情况，可以同时请在场的其他人员签名或者盖章，并可以视情形采取下列措施：

（一）邀请无利害关系的第三方见证并载明情况，由第三方签名或者盖章；

（二）依法运用录音、录像等视听资料加以证明，并附有相关录音、录像制作说明，由制作人签名或者盖章。

第二十九条 调查人员可以询问当事人及证人。询问应当个别进行，不得同时询问两个或者两个以上当事人、证人。询问前应当告知其有如实陈述事实、提供证据的义务。

询问应当制作《调查笔录》，《调查笔录》应当交被调查人核对；对没有阅读能力的，应当向其宣读。笔录如有差错、遗漏，应当允许其更正或者补充。经核对无误后，由被调查人逐页签名或者盖章。调查人员应当在笔录上签名。被调查人拒绝签名或者盖章的，调查人员应当在笔录上注明。

第三十条 调查人员对涉嫌违法的物品进行现场勘验时，应当有当事人在场，并制作现场勘验笔录；当事人拒绝到场的，应当在现场勘验笔录中注明。

第三十一条 抽样取证，应当有当事人在场，并开具物品清单，由调查人员和当事人签名或者盖章。

第三十二条 对可能被转移、隐匿或者毁损的文件和资料可以予以封存。

第三十三条 在证据可能灭失或者以后难以取得的情况下，可以采取先行登记保存措施。

采取先行登记保存措施，应当填写《先行登记保存证据审批书》，并由中国保监会负责人或者派出机构负责人批准。

第三十四条 先行登记保存证据的，应当签发《先行登记保存证物通知书》，填写《登记保存物品清单》，由当事人签字或者盖章确认，并加封中国保监会或者派出机构先行登记保存封条，就地由当事人保存。

登记保存证据期间，当事人或者有关人员不得损毁、销毁或者转移证据。

对于先行登记保存的证据，应当在7日内作出处理决定。

第三十五条 委托相关派出机构协助调查、取证的，必须出具书面委托证明，受委托的派出机构应当积极予以协助。

第三十六条 案件调查可以聘请资信良好的会计师事务所和律师事务所等社会中介机构参与，但必须要求其出具专业报告。

第三十七条 对有证据证明已经或者可能转移、隐匿违法资金等涉案财产或者隐匿、伪造、损毁重要证据的，经中国保监会主要负责人或者派出机构主要负责人批准，可以申请人民法院予以冻结或者查封。

第三十八条 案件调查终结，应当制作案件调查报告，案件调查报告至少包括下列内容：

（一）当事人的基本情况；

（二）调查的基本情况及相关证据；

（三）关于行政处罚的处理建议及相关依据。

第三十九条 案件调查结束后，对依法应予行政处罚的违法行为，案件调查部门对《行政处罚立案审批表》、案件调查报告、证据等案件卷宗材料进行整理，案件移交进入审理程序。卷宗材料不够规范的，案件调查部门补充完善后再行移交。

第四十条 发现违法事实涉嫌犯罪，依法需要追究刑事责任的，案件调查部门应当依照《行政执法机关移送涉嫌犯罪案件的规定》《中国保监会关于在行政执法中及时移送涉嫌犯罪案件的规定》及其他相关规定，及时向司法机关移送。

第四章　处　　罚

第一节　审　　理

第四十一条 案件进入审理程序后，案件审理应当从调查程序、违法事实认定、行为定性、证据采信、处罚种类与幅度等方面进行。其中重大、复杂的案件，应当依法集体讨论决定。

第四十二条 案件审理后，应当制作案件审理报告，案件作出以下处理：

（一）主要事实不清或者主要证据不足的，由案件调查部门补充调查；

（二）不构成行政违法的，依法不予处罚；

（三）虽构成行政违法但情节轻微可不予行政处罚，需要采取非行政处罚监管措施的，由案件调查部门处理；

（四）应当予以行政处罚的，提出处罚意见。

第二节　权利告知

第四十三条　拟作出行政处罚决定的，中国保监会或者派出机构应当在作出决定前向当事人进行权利告知。

告知应当制作《行政处罚事先告知书》，告知当事人拟作出行政处罚决定的事实、理由及依据，并告知当事人有权进行陈述和申辩。

第四十四条　当事人有权进行陈述和申辩。自《行政处罚事先告知书》送达之日起10日内，当事人未行使陈述权、申辩权的，视为放弃权利。

第四十五条　当事人要求陈述和申辩的，应当提交书面材料。当事人有特殊情况，经中国保监会或者派出机构批准，可以适当延长提交书面材料的期限。

中国保监会或者派出机构应当充分听取当事人的意见，对当事人提出的事实、理由和证据，认真进行复核。当事人提出的事实、理由或者证据成立的，应当予以采纳。

不得因当事人申辩而加重处罚。

第四十六条　拟作出行政处罚决定的事实、理由、依据有改变的，应当重新制作《行政处罚事先告知书》并送达当事人。

第三节　听　　证

第四十七条　中国保监会或者派出机构拟依法作出下列行政处罚的，应当在《行政处罚事先告知书》中一并告知当事人有要求举行听证的权利：

（一）对保险机构及保险资产管理机构法人处以100万元以上的罚款或者对其分支机构处以20万元以上的罚款；对保险中介机构法人处以30万元以上的罚款或者对其分支机构处以10万元以上的罚款；对其他法人、组织处以100万元以上的罚款；

（二）对个人处以5万元以上的罚款；

（三）限制业务范围；

（四）责令停止接受新业务；

（五）责令停业整顿；

（六）吊销业务许可证；

（七）撤销外国保险机构驻华代表机构；

（八）撤销任职资格；

（九）责令撤换外国保险机构驻华代表机构的首席代表；

（十）禁止进入保险业；

（十一）法律、行政法规和中国保监会规章规定可以要求听证的其他处罚。

第四十八条　当事人要求听证的，应当自《行政处罚事先告知书》送达之日起 3 日内提出。

当事人也可以选择陈述和申辩。当事人选择陈述和申辩的，中国保监会或者派出机构应当依照本规定予以复核。

第四十九条　当事人要求听证的，中国保监会或者派出机构应当确定听证主持人。

第五十条　听证主持人在听证程序中可以行使下列职权：

（一）决定举行听证的时间和地点；

（二）决定听证的延期、中止或者终结；

（三）询问听证参加人；

（四）调取并审核有关证据；

（五）维护听证秩序，对违反听证秩序的人员进行警告，情节严重者，可以责令其退场。

第五十一条　听证主持人在听证程序中应当承担下列义务：

（一）公开、公正地履行主持听证职责，保证当事人依法行使陈述权、申辩权和质证权；

（二）保守听证案件涉及的国家秘密、商业秘密和个人隐私；

（三）不得徇私枉法，包庇纵容违法行为。

第五十二条　听证记录员在听证程序中应当承担下列义务：

（一）将《行政处罚听证通知书》及时送达当事人及相关人员；

（二）应当认真、如实制作听证笔录；

（三）保守听证案件涉及的国家秘密、商业秘密和个人隐私。

第五十三条　案件调查人员、当事人、第三人、委托代理人、证人、鉴定人、勘验人、翻译人员是听证参加人。

第五十四条　当事人享有下列权利：

（一）申请听证主持人回避；

（二）亲自参加听证或者委托一至两名代理人参加听证；

（三）就案件调查人员提出的事实、证据和依据进行申辩；

（四）就案件的证据向调查人员及其证人进行质证；

（五）听证结束前进行最后陈述；

（六）审核听证笔录。

第五十五条 当事人和其他听证参加人应当承担下列义务：

（一）按时参加听证；

（二）依法举证；

（三）如实回答听证主持人的询问；

（四）遵守听证秩序。

第五十六条 中国保监会或者派出机构根据听证主持人的决定，确定听证的时间和地点后，应当制作《行政处罚听证通知书》，在举行听证7日前送达当事人及相关听证参加人。

第五十七条 与听证案件有利害关系的其他公民、法人或者组织可以申请参加听证。

第五十八条 当事人委托他人代理参加听证的，应当向听证主持人提交由其本人签名或者盖章的授权委托书、本人身份证或者身份证复印件、代理人身份证明等相关材料。

授权委托书应当载明委托事项及权限。

第五十九条 案件调查人员应当参加听证，向听证主持人提出当事人违法的事实、证据和行政处罚建议。

第六十条 听证主持人可以通知与听证案件有关的证人、鉴定人、勘验人、翻译人员等参加听证。

第六十一条 听证公开举行的，中国保监会或者派出机构应当在办公地点先期公告当事人姓名或者名称、案由、听证时间和地点。

对涉及国家秘密、商业秘密或者个人隐私不公开举行听证的案件，听证主持人应当向当事人说明不公开听证的理由。

第六十二条 听证开始前，听证记录员应当查明听证参加人是否到场，并宣布以下听证纪律：

（一）未经听证主持人允许不得发言、提问；

（二）未经听证主持人允许不得录音、录像和摄影；

（三）未经听证主持人允许听证参加人不得退场；

（四）不得大声喧哗，不得鼓掌、哄闹或者进行其他妨碍听证秩序的活动。

第六十三条 听证主持人核对听证参加人身份，宣布听证主持人、听证记录员名单，告知听证参加人在听证中的权利义务，询问当事人是否申请听证主持人回避。

第六十四条 听证应当按照下列程序进行：

（一）听证主持人宣布听证开始，宣布案由；

（二）案件调查人员提出当事人违法的事实、证据、行政处罚的依据和建议等；

（三）当事人及其委托代理人就调查人员提出的违法事实、证据、行政处罚的依据和建议进行申辩，并可以出示无违法事实、违法事实较轻，或者减轻、免除行政处罚的证据材料；

（四）经听证主持人允许，案件调查人员和当事人可以就有关证据相互质证，也可以向到场的证人、鉴定人、勘验人发问；

（五）当事人作最后陈述；

（六）听证主持人宣布听证结束。

第六十五条 出现下列情形之一的，听证主持人应当延期举行听证：

（一）当事人因不可抗拒的事由无法到场的；

（二）当事人临时申请听证主持人回避的；

（三）其他应当延期的情形。

第六十六条 出现下列情形之一的，听证主持人可以中止听证：

（一）需要通知新的证人到场，调取新的证据或者需要重新鉴定、调查或者需要补充调查的；

（二）当事人因不可抗拒的事由，无法继续参加听证的；

（三）法人或者其他组织终止，尚未确定权利义务承继人；自然人丧失行为能力或者死亡，尚未确定法定代理人或者需要等待继承人表明是否参加听证的；

（四）其他应当中止听证的情形。

第六十七条 延期、中止听证的情形消失后，听证主持人应当恢复听证，并将听证的时间、地点通知听证参加人。

第六十八条 出现下列情形之一的，听证主持人应当终止听证：

（一）当事人撤回听证要求的；

（二）当事人无正当理由不参加听证，或者未经听证主持人允许中途退场的；

（三）当事人死亡、丧失行为能力或者终止满 3 个月后，未确定法定代理人或者权利义务承继人的；

（四）拟作出的行政处罚决定改变，不需要举行听证的；

（五）其他应当终结听证的情形。

当事人撤回听证要求的，听证记录员应当在听证笔录上记明，并由当事人签名或者盖章。

第六十九条 听证记录员应当如实、全面地记录听证的全过程，听证主持人和听证记录员应当在听证笔录上签名。

听证笔录应当经当事人和案件调查人员当场签名或者盖章。

当事人拒绝签名或者盖章的，听证记录员应当在听证笔录上记明情况。

第四节 处罚决定

第七十条 中国保监会或者派出机构应当根据案件调查报告和当事人陈述、申辩的情况及听证情况拟定《行政处罚决定书》，报中国保监会负责人或者派出机构负责人批准。

第七十一条 《行政处罚决定书》应当包括下列内容：

（一）当事人的姓名或者名称、住所；

（二）违反法律、行政法规或者规章的事实和证据；

（三）行政处罚的种类和依据；

（四）行政处罚的履行方式和期限；

（五）不服行政处罚决定，申请行政复议或者提起行政诉讼的途径和期限；

（六）作出行政处罚决定的机关名称及作出决定的日期。

第七十二条 《行政处罚决定书》必须盖有中国保监会或者派出机构的印章。

第七十三条 中国保监会及派出机构应当依法将《行政处罚决定书》送达当事人。

第七十四条 中国保监会或者派出机构应当在作出行政处罚决定之日起7日内，将行政处罚决定的内容在中国保监会或者派出机构的网站上公布。

第五章 执 行

第七十五条 行政处罚决定依法作出后，当事人应当在行政处罚决定规定的期限内履行。

第七十六条 当事人对中国保监会或者派出机构的行政处罚决定不服申请行政复议或者提起行政诉讼的，行政处罚不停止执行，法律另有规定的除外。

第七十七条 当事人逾期不履行行政处罚决定的，作出行政处罚决定的中国保监会或者派出机构可以采取下列措施：

(一)到期不缴纳罚款的,每日按照罚款数额的3%加处罚款;

(二)申请人民法院强制执行;

(三)法律、行政法规规定的其他措施。

第七十八条　当事人确有经济困难,需要延期或者分期缴纳罚款的,经当事人申请和作出行政处罚决定的机关批准,可以暂缓或者分期缴纳。

第七十九条　除依法应当予以销毁的物品外,依法没收的非法财物,必须按照国家规定公开拍卖或者按照国家有关规定处理。

没收的票据交有关部门统一处理。

销毁物品,按照国家有关规定处理;没有规定的,经作出行政处罚决定的机关负责人批准,由两名以上执法人员监督销毁,并制作销毁记录。

物品处理,应当制作清单。

第八十条　吊销业务许可证的,应当收缴业务许可证,并在中国保监会指定的报纸和中国保监会或者派出机构的网站上予以公告。

公告应当包括下列内容:

(一)被处罚机构的名称;

(二)作出处罚决定的理由和法律依据;

(三)其他需要公告的事项。

第八十一条　罚没款及没收物品的变价款,必须全部上缴国库,任何单位和个人不得截留、私分或者变相私分。

第六章　附　　则

第八十二条　本规定未规定的行政处罚程序,适用《行政处罚法》。

第八十三条　本规定期间的计算和行政处罚文书的送达,依照民事诉讼法及中国保监会关于期间、送达的规定执行。

本规定有关期限的"日"是指工作日,不含节假日。

第八十四条　本规定所称中国保监会负责人是指中国保监会主席或者经授权的副主席。

本规定所称派出机构负责人是指派出机构局长或者经授权的副局长。

第八十五条　本规定所称"以上",包含本数。

第八十六条　本规定由中国保监会负责解释。

第八十七条　本规定自2017年3月31日起施行;《中国保险监督管理委员会行政处罚程序规定》(保监会令2010年第5号)和《中国保险监督管理委员会关于修改〈中国保险监督管理委员会行政处罚程序规定〉的决定》(保监

会令 2015 年第 2 号)同时废止。

附件:行政处罚文书参考格式

附件

行政处罚文书参考格式

格式一

中国保监会行政处罚立案审批表

______〔　〕号

当事人基本情况	
案由:	
违法事实及初步材料:	
惩处违法行为的法定依据:	
报告人初步意见: 报告人签字:________ 年　月　日	
中国保监会案件调查部门或者派出机构意见: 负责人签字:________ 年　月　日	
备注:	

格式二

中国保监会先行登记保存证据审批书

________〔　〕号

案　由：________________________________

当事人：________________________

地　址：________________________电话：____________

先行登记保存原因：

保存地点：________________________________

保存方式：________________________________

保存期限：________________________________

保存物品见物品清单：

调查人：____________、____________

____年____月____日

审批意见：

负责人：__________

____年____月____日

格式三

中国保监会先行登记保存证物通知书

________〔　〕号

________________:

根据《中华人民共和国行政处罚法》第三十七条第二款和《中国保险监督管理委员会行政处罚程序规定》第三十三条的规定，决定对你(机构)的下列物品________________________________(物品性质，具体见《登记保存物品清单》)在________________(地点)予以先行登记保存，至____年____月____日止。

保存期间未经________________(决定机关名称)批准，不得销毁或者转移上述登记保存物品。

联系电话:

附:登记保存物品清单

决定机关(印章)

年　　月　　日

注:本文书一式两份，一份交当事人，一份存档

登记保存物品清单

当事人:____

地　址:____

法定代表人(或主要负责人):________________________

性别:______ 年龄:___ 职务:______ 电话:________

案由:____

时间:____

地点:____

执行机关:______________________________________

地址:____________________ 电话:________________

执行依据:______________________________________

先行登记物品:

注:物品清单应当由当事人签字或签章

本文书一式两份,一份交当事人,一份存档

格式四

中国保监会解除登记保存证物通知书

______〔　〕号

_____________________:

_________________(决定机关)以______________〔　〕号《中国保监会先行登记保存证物通知书》对下列物品予以登记保存,现已排除涉嫌,予以解除登记保存。

决定机关(印章)

年　月　日

附:解除登记保存物品清单

注:本文书一式两份,一份交当事人,一份存档

格式五

________〔　〕号

中国保监会行政处罚事先告知书

当事人：____________________________(注明当事人身份事项)

____年____月至____年____月，我会(局)对__________(当事人)进行现场检查。检查发现，__________(当事人)存在以下违法违规行为：

一、XX行为

(陈述违法事实。载明违法行为发生的时间、地点、情节、危害后果等内容，同时说明直接责任人对违法行为承担责任情况。)

二、XX行为

(内容同上)

上述事实，有__________、__________等证据证明。

综上，我会(局)拟作出如下处罚：

上述XX行为，违反了《____________》第____条的规定，根据《____________》第____条，我会(局)拟对__________(机构)予以__________(具体处罚措施)，根据《____________》第____条，我会(局)拟对______________(直接责任人)予以__________(具体处罚措施)。

上述XX行为，违反了《____________》第____条的规定，根据…(内容同上)。

当事人如对我会(局)认定的违法事实、处罚理由及依据有异议，根据《中华人民共和国行政处罚法》第三十一条、第三十二条和《中国保险监督管理委员会行政处罚程序规定》第四十三条、第四十四条的规定，可在收到本告知书之日起10个工作日内将陈述和申辩的书面材料提交至我会(局)。逾期不提交视为放弃陈述权和申辩权。

根据《中华人民共和国行政处罚法》第四十二条和《中国保险监督管理委员会行政处罚程序规定》第四十七条的规定，当事人____享有要求听证的权利。如要求举行听证，请在收到本告知书之日起3个工作日内向中国保监会提出申请。逾期视为放弃要求听证的权利。(注：本段内容为听证权利告知，如果当事人所受处罚达到《中国保险监督管理委员会行政处罚程序规定》的听证标准，还需要按照本段内容向当事人进行听证权利告知。)

联系电话:____________________
邮寄地址:____
邮　　编:__________

附件:违法行为证据目录

决定机关(印章)
年　　月　　日

附件

违法行为证据目录

编号	证据名称

格式六

中国保监会行政处罚听证通知书

________〔　〕号(存根)

________________:

因______________________行政处罚一案,现定于______年____月____日____时于________________(地址)公开(不公开)举行听证会,请准时参加。

承办人:　　　　　　　　　　　　签发人:

年　月　日　　　　　　　　　　　年　月　日

中国保监会行政处罚听证通知书

________〔　〕号

________________(当事人):

因________________________________对你进行行政处罚一案,本机关决定于______年____月____日____时在________________(地点)公开(不公开)举行听证。请你(你机构法定代表人或者主要负责人)准时参加。你可以委托一至二人代理你参加听证,代理人应当向本机关提供委托代理(授权)证书。不按时参加听证且事先未说明理由的,视为放弃听证权利。本机关将依法作出行政处罚决定。

听证主持人:________________

根据《中华人民共和国行政处罚法》第四十二条的规定,如果你(机构)申请主持人回避,可以在听证举行前3日内向本行政机关提出回避申请及回避理由。

联系部门:__________地址:________________

联系人:____________联系电话:____________

决定机关(印章)

年　月　日

格式七

中国保监会行政处罚听证笔录

案由：______________________________

时间：______________________________

地点：______________________________

听证主持人：______________________________

记录人：______________________________

当事人（公民）：姓名__________性别_____年龄_____

住址：______________________________

（机构）名称：______________________________

地址：______________________________

法定代表人或者主要负责人姓名______________________________

委托代理人：姓名__________住址______________

案件调查部门：______________________________

案件调查人：______________________________

第三人：姓名（名称）__________住址______________

委托代理人：姓名__________住址______________

案件听证情况：______________________________

____

____

____

第　页 共　页　调查人签名：　　　当事人签名：

____

____

____

调查人员签名：

当事人签名或签章：

听证主持人签名：

听证记录人签名：

注：若有改动，调查人及相关人员应当在修改处签字或盖章

格式八

中国保险监督管理委员会行政处罚决定书

________〔 〕号

当事人：________________________________（列明当事人身份事项）

依据《中华人民共和国保险法》（以下简称《保险法》）的有关规定，我会（局）对__________（当事人）涉嫌违法一案进行了调查、审理，并依法向当事人告知了作出行政处罚的事实、理由、依据以及当事人依法享有的权利，当事人未提出陈述申辩意见。（当事人__________提出陈述申辩，我会（局）对陈述申辩意见进行了复核）（当事人__________提出听证，我会（局）依法举行了听证）。本案现已审理终结。

经查，__________（当事人）存在以下违法行为：

一、XX 行为

（陈述违法事实。载明违法行为发生的时间、地点、情节、危害后果等内容，同时说明直接责任人对违法行为承担责任情况。）

二、XX 行为

（内容同上）

上述事实，有__________、__________等证据证明，足以认定。

综上，我会（局）决定作出如下处罚：

上述 XX 行为，违反了《____________》第___条的规定，根据《____________》第___条，我会（局）决定对____________（机构）予以____________（具体处罚措施），根据《____________》第___条，我会（局）决定对____________（直接责任人）予以____________（具体处罚措施）。

上述 XX 行为，违反了《____________》第___条的规定，根据…（内容同上）。

当事人应当在接到本处罚决定书之日起 15 日内持缴款码到财政部指定的 12 家代理银行中的任一银行进行同行缴款。逾期，将每日按罚款数额的 3% 加处罚款。（缴款码将在处罚决定书送达时告知）

当事人如对本处罚决定不服，可在收到本处罚决定书之日起 60 日内向中国保险监督管理委员会申请行政复议，也可在收到本处罚决定书之日起 6 个月内直接向有管辖权的人民法院提起行政诉讼。复议和诉讼期间，上述决定不停止执行。

决定机关(印章)
年　　月　　日

格式九

中国保监会法律文书送达回证

送达文件：

送达时间：

送达地点：

送达方式：

被送达人：

收件人(签名)：

送达人(签名)：

备注：

司法解释

最高人民法院关于印发《人民法院落实〈保护司法人员依法履行法定职责规定〉的实施办法》的通知

（2017年2月7日　法发〔2017〕4号）

各省、自治区、直辖市高级人民法院，解放军军事法院，新疆维吾尔自治区高级人民法院生产建设兵团分院：

经中央领导同志同意，现将《人民法院落实〈保护司法人员依法履行法定职责规定〉的实施办法》印发给你们，请结合实际认真贯彻执行。实施中有何问题与建议，请及时报告最高人民法院。

人民法院落实《保护司法人员依法履行法定职责规定》的实施办法

为落实中共中央办公厅、国务院办公厅印发的《保护司法人员依法履行法定职责规定》，健全完善法官、审判辅助人员依法履行法定职责保护机制，确保人民法院依法独立公正行使审判权，结合法院工作实际，制定本办法。

第一条　法官依法办理案件不受行政机关、社会团体和个人的干涉，有权拒绝执行任何单位、个人违反法定职责或者法定程序、有碍司法公正的要求。对于任何单位、个人在诉讼程序之外递转的涉及具体案件的函文、信件或者口头意见，法官应当按照《领导干部干预司法活动、插手具体案件处理的记录、通报和责任追究规定》《司法机关内部人员过问案件的记录和责任追究规定》及其实施办法予以记录。

第二条　对于任何单位、个人安排法官从事招商引资、行政执法、治安巡逻、交通疏导、卫生整治、行风评议等超出法定职责范围事务的要求，人民法院应当拒绝，并不得以任何名义安排法官从事上述活动。

严禁人民法院工作人员参与地方招商、联合执法，严禁提前介入土地征收、房屋拆迁等具体行政管理活动，杜绝参加地方牵头组织的各类“拆迁领导小组”“项目指挥部”等临时机构。

第三条 法官依法履行法定职责受法律保护，有权就参与审理案件的证据采信、事实认定、法律适用、裁判结果、诉讼程序等问题独立发表意见。

除参加专业法官会议外，法官有权拒绝就尚未进入诉讼程序的案件或者本人未参与审理的案件发表意见。

第四条 法官履行法定职责的行为，非经法官惩戒委员会听证和审议，不受错案责任追究。涉及错案责任的认定标准、追究范围、承担方式和惩戒程序等内容，由最高人民法院根据《关于完善人民法院司法责任制的若干意见》《关于建立法官、检察官惩戒制度的意见（试行）》及相关工作办法另行规定。

非因法定事由，非经法定程序，不得将法官调离、免职、辞退或者作出降级、撤职等处分，也不得以办案数量排名、末位淘汰等方式和接待信访不力等理由调整法官工作岗位。法官非因法定事由，非经法定程序被调离、免职、辞退或者受到降级、撤职等处分的，其所在人民法院应当及时予以纠正，或者建议有关机关予以纠正；有关机关不予纠正的，应当报告上一级人民法院商请有关机关纠正。

第五条 法官惩戒委员会的审查意见应当送达当事法官和有关人民法院。对法官作出调离、免职、辞退等处理，或者给予降级、撤职等处分的，应当按照法定程序进行。处理、处分决定应当以书面形式通知当事法官，并列明理由和依据。

法官对涉及本人的惩戒意见不服的，可以向作出审查意见的法官惩戒委员会提出异议，申请复核；对涉及本人的处理、处分决定不服的，自收到处理、处分决定之日起三十日内可以向作出决定的人民法院申请复议，并有权向上一级人民法院申诉。法官不因申请复核、复议或者提出申诉而被加重处罚。

法官惩戒委员会应当对当事法官提出的异议及其理由进行审查，作出决定，并书面回复当事法官。受理复议、申诉的人民法院应当全面听取当事法官的陈述、辩解；原处理、处分确有错误的，应当及时予以纠正。

第六条 对法官作出错误处理、处分决定的，在错误被纠正后，当事法官所在人民法院应当及时恢复其职务、岗位、等级和薪酬待遇，积极为其恢复名誉、消除不良影响，视情对造成的经济损失给予赔偿或者补偿，并商请有关机关依法追究诬告陷害者或者滥用职权者的责任。

法官因接受调查暂缓等级晋升，后经有关部门认定不应当追究法律和纪律责任的，其等级晋升时间自暂缓之日起计算。

第七条 国家机关及其工作人员有下列行为之一的，法官有权提出控告：

（一）干预司法活动，妨碍公正司法的；

（二）要求法官从事超出法定职责范围事务的；

（三）限制或者压制法官独立、充分表达对参与审理案件的意见的；

（四）超越职权或者滥用职权，将法官调离、免职、辞退或者作出降级、撤职等处分的；

（五）对法官的依法履职保障诉求敷衍推诿、故意拖延不作为的；

（六）玩忽职守，处置不力，导致依法履职的法官或其近亲属的人身、财产权益受到侵害的；

（七）侵犯法官的休息权、休假权的；

（八）侵犯法官控告、申诉权利的；

（九）其他侵犯法官法定权利的行为。

人民法院及其工作人员侵犯法官法定权利，法官向所在人民法院或者上级人民法院提出控告的，接受控告的人民法院应当在其权限范围内及时作出处理，并将处理结果以书面形式通知本人；超出职责权限的，应当及时移送有关国家机关处理。

人民法院以外的国家机关及其工作人员侵犯法官法定权利的，法官可以向国家权力机关、行政机关、监察机关、检察机关提出控告，其所在人民法院有协助控告及提供帮助的义务，并应当派员向有关机关反映情况、提出意见。

第八条 各级人民法院应当健全完善法官考评委员会工作机制，由法官考评委员会组织、领导对法官的考核、评议工作。法官考评委员会由本院院长、相关院领导、相关部门负责人和若干法官代表组成。主任由院长担任，法官代表由全体法官推选产生。

对法官审判绩效的考核、评价，必须由法官考评委员会作出，考核结果应当公示。法官对考核结果如有异议，可以申请复议。

对法官审判绩效的考核办法和评价标准，应当合理设置权重比例，注重审判工作实绩，充分考虑地域、审级、专业、部门、岗位之间的差异，但不能超出法官的法定职责和职业伦理。考核结果和业绩评价应当作为法官等级晋升、岗位调整和绩效考核奖金分配的重要依据。

上述考核的指导意见由最高人民法院统一制定，各级人民法院结合辖区实际进一步细化，并报上一级人民法院备案。

第九条 各级人民法院应当设立法官权益保障委员会。法官权益保障委员会由本院院长、相关院领导、相关部门负责人和若干法官代表组成。主任由院长担任，法官代表由全体法官推选产生。法官权益保障委员会的职能是：

（一）集中受理法官与依法履职保护相关的诉求和控告；

（二）组织对法官或其近亲属可能面临的侵害风险进行评估，并采取相应措施；

（三）组织对本人或其近亲属的人身、财产、住所安全受到威胁的法官提供援助；

（四）组织对本人或其近亲属的人身、财产权益受到侵害的法官给予救助；

（五）帮助法官依法追究侵犯其法定权利者的责任；

（六）统筹安排为受到错误处理、处分的法官恢复名誉、消除不良影响、给予赔偿或者补偿；

（七）指导法官正确有效维护自身合法权益，组织开展相关培训和心理疏导工作；

（八）督促对本院安全检查设施、防护隔离系统、安全保障设备、安全保卫机制建设情况开展检查；

（九）统筹指导本院司法警察部门、机关安全保卫部门做好庭审秩序维护、机关安全保卫、法官人身保护和各类应急处置工作；

（十）与公安机关、新闻主管、网络监管等部门建立与法官依法履职保护相关的预警、应急和联动机制；

（十一）其他与法官和审判辅助人员依法履职保护相关的事务。

各级人民法院法官权益保障委员会的具体工作由本院人事管理部门承担。

上级人民法院法官权益保障委员会监督指导辖区内人民法院法官权益保障委员会的工作。本级人民法院法官权益保障委员会对法官依法履职保障不力的，法官可以向上一级人民法院法官权益保障委员会提出控告。

第十条 各级人民法院的立案信访、诉讼服务、审判区域应当与法官办公区域相对隔离，并配备一键报警装置，便于及时处置突发事件。

各级人民法院应当严格执行《人民法院安全保卫工作人员和装备配置标准》和《人民法院司法警察不同执勤岗位警用装备配备标准》，普遍设立安全检查岗，配备相应安全设备，强化安全检查人员的责任意识、规范意识和操作水平。

人民法院应当为法官、审判辅助人员配备具有录音功能的办公电话和具有录像功能的记录设备，方便及时记录、存储具有干预、过问、威胁、侮辱等性质的信息。

人民法院应当为法官、审判辅助人员提供配备录音录像设施的专门会见、接待场所。法官在审判法庭外会见、接待当事人及其代理人的,可以要求在专门场所进行,并有权拒绝当事人及其代理人单方面会见、接待的要求。

第十一条 各级人民法院应当依法维护庭审秩序。对于实施违反法庭规则行为,扰乱法庭秩序的人,根据情节轻重,依法采取警告制止、训诫、责令具结悔过、责令退出法庭、强行带出法庭、罚款、拘留等措施;对于严重扰乱法庭秩序,构成扰乱法庭秩序罪等犯罪的,依法追究刑事责任。

对于在审判法庭之外的人民法院其他区域,有下列行为之一的人,应当及时采取训诫、制止、控制、带离现场等处置措施,收缴、保存相关证据,及时移送公安机关处理;构成非法携带枪支、弹药、管制刀具、危险物品危及公共安全罪、妨害公务罪、寻衅滋事罪、故意毁坏财物罪等犯罪的,依法追究刑事责任:

(一)非法携带管制器具或者危险物质,逃避、抗拒安全检查的;

(二)未经允许,强行进入法官办公区域或者审判区域的;

(三)大声喧哗、哄闹,不听劝阻,严重扰乱办公秩序的;

(四)侮辱、诽谤、威胁、殴打人民法院工作人员或者诉讼参与人的;

(五)损毁法院建筑、办公设施或者车辆的;

(六)抢夺、损毁诉讼文书、证据的;

(七)工作时间之外滞留,不听劝阻,拒绝离开的;

(八)故意将年老、年幼、体弱、患有严重疾病、肢体残疾等生活不能自理的人弃留的;

(九)以自杀、自残等方式威胁人民法院工作人员的;

(十)其他危害人民法院机关安全或者扰乱办公秩序的行为。

对于在人民法院周边实施静坐围堵、散发材料、呼喊口号、打立横幅等行为的人,人民法院应当商请公安机关依法处理;对危害人民法院工作人员人身安全的,可以由机关安全保卫部门会同司法警察做好相关应急处置工作,并及时商请公安机关依法处理;构成聚众冲击国家机关罪、聚众扰乱社会秩序罪、聚众扰乱交通秩序罪、聚众扰乱公共场所秩序罪、妨害公务罪等犯罪的,依法追究刑事责任。

第十二条 对于泄露、传播依法不应当公开的法官或其近亲属信息,以及偷窥、偷拍、窃听、散布法官或其近亲属隐私的行为人,人民法院应当商请公安机关依法处理;构成侵犯公民个人信息罪等犯罪的,依法追究刑事责任。

人民法院应当充分发挥诉讼服务中心、12368 诉讼服务平台和诉讼服务网站等平台查询信息、答复咨询、联系法官的作用,避免因信息过度公开影响法官的审判工作和日常生活。通过审判流程信息公开平台对外公开法官姓名、照片、职务、等级、办公电话和工作邮箱之外信息的，应当征得法官本人同意。

第十三条 法官因依法履职遭受不实举报、诬告陷害，或者被利用信息网络等方式实施侮辱诽谤，致使名誉受到损害的，其所在人民法院应当通过官方网站、微博、微信公众号或者新闻发布会等形式及时澄清事实，消除不良影响，维护法官良好声誉，并会同有关部门依法追究相关单位或者个人的责任。

第十四条 人民法院对于干扰阻碍司法活动，恐吓威胁、报复陷害、侮辱诽谤、暴力侵害法官及其近亲属的违法犯罪行为，应当依法从严惩处。

法官因依法履行法定职责，本人或其近亲属遭遇恐吓威胁、滋事骚扰、跟踪尾随，或者人身、财产、住所受到侵害、毁损的，其所在人民法院应当及时采取保护措施，并商请公安机关依法处理；对构成故意杀人罪、故意伤害罪、寻衅滋事罪、故意毁坏财物罪、非法侵入住宅罪等犯罪的，依法追究刑事责任；行为人是精神病人的，依法决定强制医疗。

第十五条 人民法院审理恐怖活动犯罪、黑社会性质组织犯罪、重大毒品犯罪、邪教组织犯罪等危险性高的案件，应当对法官及其近亲属采取出庭保护、禁止特定人员接触和其他必要保护措施。对法官近亲属还可以采取隐匿身份的保护措施。办理危险性较高的其他案件，经法官本人申请，应当对法官及其近亲属采取上述保护措施。

第十六条 各级人民法院应当配合有关部门，按时足额发放法官的基本工资、津贴补贴。绩效考核奖金的发放，应当遵循审判实绩导向，坚持公开、公平、公正的原则，不得与法官等级、行政职级挂钩，注重向一线人员倾斜。

第十七条 各级人民法院应当为法官提供心理咨询和疏导服务，普遍建立和认真落实法官年度体检制度，保证法官每年接受一次全面身体检查，配合有关部门完善法官的医疗保障制度和抚恤优待办法，为法官的人身、财产、医疗等权益提供与其职业风险相匹配的保障。

第十八条 各级人民法院应当围绕审判工作需要，综合采取集中脱产培训、网络视频教学、巡回授课等方式，保障全体法官定期参加各类业务培训，着力提升其庭审驾驭能力、法律适用能力、裁判文书制作能力和信息化应用能力。每名法官每年至少应当参加一次脱产业务培训。

第十九条 各级人民法院应当依法保障法官的休息权和休假权，认真落实年度休假等制度，切实保障法官必要的休假时间，并将法官休假落实情况纳入各部门绩效考评范围，不得以任何方式变相阻碍法官休假。

各级人民法院应当根据审判规律和法院实际，合理测算法官工作饱和度，科学确定法官工作量，适时调整法官员额配置或者增补审判辅助人员，不得强制要求法官在法定工作日之外加班。

第二十条 上级人民法院从下级人民法院遴选法官的，应当配合有关部门健全完善配套保障措施，确保异地遴选的法官能够安心履职。

第二十一条 对审判辅助人员依法履行法定职责的保护，参照适用本办法。

第二十二条 军事法院法官依法履行法定职责的保护，军事法规有规定的，从其规定。

第二十三条 本办法由最高人民法院负责解释。

第二十四条 本办法自发布之日起施行。

最高人民法院印发《关于全面推进以审判为中心的刑事诉讼制度改革的实施意见》的通知

（2017年2月17日 法发[2017]5号）

各省、自治区、直辖市高级人民法院，解放军军事法院，新疆维吾尔自治区高级人民法院生产建设兵团分院；全国地方各中级人民法院，各大单位军事法院，新疆生产建设兵团各中级法院：

为贯彻落实《最高人民法院、最高人民检察院、公安部、国家安全部、司法部关于推进以审判为中心的刑事诉讼制度改革的意见》，全面推进改革工作，最高人民法院制定了《关于全面推进以审判为中心的刑事诉讼制度改革的实施意见》（以下简称《实施意见》），现印发给你们，请结合审判工作实际参照执行。

为了在审判实践中更好地贯彻执行《实施意见》，现提出以下要求：

1. 充分认识改革意义，明确改革方向。推进以审判为中心的刑事诉讼制度改革，是中央十八届四中全会作出的重大决策，是坚持严格司法、确保刑事司法公正的现实需要，是完善人权司法保障的必然要求，体现了中央对司法性质和规律的科学认识和准确把握。各级人民法院要充分认识改革的重要意义，准确把握改革精神，抓好各项改革措施的落实。要充分发挥审判程序的职能作用，确保侦查、审查起诉的案件事实证据经得起法律的检验，通过法庭审判的程序公正实现案件裁判的实体公正，提高司法公信力。

2. 加强组织领导和协调,确保改革取得成效。推进以审判为中心的刑事诉讼制度改革,牵涉到政法工作全局,各级人民法院要紧紧依靠党委领导和人大监督,密切与其他政法机关的沟通、协调,确保各项改革统筹推进,落到实处。各高级人民法院要高度重视,成立由主要领导负责的领导小组,统一领导改革工作,加强对下指导,制定具体可行的实施方案,扎实推进本辖区的改革工作。

3. 注重制度探索,及时总结改革经验。在改革过程中,要遵循刑事诉讼规律,处理好惩罚犯罪与保障人权、实体公正与程序公正、司法公正与司法效率、互相配合与互相制约等关系,确保改革稳步推进。要以庭审实质化改革为核心,以强化证人、鉴定人、侦查人员出庭作证和律师辩护为重点,着力推进庭审制度改革。在贯彻执行过程中遇到的新情况、新问题和探索的新经验、新做法,要认真加以总结,并及时层报最高人民法院。

特此通知。

最高人民法院关于全面推进以审判为中心的刑事诉讼制度改革的实施意见

为贯彻落实《最高人民法院、最高人民检察院、公安部、国家安全部、司法部关于推进以审判为中心的刑事诉讼制度改革的意见》,确保有罪的人受到公正惩罚、无罪的人不受刑事追究,实现公正司法,依照法律规定,结合审判实际,对人民法院全面推进以审判为中心的刑事诉讼制度改革提出如下意见:

一、坚持严格司法原则,树立依法裁判理念

1. 坚持证据裁判原则,认定案件事实,必须以证据为根据。重证据,重调查研究,不轻信口供,没有证据不得认定案件事实。

2. 坚持非法证据排除原则,不得强迫任何人证实自己有罪。经审查认定的非法证据,应当依法予以排除,不得作为定案的根据。

3. 坚持疑罪从无原则,认定被告人有罪,必须达到犯罪事实清楚,证据确实、充分的证明标准。不得因舆论炒作、上访闹访等压力作出违反法律的裁判。

4. 坚持程序公正原则,通过法庭审判的程序公正实现案件裁判的实体公正。发挥庭审在查明事实、认定证据、保护诉权、公正裁判中的决定性作用,确保诉讼证据出示在法庭、案件事实查明在法庭、诉辩意见发表在法庭、裁判结果形成在法庭。

二、规范庭前准备程序，确保法庭集中审理

5. 对被告人及其辩护人申请排除非法证据，证据材料较多、案情重大复杂，或者社会影响重大等案件，人民法院可以召开庭前会议。

庭前会议在法庭或者其他办案场所进行，由审判人员主持，控辩双方参加，必要时可以通知被告人到场。

6. 人民法院可以在庭前会议中组织控辩双方展示证据，听取控辩双方对在案证据的意见，并梳理存在争议的证据。对控辩双方在庭前会议中没有争议的证据，可以在庭审中简化举证、质证。

人民法院可以在庭前会议中听取控辩双方对与审判相关问题的意见，询问控辩双方是否提出申请或者异议，并归纳控辩双方的争议焦点。对控辩双方没有争议或者达成一致意见的事项，可以在庭审中简化审理。

被害方提起附带民事诉讼的，可以在庭前会议中进行调解。

7. 控辩双方对管辖、回避、出庭证人名单等事项提出申请或者异议，可能导致庭审中断的，人民法院可以在庭前会议中对有关事项依法作出处理，确保法庭集中、持续审理。

对案件中被告人及其辩护人申请排除非法证据的情形，人民法院可以在庭前会议中核实情况、听取意见。人民检察院可以决定撤回有关证据；撤回的证据，没有新的理由，不得在庭审中出示。被告人及其辩护人可以撤回排除非法证据的申请；撤回申请后，没有新的线索或者材料，不得再次对有关证据提出排除申请。

8. 人民法院在庭前会议中听取控辩双方对案件事实证据的意见后，对明显事实不清、证据不足的案件，可以建议人民检察院补充侦查或者撤回起诉。

对人民法院在庭前会议中建议撤回起诉的案件，人民检察院不同意的，人民法院开庭审理后，没有新的事实和理由，一般不准许撤回起诉。

9. 控辩双方在庭前会议中就相关事项达成一致意见，又在庭审中提出异议的，应当说明理由。

召开庭前会议应当制作笔录，由参加人员核对后签名。

审判人员应当制作庭前会议报告，说明庭前会议的基本情况、程序性事项的处理结果、控辩双方的争议焦点以及就相关事项达成的一致意见。

10. 对召开庭前会议的案件，在法庭调查开始前，法庭应当宣布庭前会议报告的主要内容，实现庭前会议与庭审的衔接。

三、规范普通审理程序，确保依法公正审判

11. 证明被告人有罪或者无罪、罪轻或者罪重的证据，都应当在法庭上出示，依法保障控辩双方的质证权。

对影响定罪量刑的关键证据和控辩双方存在争议的证据，一般应当单独质证。

12. 法庭应当依照法定程序审查、核实、认定证据。证据未经当庭出示、辨认、质证等法庭调查程序查证属实，不得作为定案的根据。

13. 采取技术侦查措施收集的证据，当庭质证可能危及有关人员的人身安全，或者可能产生其他严重后果的，应当采取不暴露有关人员身份、不公开技术侦查措施和方法等保护措施。

法庭决定在庭外对技术侦查证据进行核实的，可以召集公诉人、侦查人员和辩护律师到场。在场人员应当履行保密义务。

14. 控辩双方对证人证言有异议，人民法院认为证人证言对案件定罪量刑有重大影响的，应当通知证人出庭作证。控辩双方申请证人出庭的，人民法院通知证人出庭后，申请方应当负责协助相关证人到庭。

证人没有正当理由不出庭作证的，人民法院在必要时可以强制证人到庭。

根据案件情况，可以实行远程视频作证。

15. 控辩双方对鉴定意见有异议，人民法院认为鉴定人有必要出庭的，应当通知鉴定人出庭作证。

16. 证人、鉴定人、被害人因出庭作证，本人或者其近亲属的人身安全面临危险的，人民法院应当采取不公开其真实姓名、住址、工作单位和联系方式等个人信息，或者不暴露其外貌、真实声音等保护措施。必要时，可以建议有关机关采取专门性保护措施。

人民法院应当建立证人出庭作证补助专项经费机制，对证人出庭作证所支出的交通、住宿、就餐等合理费用给予补助。

17. 人民法院应当依法履行指定辩护和通知辩护职责，确保被告人依法获得法律援助。

配合有关部门逐步扩大法律援助范围，健全法律援助值班律师制度，为派驻人民法院的值班律师提供办公场所及必要的工作条件。

18. 法庭应当依法保障控辩双方在庭审中的发问、质证、辩论等诉讼权利。对控辩双方当庭提出的申请或者异议，法庭应当作出处理。

法庭可以在审理过程中归纳控辩双方的争议焦点，引导控辩双方针对影响定罪量刑的实质性问题进行辩论。对控辩双方的发言与案件无关、重复或者扰乱法庭秩序等情形，法庭应当予以提醒、制止。

19. 法庭应当充分听取控辩双方的量刑建议和意见，根据查明的事实、情节，参照量刑指导意见规范量刑，保证量刑公正。

20. 法庭应当加强裁判说理，通过裁判文书展现法庭审理过程。对控辩双方的意见和争议，应当说明采纳与否的理由。对证据采信、事实认定、定罪量刑等实质性问题，应当阐释裁判的理由和依据。

四、完善证据认定规则，切实防范冤假错案

21. 采取刑讯逼供、暴力、威胁等非法方法收集的言词证据，应当予以排除。

收集物证、书证不符合法定程序，可能严重影响司法公正，不能补正或者作出合理解释的，对有关证据应当予以排除。

22. 被告人在侦查终结前接受检察人员对讯问合法性的核查询问时，明确表示侦查阶段不存在刑讯逼供、非法取证情形，在审判阶段又提出排除非法证据申请，法庭经审查对证据收集的合法性没有疑问的，可以驳回申请。

检察人员在侦查终结前未对讯问合法性进行核查，或者未对核查过程全程同步录音录像，被告人在审判阶段提出排除非法证据申请，人民法院经审查对证据收集的合法性存在疑问的，应当依法进行调查。

23. 法庭决定对证据收集的合法性进行调查的，应当先行当庭调查。但为防止庭审过分迟延，也可以在法庭调查结束前进行调查。

24. 法庭对证据收集的合法性进行调查的，应当重视对讯问过程录音录像的审查。讯问笔录记载的内容与讯问录音录像存在实质性差异的，以讯问录音录像为准。

对于法律规定应当对讯问过程录音录像的案件，公诉人没有提供讯问录音录像，或者讯问录音录像存在选择性录制、剪接、删改等情形，现有证据不能排除以非法方法收集证据情形的，对有关供述应当予以排除。

25. 现有证据材料不能证明证据收集合法性的，人民法院可以通知有关侦查人员出庭说明情况。不得以侦查人员签名并加盖公章的说明材料替代侦查人员出庭。

经人民法院通知，侦查人员不出庭说明情况，不能排除以非法方法收集证据情形的，对有关证据应当予以排除。

26. 法庭对证据收集的合法性进行调查后，应当当庭作出是否排除有关证据的决定。必要时，可以宣布休庭，由合议庭评议或者提交审判委员会讨论，再次开庭时宣布决定。

在法庭作出是否排除有关证据的决定前，不得对有关证据宣读、质证。

27. 通过勘验、检查、搜查等方式收集的物证、书证等证据，未通过辨认、鉴定等方式确定其与案件事实的关联的，不得作为定案的根据。

28. 收集证据的程序、方式存在瑕疵，严重影响证据真实性，不能补正或者作出合理解释的，有关证据不得作为定案的根据。

29. 证人没有出庭作证，其庭前证言真实性无法确认的，不得作为定案的根据。证人当庭作出的证言与其庭前证言矛盾,证人能够作出合理解释,并与相关证据印证的,可以采信其庭审证言;不能作出合理解释,而其庭前证言与相关证据印证的,可以采信其庭前证言。

经人民法院通知,鉴定人拒不出庭作证的,鉴定意见不得作为定案的根据。

30. 人民法院作出有罪判决,对于定罪事实应当综合全案证据排除合理怀疑。

定罪证据不足的案件,不能认定被告人有罪,应当作出证据不足、指控的犯罪不能成立的无罪判决。定罪证据确实、充分,量刑证据存疑的,应当作出有利于被告人的认定。

五、完善繁简分流机制,优化司法资源配置

31. 推进速裁程序改革,逐步扩大速裁程序适用范围,完善速裁程序运行机制。

对被告人认罪的轻微案件,探索实行快速审理和简便裁判机制。

32. 推进认罪认罚从宽制度改革,对适用速裁程序、简易程序或者普通程序简化审理的被告人认罪案件,法庭应当告知被告人享有的诉讼权利,依法审查被告人认罪认罚的自愿性和真实性,确认被告人了解认罪认罚的性质和法律后果。

法庭确认被告人自愿认罪认罚,同意适用简化审理程序的,应当落实从宽处罚的法律制度。被告人当庭不认罪或者不同意适用简化审理程序的,应当适用普通程序审理。

33. 适用速裁程序审理的案件,应当当庭宣判。适用简易程序审理的案件,一般应当当庭宣判。适用普通程序审理的案件,逐步提高当庭宣判率。

最高人民法院关于人民法院庭审录音录像的若干规定

(2017 年 1 月 25 日最高人民法院审判委员会第 1708 次会议通过　2017 年 2 月 22 日最高人民法院公告公布　自 2017 年 3 月 1 日起施行　法释〔2017〕5 号)

为保障诉讼参与人诉讼权利,规范庭审活动,提高庭审效率,深化司法公开,促进司法公正,根据《中华人民共和国刑事诉讼法》《中华人民共和国民事诉讼法》《中华人民共和国行政诉讼法》等法律规定,结合审判工作实际,制定本规定。

第一条 人民法院开庭审判案件，应当对庭审活动进行全程录音录像。

第二条 人民法院应当在法庭内配备固定或者移动的录音录像设备。

有条件的人民法院可以在法庭安装使用智能语音识别同步转换文字系统。

第三条 庭审录音录像应当自宣布开庭时开始，至闭庭时结束。除下列情形外，庭审录音录像不得人为中断：

（一）休庭；

（二）公开庭审中的不公开举证、质证活动；

（三）不宜录制的调解活动。

负责录音录像的人员应当对录音录像的起止时间、有无中断等情况进行记录并附卷。

第四条 人民法院应当采取叠加同步录制时间或者其他措施保证庭审录音录像的真实和完整。

因设备故障或技术原因导致录音录像不真实、不完整的，负责录音录像的人员应当作出书面说明，经审判长或独任审判员审核签字后附卷。

第五条 人民法院应当使用专门设备在线或离线存储、备份庭审录音录像。因设备故障等原因导致不符合技术标准的录音录像，应当一并存储。

庭审录音录像的归档，按照人民法院电子诉讼档案管理规定执行。

第六条 人民法院通过使用智能语音识别系统同步转换生成的庭审文字记录，经审判人员、书记员、诉讼参与人核对签字后，作为法庭笔录管理和使用。

第七条 诉讼参与人对法庭笔录有异议并申请补正的，书记员可以播放庭审录音录像进行核对、补正；不予补正的，应当将申请记录在案。

第八条 适用简易程序审理民事案件的庭审录音录像，经当事人同意的，可以替代法庭笔录。

第九条 人民法院应当将替代法庭笔录的庭审录音录像同步保存在服务器或者刻录成光盘，并由当事人和其他诉讼参与人对其完整性校验值签字或者采取其他方法进行确认。

第十条 人民法院应当通过审判流程信息公开平台、诉讼服务平台以及其他便民诉讼服务平台，为当事人、辩护律师、诉讼代理人等依法查阅庭审录音录像提供便利。

对提供查阅的录音录像，人民法院应当设置必要的安全防范措施。

第十一条 当事人、辩护律师、诉讼代理人等可以依照规定复制录音或者誊录庭审录音录像,必要时人民法院应当配备相应设施。

第十二条 人民法院可以播放依法公开审理案件的庭审录音录像。

第十三条 诉讼参与人、旁听人员违反法庭纪律或者有关法律规定,危害法庭安全、扰乱法庭秩序的,人民法院可以通过庭审录音录像进行调查核实,并将其作为追究法律责任的证据。

第十四条 人民检察院、诉讼参与人认为庭审活动不规范或者违反法律规定的,人民法院应当结合庭审录音录像进行调查核实。

第十五条 未经人民法院许可,任何人不得对庭审活动进行录音录像,不得对庭审录音录像进行拍录、复制、删除和迁移。

行为人实施前款行为的,依照规定追究其相应责任。

第十六条 涉及国家秘密、商业秘密、个人隐私等庭审活动的录制,以及对庭审录音录像的存储、查阅、复制、誊录等,应当符合保密管理等相关规定。

第十七条 庭审录音录像涉及的相关技术保障、技术标准和技术规范,由最高人民法院另行制定。

第十八条 人民法院从事其他审判活动或者进行执行、听证、接访等活动需要进行录音录像的,参照本规定执行。

第十九条 本规定自 2017 年 3 月 1 日起施行。最高人民法院此前发布的司法解释及规范性文件与本规定不一致的,以本规定为准。

最高人民法院关于内地与香港特别行政区法院就民商事案件相互委托提取证据的安排

(2016 年 10 月 31 日最高人民法院审判委员会第 1697 次会议通过 2017 年 2 月 27 日最高人民法院公告公布 自 2017 年 3 月 1 日起生效 法释〔2017〕4 号)

根据《中华人民共和国香港特别行政区基本法》第九十五条的规定,最高人民法院与香港特别行政区经协商,就民商事案件相互委托提取证据问题作出如下安排:

第一条 内地人民法院与香港特别行政区法院就民商事案件相互委托提取证据,适用本安排。

第二条 双方相互委托提取证据，须通过各自指定的联络机关进行。其中，内地指定各高级人民法院为联络机关；香港特别行政区指定香港特别行政区政府政务司司长办公室辖下行政署为联络机关。

最高人民法院可以直接通过香港特别行政区指定的联络机关委托提取证据。

第三条 受委托方的联络机关收到对方的委托书后，应当及时将委托书及所附相关材料转送相关法院或者其他机关办理，或者自行办理。

如果受委托方认为委托材料不符合本辖区相关法律规定，影响其完成受托事项，应当及时通知委托方修改、补充。委托方应当按照受委托方的要求予以修改、补充，或者重新出具委托书。

如果受委托方认为受托事项不属于本安排规定的委托事项范围，可以予以退回并说明原因。

第四条 委托书及所附相关材料应当以中文文本提出。没有中文文本的，应当提供中文译本。

第五条 委托方获得的证据材料只能用于委托书所述的相关诉讼。

第六条 内地人民法院根据本安排委托香港特别行政区法院提取证据的，请求协助的范围包括：

（一）讯问证人；

（二）取得文件；

（三）检查、拍摄、保存、保管或扣留财产；

（四）取得财产样品或对财产进行试验；

（五）对人进行身体检验。

香港特别行政区法院根据本安排委托内地人民法院提取证据的，请求协助的范围包括：

（一）取得当事人的陈述及证人证言；

（二）提供书证、物证、视听资料及电子数据；

（三）勘验、鉴定。

第七条 受委托方应当根据本辖区法律规定安排取证。

委托方请求按照特殊方式提取证据的，如果受委托方认为不违反本辖区的法律规定，可以按照委托方请求的方式执行。

如果委托方请求其司法人员、有关当事人及其诉讼代理人（法律代表）在受委托方取证时到场，以及参与录取证言的程序，受委托方可以按照其辖区内相关法律规定予以考虑批准。批准同意的，受委托方应当将取证时间、地点通知委托方联络机关。

第八条 内地人民法院委托香港特别行政区法院提取证据,应当提供加盖最高人民法院或者高级人民法院印章的委托书。香港特别行政区法院委托内地人民法院提取证据,应当提供加盖香港特别行政区高等法院印章的委托书。

委托书或者所附相关材料应当写明:

(一)出具委托书的法院名称和审理相关案件的法院名称;

(二)与委托事项有关的当事人或者证人的姓名或者名称、地址及其他一切有助于联络及辨别其身份的信息;

(三)要求提供的协助详情,包括但不限于:与委托事项有关的案件基本情况(包括案情摘要、涉及诉讼的性质及正在进行的审理程序等);需向当事人或者证人取得的指明文件、物品及询(讯)问的事项或问题清单;需要委托提取有关证据的原因等;必要时,需陈明有关证据对诉讼的重要性及用来证实的事实及论点等;

(四)是否需要采用特殊方式提取证据以及具体要求;

(五)委托方的联络人及其联络信息;

(六)有助执行委托事项的其他一切信息。

第九条 受委托方因执行受托事项产生的一般性开支,由受委托方承担。

受委托方因执行受托事项产生的翻译费用、专家费用、鉴定费用、应委托方要求的特殊方式取证所产生的额外费用等非一般性开支,由委托方承担。

如果受委托方认为执行受托事项或会引起非一般性开支,应先与委托方协商,以决定是否继续执行受托事项。

第十条 受委托方应当尽量自收到委托书之日起六个月内完成受托事项。受委托方完成受托事项后,应当及时书面回复委托方。

如果受委托方未能按委托方的请求完成受托事项,或者只能部分完成受托事项,应当向委托方书面说明原因,并按委托方指示及时退回委托书所附全部或者部分材料。

如果证人根据受委托方的法律规定,拒绝提供证言时,受委托方应当以书面通知委托方,并按委托方指示退回委托书所附全部材料。

第十一条 本安排在执行过程中遇有问题,或者本安排需要修改,应当通过最高人民法院与香港特别行政区政府协商解决。

第十二条 本安排在内地由最高人民法院发布司法解释和香港特别行政区完成有关内部程序后,由双方公布生效日期。

本安排适用于受委托方在本安排生效后收到的委托事项,但不影响双方根据现行法律考虑及执行在本安排生效前收到的委托事项。

最高人民法院关于适用《中华人民共和国婚姻法》若干问题的解释(二)的补充规定

(2017年2月20日最高人民法院审判委员会第1710次会议审议通过　2017年2月28日最高人民法院公告公布　自2017年3月1日起施行　法释〔2017〕6号)

在《最高人民法院关于适用〈中华人民共和国婚姻法〉若干问题的解释(二)》第二十四条的基础上增加两款,分别作为该条第二款和第三款:

夫妻一方与第三人串通,虚构债务,第三人主张权利的,人民法院不予支持。

夫妻一方在从事赌博、吸毒等违法犯罪活动中所负债务,第三人主张权利的,人民法院不予支持。

附件:最高人民法院关于适用《中华人民共和国婚姻法》若干问题的解释(二)附件

最高人民法院关于适用《中华人民共和国婚姻法》若干问题的解释(二)

(2003年12月4日最高人民法院审判委员会第1299次会议通过　根据2017年2月20日最高人民法院审判委员会第1710次会议《最高人民法院关于适用〈中华人民共和国婚姻法〉若干问题的解释(二)的补充规定》修正)

为正确审理婚姻家庭纠纷案件,根据《中华人民共和国婚姻法》(以下简称婚姻法)、《中华人民共和国民事诉讼法》等相关法律规定,对人民法院适用婚姻法的有关问题作出如下解释:

第一条　当事人起诉请求解除同居关系的,人民法院不予受理。但当事人请求解除的同居关系,属于婚姻法第三条、第三十二条、第四十六条规定的"有配偶者与他人同居"的,人民法院应当受理并依法予以解除。

当事人因同居期间财产分割或者子女抚养纠纷提起诉讼的，人民法院应当受理。

第二条 人民法院受理申请宣告婚姻无效案件后，经审查确属无效婚姻的，应当依法作出宣告婚姻无效的判决。原告申请撤诉的，不予准许。

第三条 人民法院受理离婚案件后，经审查确属无效婚姻的，应当将婚姻无效的情形告知当事人，并依法作出宣告婚姻无效的判决。

第四条 人民法院审理无效婚姻案件，涉及财产分割和子女抚养的，应当对婚姻效力的认定和其他纠纷的处理分别制作裁判文书。

第五条 夫妻一方或者双方死亡后一年内，生存一方或者利害关系人依据婚姻法第十条的规定申请宣告婚姻无效的，人民法院应当受理。

第六条 利害关系人依据婚姻法第十条的规定，申请人民法院宣告婚姻无效的，利害关系人为申请人，婚姻关系当事人双方为被申请人。

夫妻一方死亡的，生存一方为被申请人。

夫妻双方均已死亡的，不列被申请人。

第七条 人民法院就同一婚姻关系分别受理了离婚和申请宣告婚姻无效案件的，对于离婚案件的审理，应当待申请宣告婚姻无效案件作出判决后进行。

前款所指的婚姻关系被宣告无效后，涉及财产分割和子女抚养的，应当继续审理。

第八条 离婚协议中关于财产分割的条款或者当事人因离婚就财产分割达成的协议，对男女双方具有法律约束力。

当事人因履行上述财产分割协议发生纠纷提起诉讼的，人民法院应当受理。

第九条 男女双方协议离婚后一年内就财产分割问题反悔，请求变更或者撤销财产分割协议的，人民法院应当受理。

人民法院审理后，未发现订立财产分割协议时存在欺诈、胁迫等情形的，应当依法驳回当事人的诉讼请求。

第十条 当事人请求返还按照习俗给付的彩礼的，如果查明属于以下情形，人民法院应当予以支持：

（一）双方未办理结婚登记手续的；

（二）双方办理结婚登记手续但确未共同生活的；

（三）婚前给付并导致给付人生活困难的。

适用前款第（二）、（三）项的规定，应当以双方离婚为条件。

第十一条 婚姻关系存续期间，下列财产属于婚姻法第十七条规定的

"其他应当归共同所有的财产":

(一)一方以个人财产投资取得的收益;

(二)男女双方实际取得或者应当取得的住房补贴、住房公积金;

(三)男女双方实际取得或者应当取得的养老保险金、破产安置补偿费。

第十二条 婚姻法第十七条第三项规定的"知识产权的收益",是指婚姻关系存续期间,实际取得或者已经明确可以取得的财产性收益。

第十三条 军人的伤亡保险金、伤残补助金、医药生活补助费属于个人财产。

第十四条 人民法院审理离婚案件,涉及分割发放到军人名下的复员费、自主择业费等一次性费用的,以夫妻婚姻关系存续年限乘以年平均值,所得数额为夫妻共同财产。

前款所称年平均值,是指将发放到军人名下的上述费用总额按具体年限均分得出的数额。其具体年限为人均寿命七十岁与军人入伍时实际年龄的差额。

第十五条 夫妻双方分割共同财产中的股票、债券、投资基金份额等有价证券以及未上市股份有限公司股份时,协商不成或者按市价分配有困难的,人民法院可以根据数量按比例分配。

第十六条 人民法院审理离婚案件,涉及分割夫妻共同财产中以一方名义在有限责任公司的出资额,另一方不是该公司股东的,按以下情形分别处理:

(一)夫妻双方协商一致将出资额部分或者全部转让给该股东的配偶,过半数股东同意、其他股东明确表示放弃优先购买权的,该股东的配偶可以成为该公司股东;

(二)夫妻双方就出资额转让份额和转让价格等事项协商一致后,过半数股东不同意转让,但愿意以同等价格购买该出资额的,人民法院可以对转让出资所得财产进行分割。过半数股东不同意转让,也不愿意以同等价格购买该出资额的,视为其同意转让,该股东的配偶可以成为该公司股东。

用于证明前款规定的过半数股东同意的证据,可以是股东会决议,也可以是当事人通过其他合法途径取得的股东的书面声明材料。

第十七条 人民法院审理离婚案件,涉及分割夫妻共同财产中以一方名义在合伙企业中的出资,另一方不是该企业合伙人的,当夫妻双方协商一致,将其合伙企业中的财产份额全部或者部分转让给对方时,按以下情形分别处理:

(一)其他合伙人一致同意的,该配偶依法取得合伙人地位;

（二）其他合伙人不同意转让，在同等条件下行使优先受让权的，可以对转让所得的财产进行分割；

（三）其他合伙人不同意转让，也不行使优先受让权，但同意该合伙人退伙或者退还部分财产份额的，可以对退还的财产进行分割；

（四）其他合伙人既不同意转让，也不行使优先受让权，又不同意该合伙人退伙或者退还部分财产份额的，视为全体合伙人同意转让，该配偶依法取得合伙人地位。

第十八条 夫妻以一方名义投资设立独资企业的，人民法院分割夫妻在该独资企业中的共同财产时，应当按照以下情形分别处理：

（一）一方主张经营该企业的，对企业资产进行评估后，由取得企业一方给予另一方相应的补偿；

（二）双方均主张经营该企业的，在双方竞价基础上，由取得企业的一方给予另一方相应的补偿；

（三）双方均不愿意经营该企业的，按照《中华人民共和国个人独资企业法》等有关规定办理。

第十九条 由一方婚前承租、婚后用共同财产购买的房屋，房屋权属证书登记在一方名下的，应当认定为夫妻共同财产。

第二十条 双方对夫妻共同财产中的房屋价值及归属无法达成协议时，人民法院按以下情形分别处理：

（一）双方均主张房屋所有权并且同意竞价取得的，应当准许；

（二）一方主张房屋所有权的，由评估机构按市场价格对房屋作出评估，取得房屋所有权的一方应当给予另一方相应的补偿；

（三）双方均不主张房屋所有权的，根据当事人的申请拍卖房屋，就所得价款进行分割。

第二十一条 离婚时双方对尚未取得所有权或者尚未取得完全所有权的房屋有争议且协商不成的，人民法院不宜判决房屋所有权的归属，应当根据实际情况判决由当事人使用。

当事人就前款规定的房屋取得完全所有权后，有争议的，可以另行向人民法院提起诉讼。

第二十二条 当事人结婚前，父母为双方购置房屋出资的，该出资应当认定为对自己子女的个人赠与，但父母明确表示赠与双方的除外。

当事人结婚后，父母为双方购置房屋出资的，该出资应当认定为对夫妻双方的赠与，但父母明确表示赠与一方的除外。

第二十三条 债权人就一方婚前所负个人债务向债务人的配偶主张权利

的，人民法院不予支持。但债权人能够证明所负债务用于婚后家庭共同生活的除外。

第二十四条 债权人就婚姻关系存续期间夫妻一方以个人名义所负债务主张权利的，应当按夫妻共同债务处理。但夫妻一方能够证明债权人与债务人明确约定为个人债务，或者能够证明属于婚姻法第十九条第三款规定情形的除外。

夫妻一方与第三人串通，虚构债务，第三人主张权利的，人民法院不予支持。

夫妻一方在从事赌博、吸毒等违法犯罪活动中所负债务，第三人主张权利的，人民法院不予支持。

第二十五条 当事人的离婚协议或者人民法院的判决书、裁定书、调解书已经对夫妻财产分割问题作出处理的，债权人仍有权就夫妻共同债务向男女双方主张权利。

一方就共同债务承担连带清偿责任后，基于离婚协议或者人民法院的法律文书向另一方主张追偿的，人民法院应当支持。

第二十六条 夫或妻一方死亡的，生存一方应当对婚姻关系存续期间的共同债务承担连带清偿责任。

第二十七条 当事人在婚姻登记机关办理离婚登记手续后，以婚姻法第四十六条规定为由向人民法院提出损害赔偿请求的，人民法院应当受理。但当事人在协议离婚时已经明确表示放弃该项请求，或者在办理离婚登记手续一年后提出的，不予支持。

第二十八条 夫妻一方申请对配偶的个人财产或者夫妻共同财产采取保全措施的，人民法院可以在采取保全措施可能造成损失的范围内，根据实际情况，确定合理的财产担保数额。

第二十九条 本解释自2004年4月1日起施行。

本解释施行后，人民法院新受理的一审婚姻家庭纠纷案件，适用本解释。

本解释施行后，此前最高人民法院作出的相关司法解释与本解释相抵触的，以本解释为准。

附：

2017年2月份报国务院备案并予以登记的地方性法规、自治条例、单行条例和地方政府规章目录

地方性法规

法规名称	公布日期	备案登记编号
天津市医院安全秩序管理条例	2017年1月9日	国法备字[2017000312]
保定市大气污染防治条例	2017年1月17日	国法备字[2017000215]
河北省志愿服务条例	2016年12月2日	国法备字[2017000261]
河北省居家养老服务条例	2016年12月2日	国法备字[2017000262]
河北省企业集体协商条例	2016年12月2日	国法备字[2017000263]
河北省发展循环经济条例	2016年12月2日	国法备字[2017000264]
石家庄市大气污染防治条例(修订)	2016年12月5日	国法备字[2017000265]
唐山市城市绿化管理条例(修订)	2016年12月15日	国法备字[2017000266]
河北省安全生产条例	2017年1月12日	国法备字[2017000316]
保定市城市市容和环境卫生条例	2017年1月17日	国法备字[2017000317]

续表

内蒙古自治区人大常委会关于修改《内蒙古自治区人民代表大会常务委员会讨论决定重大事项的规定》的决定	2016年12月1日	国法备字［2017000246］
呼和浩特市燃气管理条例	2016年12月22日	国法备字［2017000247］
通辽市城市市容和环境卫生管理条例	2016年12月5日	国法备字［2017000248］
赤峰市红山文化遗址群保护条例	2016年12月19日	国法备字［2017000249］
呼伦贝尔市城市市容和环境卫生管理条例	2016年12月29日	国法备字［2017000250］
乌海市海勃湾生态涵养区保护条例	2016年12月22日	国法备字［2017000251］
鄂尔多斯市环境保护条例	2016年12月28日	国法备字［2017000346］
辽宁省安全生产条例	2017年1月10日	国法备字［2017000324］
辽宁省学前教育条例	2017年1月10日	国法备字［2017000325］
铁岭市城乡规划条例	2017年1月18日	国法备字［2017000326］
辽宁省老年人权益保障条例	2016年11月11日	国法备字［2017000345］
吉林省地方立法条例	2017年1月19日	国法备字［2017000313］
黑龙江省人大常委会关于修改《黑龙江省人民代表大会常务委员会人事任免条例》的决定	2016年4月21日	国法备字［2017000289］
上海市食品安全条例	2017年1月20日	国法备字［2017000253］
江苏省民用航空条例	2017年1月18日	国法备字［2017000327］

续表

江苏省实施《中华人民共和国农业技术推广法》办法(修订)	2017年1月18日	国法备字[2017000328]
南京市清真食品管理条例	2017年1月24日	国法备字[2017000329]
徐州市港口条例	2017年1月25日	国法备字[2017000330]
徐州市市容和环境卫生管理条例	2017年1月25日	国法备字[2017000331]
常州市历史文化名城保护条例	2017年1月25日	国法备字[2017000332]
福建省老年人权益保障条例	2017年1月22日	国法备字[2017000358]
山东省地方立法条例	2017年2月11日	国法备字[2017000333]
山东省食品小作坊小餐饮和食品摊点管理条例	2017年1月18日	国法备字[2017000334]
山东省安全生产条例	2017年1月18日	国法备字[2017000335]
山东省动物防疫条例	2017年1月18日	国法备字[2017000336]
烟台市饮用水水源保护条例	2017年1月18日	国法备字[2017000337]
烟台市燃放烟花爆竹管理条例	2017年1月18日	国法备字[2017000338]
济宁市智慧城市促进条例	2017年1月18日	国法备字[2017000340]
威海市居民养老服务保障条例	2017年1月18日	国法备字[2017000342]
莱芜市城市市容管理条例	2017年1月18日	国法备字[2017000343]
孝感市城乡规划条例	2017年1月18日	国法备字[2017000321]

续表

常德市饮用水水源环境保护条例	2017 年 1 月 24 日	国法备字［2017000314］
深圳经济特区绿化条例	2016 年 6 月 28 日	国法备字［2017000270］
深圳经济特区医疗条例	2016 年 8 月 25 日	国法备字［2017000271］
广东省西江水系水质保护条例	2017 年 1 月 13 日	国法备字［2017000276］
广东省荔枝产业保护条例	2017 年 1 月 13 日	国法备字［2017000277］
揭阳市扬尘污染防治条例	2017 年 1 月 19 日	国法备字［2017000359］
广西壮族自治区人大常委会关于废止和修改部分地方性法规的决定	2016 年 11 月 30 日	国法备字［2017000347］
广西壮族自治区河道采砂管理条例	2016 年 11 月 30 日	国法备字［2017000348］
广西壮族自治区非物质文化遗产保护条例	2016 年 11 月 30 日	国法备字［2017000349］
广西壮族自治区饮用水水源保护条例	2017 年 1 月 18 日	国法备字［2017000360］
海口市城市管理综合行政执法条例	2017 年 1 月 23 日	国法备字［2017000318］
重庆市人大常委会关于修改《重庆市实施〈中华人民共和国全国人民代表大会和地方各级人民代表大会代表法〉办法》的决定	2016 年 3 月 31 日	国法备字［2017000273］
重庆市地方立法条例(修订)	2017 年 1 月 19 日	国法备字［2017000315］
贵州省扶贫资金审计条例修正案	2016 年 7 月 29 日	国法备字［2017000257］
贵州省食品安全条例	2017 年 1 月 5 日	国法备字［2017000259］

续表

黔南布依族苗族自治州樟江流域保护条例	2016 年 12 月 9 日	国法备字［2017000258］
昆明市学校安全条例	2017 年 1 月 12 日	国法备字［2017000219］
昆明市河道管理条例	2017 年 1 月 12 日	国法备字［2017000220］
楚雄彝族自治州城乡规划建设管理条例	2016 年 12 月 17 日	国法备字［2017000272］
云南省人民代表大会关于修改《云南省人民代表大会及其常务委员会立法条例》的决定	2017 年 1 月 21 日	国法备字［2017000319］
西藏自治区立法条例(修订)	2017 年 1 月 15 日	国法备字［2017000322］
陕西省秦岭生态环境保护条例(修订)	2017 年 1 月 5 日	国法备字［2017000323］
天水市人民代表大会及其常务委员会立法条例	2016 年 12 月 28 日	国法备字［2017000267］
宁夏回族自治区人民代表大会关于修改《宁夏回族自治区人民代表大会议事规则》的决定	2017 年 1 月 14 日	国法备字［2017000275］
新疆维吾尔自治区电话和互联网用户真实身份信息登记管理条例	2016 年 9 月 29 日	国法备字［2017000268］
阿拉尔经济技术开发区条例	2016 年 9 月 29 日	国法备字［2017000269］
乌鲁木齐市公共文明行为条例	2017 年 1 月 23 日	国法备字［2017000320］

自治州的单行条例

条例名称	公布日期	备案登记编号
海西蒙古族藏族自治州促进民族团结进步事业条例	2016 年 6 月 6 日	国法备字［2017000344］

地方政府规章

规章名称	公布日期	备案登记编号
河北省电梯安全管理办法	2017年1月10日	国法备字[2017000241]
河北省水利工程供水价格管理规定	2017年1月12日	国法备字[2017000242]
保定市物业管理办法	2017年1月25日	国法备字[2017000351]
黑龙江省事业单位国有资产出租和对外投资管理暂行办法	2017年1月18日	国法备字[2017000225]
上海市气象灾害防御办法	2017年1月23日	国法备字[2017000295]
南京市国有土地上房屋征收与补偿办法	2017年2月6日	国法备字[2017000296]
徐州市人民政府重大行政决策程序规定	2017年1月4日	国法备字[2017000226]
泰州市地理信息资源共享管理办法	2017年1月16日	国法备字[2017000298]
泰州市地热资源和浅层地热能管理办法	2017年1月16日	国法备字[2017000361]
浙江省餐厨垃圾管理办法	2017年1月20日	国法备字[2017000297]
宿州市地下水资源管理办法	2017年1月14日	国法备字[2017000299]
滁州市机动车停车场建设和管理办法	2017年1月10日	国法备字[2017000228]
福建省散装汽油购销安全管理办法	2017年1月12日	国法备字[2017000229]
福建省农业植物检疫办法	2017年1月18日	国法备字[2017000300]

续表

福建省行政应诉办法	2017年1月21日	国法备字［2017000301］
厦门市流动人口信息采集暂行办法	2017年1月17日	国法备字［2017000230］
济南市房屋安全鉴定管理办法	2017年1月24日	国法备字［2017000286］
济南市生活饮用水卫生监督管理办法	2017年1月26日	国法备字［2017000287］
青岛市中小学校管理办法	2017年2月4日	国法备字［2017000352］
青岛市社会急救医疗管理规定(修订)	2017年2月4日	国法备字［2017000353］
滨州市水利风景区管理办法	2017年1月18日	国法备字［2017000288］
湖北省国家安全技术保卫办法	2017年2月9日	国法备字［2017000354］
常德市人民政府制定地方性法规草案和政府规章办法	2016年11月8日	国法备字［2017000290］
广州市人民政府关于明确长岭居、黄埔临港经济区和云埔工业区部分管理权限的决定	2017年1月16日	国法备字［2017000243］
珠海经济特区餐厨垃圾管理办法	2017年2月2日	国法备字［2017000355］
佛山市食品生产加工小作坊集中管理办法	2017年1月12日	国法备字［2017000282］
梅州市城市地下管线管理办法	2017年1月5日	国法备字［2017000233］
广西壮族自治区人民政府关于废止《广西壮族自治区组织机构代码管理办法》等2件政府规章的决定	2017年2月10日	国法备字［2017000356］
南宁市规章制定办法	2017年1月11日	国法备字［2017000234］

续表

北海市政府规章制定程序规定	2017 年 1 月 20 日	国法备字［2017000302］
玉林市人民政府规章制定办法	2017 年 1 月 11 日	国法备字［2017000235］
贺州市规章制定程序办法	2017 年 1 月 22 日	国法备字［2017000280］
重庆市人民政府关于修订《重庆市关于开展对部分个人住房征收房产税改革试点的暂行办法》和《重庆市个人住房房产税征收管理实施细则》的决定	2017 年 1 月 13 日	国法备字［2017000281］
重庆市公益林管理办法	2017 年 1 月 24 日	国法备字［2017000304］
重庆市人民政府关于废止和继续施行部分政府规章的决定	2017 年 1 月 24 日	国法备字［2017000357］
四川省地理信息交换共享管理办法	2017 年 1 月 18 日	国法备字［2017000236］
四川省农村住房建设管理办法	2017 年 1 月 23 日	国法备字［2017000244］
成都市科学技术奖励办法(修订)	2017 年 1 月 22 日	国法备字［2017000303］
贵州省人民政府起草地方性法规草案和制定省政府规章程序规定	2017 年 1 月 20 日	国法备字［2017000256］
贵阳市人民政府关于在清镇市及其有关乡镇下放委托实施有关行政许可事项的决定	2017 年 1 月 20 日	国法备字［2017000285］
昆明市人民政府重大行政决策程序规定	2017 年 1 月 16 日	国法备字［2017000237］
昆明市人民政府关于修改部分规章和规范性文件的决定	2017 年 2 月 7 日	国法备字［2017000305］
昆明市人民政府关于废止部分规章和规范性文件的决定	2017 年 2 月 7 日	国法备字［2017000306］
西安市行政执法监督办法	2017 年 1 月 26 日	国法备字［2017000307］

续表

西安市电梯安全管理办法	2017年2月4日	国法备字［2017000308］
兰州市人民政府关于修正《兰州市建设领域农民工工资保证金管理暂行办法》的决定	2017年1月19日	国法备字［2017000245］
嘉峪关市拟定地方性法规草案和制定规章程序规定	2017年1月19日	国法备字［2017000309］
青海省税收保障办法	2017年1月21日	国法备字［2017000284］
宁夏回族自治区政务服务办法	2017年1月12日	国法备字［2017000240］
宁夏回族自治区气候资源开发利用和保护办法	2017年1月20日	国法备字［2017000283］
新疆维吾尔自治区火电和风电、光伏等公共资源开发建设项目公开招标选定项目业主暂行办法	2016年8月19日	国法备字［2017000291］
新疆维吾尔自治区实施《自然灾害救助条例》办法	2017年1月13日	国法备字［2017000310］
新疆维吾尔自治区乡村旅游促进办法	2017年1月17日	国法备字［2017000311］
乌鲁木齐市鼠疫防控管理办法	2017年1月14日	国法备字［2017000279］

图书在版编目(CIP)数据

中华人民共和国新法规汇编. 2017年. 第3辑:总第241辑/国务院法制办公室编. —北京:中国法制出版社,2017.3

ISBN 978-7-5093-8351-3

Ⅰ.①中… Ⅱ.①国… Ⅲ.①法规-汇编-中国-2017 Ⅳ.①D920.9

中国版本图书馆CIP数据核字(2017)第058647号

中华人民共和国新法规汇编

ZHONGHUA RENMIN GONGHEGUO XIN FAGUI HUIBIAN

(2017年第3辑)

编者/国务院法制办公室

经销/新华书店

印刷/三河市紫恒印装有限公司

开本/850毫米×1168毫米 32开　　印张/7.875　字数/216千

版次/2017年3月第1版　　2017年3月第1次印刷

中国法制出版社出版

书号 ISBN 978-7-5093-8351-3　　定价:18.00元

北京西单横二条2号　　值班电话:66026508

邮政编码 100031　　传真:66031119

网址:http://www.zgfzs.com　　**编辑部电话:66066621**

市场营销部电话:66033393　　**邮购部电话:66033288**

(如有印装质量问题,请与本社编务印务管理部联系调换。电话:010-66032926)